U0147723

東北
民間故事
上冊

最後一個冬狗子

冬狗子，又叫作洞狗子，是對某一類人的稱謂。似乎並沒有什麼貶義，不管親疏遠近，人們都這樣稱呼著，因為在長白山地區方言中，實在再也找不出第二個可以替代的詞彙；就是冬狗子本人，也堂而皇之地稱自己為冬狗子。

所謂冬狗子就是老蹲山溝的人。終年在山溝溝裡壓個窩棚住下了，職業很雜亂，沒法用幾句話概括，或打圍，或挖參，或採集山菜野果，或捕魚捉蛤蟆，或者挖藥材，早些年還有種大煙的，也種點五穀雜糧，為了一年的口糧。

一般是一人一戶，戶與戶之間相距不等，近則十幾里，遠則幾十里甚至上百里。過的是與世隔絕的日子，但不乏樂趣，尤其有客自遠方來，分外親熱，管吃管住，臨走時還送你些山裡的土特產，山參、鹿茸、虎骨、熊膽、山羊血、大煙土，很慷慨，絕不心疼。這「客」不一定是親友，也不一定是認識的，包括剪徑的響馬鬍子。他們上山勞作不必鎖門拴窗，不怕偷兒。過路人進屋，找到米面油鹽，儘管做飯儘管吃喝，但離開屋子時，得把燒火棍立在門扇旁，還得把烏拉解開，重新絮一下，自然就有些烏拉草的碎屑抖落地上；或在屋地畫個「十」字，箭頭標記去的方向；也有的抓把灶坑裡的小灰，撒在屋外，指示出走的方向。做完這一切，你儘管走人。冬狗子回來，一見這景兒，就笑了樂了，自言自語道：「我家來客了！」

冬狗子之間也串門走動，叫走鄰居，雖然相隔幾十里上百里，仍稱作「到前院去」、「到後院去」、「走東屋去」、「串西屋去」。幾十里幾百里的冬狗子們，也有個聯絡負責人，叫「溝大爺」，多少個「溝大爺」還選一個「總大爺」。有緊急事情告知，就傳雞毛信。木牌插雞毛，用火燎一下，意為火急。插一根雞毛，事情緊急；插兩根雞毛，事情很緊急；插三根雞毛，事情非常緊急，都要到溝大爺或總大爺那兒集合。但這樣的情況百年不遇。

他們終生很少有婚配的，或壽終正寢，老死深山；或拋屍荒野，被野獸吞噬撕掉。但大都有繼承人。在他們衰老殘疾不能行動時，或者死在炕上之後，就會有一批批齊魯及遼南的闖關東的年輕人路過這裡，繼承他們的舊業，當上冬狗子。

冬狗子始自何年，不可稽考，但終止的年代卻可以敲定，那就是中華人民共和國建國的那一年。

而我所接觸的這個冬狗子，卻是在二十世紀六〇年代的最後一年。

一、木屋裡的歡笑

我是以漏網右派、資產階級孝子賢孫、反動學術權威、牛鬼蛇神等罪名被從省城驅趕到長白山裡的。我心底起了繭子，已經麻木了，叫什麼都無所謂，反正是賤民，像印度的賤民階層。老婆跟我劃清了界線，帶著孩子像小鳥一樣飛向了藍天。也好，不連累別人，不給別人帶來痛苦和不幸，心態倒平衡了些。但從下放之日起，那些罪名那些帽子都一夜之間一風吹了，我又成了同志了，還戴上了大紅花，成了光榮的「五‧七」戰士。我忍俊不禁，歷史可以像小姑娘一樣隨意被某些人打扮來打扮去，而我一個大活人，也可以被隨意胡亂塗鴉。思之心頭不免湧上淡淡的苦澀和迷茫。

天很冷，地上的雪出奇地深。陰霾厚重，飄著雪花，像千萬張高不可接的瀑布，裹包著我們。馬爬犁停在滿天星生產隊門前時，家家戶戶已經掌燈了。如豆的燈光從低矮的茅草房裡的紙糊窗口裡透出，朦朦朧朧，閃閃爍爍，錯落散亂，像稀疏的星斗。

馬爬犁又起動了，在村子最西頭的一座矮屋前停下。這就是我的住處。東屋裡亮著燈，房子矮趴趴的，房蓋的積雪有三尺厚，我擔心房架時刻有被積雪壓塌的危險。一進屋，就有一股暖風撲面。屋裡沒生爐子，卻很熱乎。灶坑裡還燒著木柈子，蒸騰的熱氣，哈濕了我的鏡片。我摘下眼鏡，用衣襟擦拭著，覷著眼睛，掃了一下屋內。是一明兩暗的房子，西屋的門虛掩著，東屋的門敞開著。我走進東屋，只一盞高腳銀燈，燈火如豆。牆壁和天棚是用報紙新糊裱的。這可能是生產隊對光榮的「五‧七」佬的唯一照顧了（以後，報紙和糨糊錢，還是在我的往來賬裡扣去了）。

我帶來的物件很簡單，一隻柳條包，一對花曲柳木箱，一個書箱，一個行

李捲兒，很容易就搬進屋裡。生產隊長告訴我，我就住在這屋，西屋是房東，是個老跑腿兒，老貧下中農，老冬狗子。人好，就是脾氣暴，還犟，又上山了，很快就會回來。吃飯嘛，現做不趕趟，生產隊已安排好了，過幾天就得到糧食所買糧，自己做飯，休息幾天上山打柴，準備好一年的燒柴。還一再叮囑，要接受「貧下中農再教養」，「做個新好人」。他把「再教育」說成「再教養」，把「重新做人」說成「做個新好人」。我心裡好笑，還不能笑出聲來。

生產隊長走了，我心裡很沉悶，不用說，剛剛一風吹掉的那些帽子八成又兜頭扣了過來。從生產隊長的臉色和話語中，我讀懂了悟透了。我鋪好行李，勾著頭坐在炕沿上想心事，也無所謂，這個早有思想準備，並不感到突兀。在省城時，我曾養過一隻貓，我叫它花臉，妻叫它黑腦瓜，兒子叫它花狸虎，它都答應。這些帽子真好像命名起號一樣，多了也就沒啥沉重感了，但何時才能到像孔老夫子說的「必也正其名」的日子呢？不免悵惘。反正，新生活開始了，這一天可能就是我生命的轉折點。以後日月將是什麼樣，不可設想。

「你來了！」

是一個女人的響脆聲音，典型的長白山方言。我抬頭望去，門口站著一個女人，三十多歲，個頭不高，看不出有什麼線條，四方臉，大眼睛，五官還算端正，燈光下，顴骨明顯高了些，使我想起「女人顴骨高，殺夫不用刀」的相面術語。她把手中的大搪瓷盆放在炕沿上，很諳熟地走到西屋，也沒點燈，就搬來房東的炕桌，放在炕當央，掀開搪瓷盆的蒙蓋，拿出一摞煎餅，一碗切成細絲的鹽芥菜疙瘩，還有一小盆燉酸菜。

「吃吧，趁熱。」她笑著，一副山裡人的坦誠，「王大爺上山了，這家由我照看。他走時一再囑咐，一定好生待承你，米面油鹽啥都有，菜窖裡土豆大白菜管夠造，別見外。」

我鼻子發酸，幾乎湧出眼淚。對一個失去家庭溫暖的人，一個連續三年受屈辱的人來說，這是多麼大的溫暖和慰藉！

「吃吧，」她瞅著情緒激動的我，頗解人意，「誰沒個為難遭窄之日？只

有享不了的福，沒有吃不了的苦，韓信還受過胯下之辱呢，終歸還是當了大將軍。你是個唸大書的，總有出息的那一天。別聽『雞不叫隊長』胡咧咧，他懂個球！」

想不到她對我這麼瞭解，看來，我檔案上的內容，一定在社員大會上公佈過。只是她隨口說出的這個雞不叫隊長，我頗感新奇。

「雞不叫隊長？」我不解地問。

「對，雞一張嘴就滿屯裡號，吵著大夥燒火做飯，煩死人了。」

她遞給我一張煎餅，一雙筷子，一碗熱騰騰的燉酸菜也放到炕桌上。

「這是殺年豬烀肉熬的酸菜，又叫殺豬菜，城裡人興許吃不慣，我們山裡人都愛這麼吃。我們莊稼人就知道吃飯幹活，什麼這個罪那個錯的，俺們弄不明白，也沒那份閒心。王大爺是個冬狗子，這人心眼好，你住他家，那是福分，是造化。」

她的一番話，燙得我五內滾熱。從她的口中，我知道我的房東叫王運青，五十八歲，老跑腿兒。而她姓趙名映霞，男人姓尹，是個木匠。

她走了，留下了一串串安慰和囑咐。

她走路拐拉拐拉的，腿腳不太靈便，手指關節粗大，山裡人稱大骨節病，說是受水氣造成的。

我很感激她，不僅僅她的誠摯和熱情，還有那長白山的大煎餅和殺年豬的殺豬菜。煎餅是硬耙的，剛用溫水撣過，清香筋道。那殺豬菜油而不膩，清香爽口。菜內夾有血腸和片得薄薄的五花三層豬肉片。這殺豬菜我以後吃過多次，百吃不膩，饕餮不厭。這是關東風味的白肉血腸的又一大發展。原來關東人殺年豬時都要烀大肉，灌血腸，同時把酸菜切成細絲放進鍋裡與白肉血腸同煮。這菜就是殺豬菜。血腸放進蔥花、砂仁、桂皮、紫蔻等十多種作料，煮熟切開後，血面油亮閃光，鬆軟鮮嫩，馨香異常。吃時，切成薄片的豬肉血腸蘸著蒜泥、麻醬、韭菜花醬、醬油，喝著燒酒，很有關東風味。以後我回到省城也經常下鄉吃殺豬菜。我敢說，那口感，那滋味，比之水陸八珍毫不遜色。而

在那樣的年代，那樣處境的我，受此殊遇，一個未曾謀面的人的殊遇，真可謂感激涕零，刻骨銘心，終生不忘。

睡了一宿好覺，真解乏，睜開眼睛時，曙色已染紅了窗櫺。我對這窗戶很感興趣。窗櫺圖案是骰子塊形的，窗戶紙糊在外面，是毛頭紙，還碼上「米」字形麻經，塗上了豆油，倒也明亮、結實。

我爬起來洗漱完畢，把昨晚吃剩的飯菜熱了熱，邊吃邊打量這幢小屋。舉架很低，牆壁是用木楞刻成的，我暗想，就是發生八級地震，這小木屋也不會走欠坍塌的。所有器具全是木製的，木水缸、木水勺、木盆、木籮筐、木箱、木桶、木囤。釘在牆壁上的衣掛是一隻八個枝杈的馬鹿角，掛窗扇的掛鉤是彎曲的乾透了的狍子腿兒。木箱上的雞毛撣子是用五彩斑斕的野雞翎捆紮成的。屋子裡難得見到一件鐵器，甚至板方木材也很少見。

我開開門，用木鍁、掃帚打掃淨院內的積雪。雪好大，晶瑩潔白，足有三尺深。外面的雪景很美，皚皚白雪，泛著淡淡的紅潤，直晃眼睛。滿天星屯堡建立在凸凹不平的江邊上。二十幾戶人家，分佈在坎上坎下，錯落有致。屯子東邊就是滔滔的松花江，此刻江已冰封，江冰和雪地上飄帶似的曳著爬犁道，伸向幽遠的江套裡。四周是黑壓壓的大森林，雪壓梢頭，煙氣嵐氣氤氳，給人以溟濛邃密之感。我忽然想起宋代詩人劉子翬的《江山》裡的名句，「隔江寒樹晚生煙」，如果沒有心上的沉重負荷，在此生活勞作，倒也有說不盡的樂趣。

我彳亍在雪地裡，吸了一口清新的空氣，感到十分愜意。不知為什麼冬狗子三個字又在腦海裡閃現。回首翹望我住的小屋，煙囪是空心木桶做成的，坐在煙筒脖子上，木筒上端還扣了一個花筐，很像華表矗立院內。我這才看清，苫蓋房頂的既不是草也不是瓦片而是用斧鋸加工成的手指粗細的紅松木條。園子四周用胳臂粗細的槐木條夾著木障。房山西頭，有一眼井，還冒著白氣，泉眼的四周砌上石塊，修上了井裙子。房山頭有偏廈，掛滿了漁獵用的排子、套子、關子、須籠、花籃、漁叉、抄撈網，放山用的大斧、砍刀、索撥棍和用椴

樹皮編織的背筐。

　　不知為什麼，我竟把見到的這一切，毫無緣由地與冬狗子一詞聯繫起來。

　　山村小，人口少，一點兒小事，不消一袋煙工夫就傳得家喻戶曉。我，一個省城來的「五・七」佬，自然會在屯堡裡引起一陣波瀾。於是就有人分批分期地光顧茅舍，還都有藉口和理由，不是問王大爺在家沒，就是向王大爺借這還那的，我不敢擅自做主，委婉解釋，他們也不是真心要找王大爺或向王大爺借還什麼東西，一個個一批批說著嘮著搭訕著走了。他們走了，卻餘音繞樑，我不由得清理著他們隨便扔下的一些話語。冬狗子一詞使用頻率較高。說得次數多了，我的長了厚繭的心底也就麻木了。還有一點頗值得我留心注意，原來我的房東脾氣很古怪，也很可笑。他平素引火好使用火鐮，一天火鐮落到大林子裡，有如繡花針丟進大海，找不到了，他只好不情願地用火柴。用火柴總不如經常使用火鐮那麼地道順手。那天因下雨返潮，一連劃幾根火柴也沒點著火，他急眼了，把一盒火柴撕巴撕巴扔掉了，坐在鍋台前呼哧呼哧生悶氣。又有一次，灶坑倒煙，鍋燒不熱，他貼大餅子，都出溜鍋底去了。涼鍋貼餅子——溜了，這是正常的事，他卻氣不打一處來，把一盆和好的麵糰弄團弄都摔在門扇上，坐在鍋台上呼哧呼哧生悶氣，還一邊叨咕：「在六品葉溝裡，就沒這事！」還有一次，他在他過去當冬狗子的地方六品葉溝種了二畝地香瓜，瓜熟時遭了兔子和刺蝟。兔子和刺蝟嗑瓜淨挑又香又大的，不幾天，香瓜竟被嗑去一多半。兔子、刺蝟太多，他雖然是下排子、下套子的能手，也無濟於事。他一氣之下，用索撥棍把二畝地的瓜全都敲碎了，瓜汁濺了滿臉滿腦殼，一邊敲打一邊自言自語：「再叫你們偷吃！再叫你們偷吃！」

　　這些全是過耳傳言，我聽了暗自好笑，我這個房東真是個個性鮮明的人物，可惜我已經金盆洗手，不再筆耕，不然不會放過這些好素材。

　　最後進來的是一個二十二歲的姑娘。中等身材，雙眼皮，眼睛也不小，臉膛黝黑，只是脖頸短了些，民間稱之為縮縮脖。她先問王大爺回來沒，接著就到我屋裡「參觀」。她對我那對搓朱花曲柳木箱很感興趣，尤其對箱子上的四

角包銅和鎖鼻兒興味更濃，摩挲著。她說她叫雷妮，老家在山東日照，來這三年了。她常來串門，聽王大爺講古，講長白山裡稀奇古怪的事情。她沒唸過書，但能寫出自己的名字。她一邊說著，一邊掏出一條紙溜，很熟練地捲起喇叭筒，點著吸了起來，她的煙癮很大。她農村穿戴，腳上是森工棉膠鞋，紮著腿綁，上身穿藍底碎花對襟棉襖，油黑的獨辮搭在腰際，不馴順地遊來蕩去。她走時順手把房東炕在炕上的一拎兜白瓜子拿去了，還說：「王大爺回來我跟他說。」看來她是房東王大爺的常客，我又能說什麼呢？

我潛心靜坐，腦子裡在複製描摹我的房東王大爺的體態性格，音容笑貌，覺得既熟悉，又模糊陌生。

二、木屋裡的慨嘆

日頭銜山時，房門「吱嘎」一聲拉開了，帶進來一股寒風，接著傳來跺噠腳的聲音，還沒等我拉開屋門，就響起一個蒼老洪亮的聲音：「我的客人來了！」

準是我的房東回來了。我迎了出去。站在我面前的是個中等身材的老者，貂皮帽子的遮簷和胡鬚眉毛都掛了一層白霜。我飛快地幫他放下背部的背筐。背筐死沉死沉的。

他摘下貂皮帽子，用粗糙的大手抹弄一下臉龐，我才得以看清他的面容：眼睛大而有神，頭髮花白，已經謝了頂，長臉，人中很長，長壽眉花白，倔強地上挑著。看樣子身體還算結實。

他從背筐裡一件一件往出掏東西，有野雞、松鼠、飛龍、野兔，還有幾隻黃鼠狼，擺了一地。他又出去到院子裡扛回一隻狍子，拎回半口袋蛤蟆。我覺得很新奇，很好玩，但插不上手，不知道如何拾掇這些東西。他顯得很內行，很老到，嫻熟地剝離好兔皮、松鼠皮、狍子皮和黃鼠狼皮，把野雞和飛龍的毛也褪淨了，然後就開膛破肚，收拾得乾乾淨淨。他把雄性黃鼠狼生殖器割下掛在一個鐵鉤上，用繩把黃鼠狼拴起吊在院內的障子上。我不解地問：「這是幹

啥？」他笑著說：「公黃鼠狼的小紐乾透了是最好的牙籤，用它摳牙能壯牙，這黃鼠狼連骨帶肉都可以治病。」他留下蛤蟆和一隻野雞，把那些山珍野物都送進偏廈的木桶裡，用雪培上，凍起來了。那些皮張，用小灰撒在皮上，鋪在地上，陰乾著。

我看得入了迷。

他生火做飯，燉野雞燉蛤蟆。從箱子上拎出一隻空酒瓶，塞給我兩元錢，叫我去分銷店打酒。我把錢還給他，他也沒怎麼推拒，就把錢扔在箱蓋上。野雞和蛤蟆燉好了，酒也燙熱了，他把炕桌放在我的炕上，盛上菜，擺上酒盅和碗筷，叫我入席。我有些躊躇，一個新來的房戶，一個遭貶的「五·七」佬，怎麼好大模大樣「蹭」人家的，尤其是一個五十多歲的老跑腿子的飯食。他生活得也不容易呀，我畢竟暫時還端著鐵飯碗。

他睃了我一眼，黑下臉來，用筷子一敲盤子邊，幾乎是吼叫著：「我的菜裡有毒藥是怎麼的？怕我沾你燎你？別瞧不起我這冬狗子！」他的眼睛幾乎要噴火。我想起人們傳說的他的古怪脾氣，先就膽兒突的，只得坐下來，拈起筷子，心裡也還是如鹿撞擊。他見了，滿臉笑模樣，連眉毛都笑彎了：「這就對了，不見外，這才像咱山裡人的做派。」

我沒見他放什麼作料，菜卻燉得格外香。他酒量不小，幾盅酒下肚，臉膛就紅漲，話語就多：

「你的事我聽說了，你們單位來號房子時說的，有什麼大不了的！鬍子，我還跟他們打交道來，我是個冬狗子，沒什麼油水。他們來了，要吃飯我給做，要睡覺我把窩棚倒給他們。罵我不還口，打我不還手，那是些牲口。你，一個唸大書的，遇到難處了到我這奔亮來了。你就把心放進肚子裡，有我吃的，就有你吃的，我吃個蟲子，也得給你留條大腿。誰敢欺負你，我給你遮著擋著。雞不叫隊長算個球，偷雞摸狗勒大脖子，沾尖取巧淨找香油，別以為我不知道。三十年河東三十年河西，你不會老這麼受憋屈，老天餓不死瞎眼家雀。不說這個，來，喝！」

他的話比這烈酒還熱，我流淚了，是酒勁攻的。

「關起門咱就是一家人了。」不知為什麼，他鼻子稀溜一陣，也哭了，「昨晚上尹木匠屋裡的給你送的飯菜吧？」我說是。他忽然提高嗓門：「人心三尺難測呀！我對她不薄，可──」他撂下筷子，顛顛回到西屋，抱來一床褥子，「咔咔」撕開縫線，露出灰褐色的棉絮，「看看，我買了四斤棉花，她給我做的褥子，棉花給換了。缺什麼短什麼跟我明說呀！」人都說他是個豪爽之人，典型的關東漢子脾氣，不看重金錢，為這四斤棉花動這麼大感情，我委實不太理解，但僅此而已，這以後他絕口不再提這褥子的事情。尹大嫂照常來幫著幹這幹那的，見啥可心東西，隨手牽羊拿走了，王大爺也權當沒看見。他不在家時，我告訴他，啥啥東西讓尹大嫂拿去了，他只是哼哈答應著。他們的關係一如既往。她叫他王大爺，叫得槓口甜；他叫她大侄子屋裡的，叫得也挺親切的。尹大嫂還常拉他捎帶著我去她家喝酒，尹木匠作陪，他們倆還常在一起喊喊喳喳，說這嘮那的，真叫人納悶。

我告訴他，那袋白瓜子讓雷妮拿去了。他臉上沒什麼表情。「嗯」了一聲，卻說出一句很值得琢磨的話來：「好東西自己吃了白瞎了，給人吃了，我心裡熨帖，樂呵！」

打這以後，我就和房東王大爺一鍋攪馬勺了。我一個月坐車或坐爬犁去公社糧食所買一次糧，我們粗糧細糧調著樣吃；素菜葷菜花插著來。炕燒得滾熱滾熱的，屋子裡暖暖烘烘的。生活上我感到很安定，也很滿足。按「五・七」戰士的慣例，我要付給王大爺房租和伙食費。我把三張大團結票子放在他的木箱上，說明了意思。他卻怫然變色，十分惱怒，又吼了起來：

「把這玩意兒給我拿一邊去！別小瞧了我這個冬狗子！」他一生氣就說自己是冬狗子。「我不把錢叫爹。窖裡有五千斤土豆，囤子裡有一千斤苞米，五百斤黃豆，還有二百斤大黃米，紅小豆也不少，一百來斤關東煙存了十來年了。咱啥也不缺。」

他不缺錢，也不看重錢。在那個吃大鍋飯的年月，他是個特殊，是個例

外。隊裡每年分給他口糧，他不上工，也沒人攀比他。他上山狩獵、開荒、採藥材，群眾也沒啥意見。雞不叫隊長不敢惹他。對他睜一隻眼閉一隻眼，一是他人緣好，二是這地方山高皇帝遠，管得不那麼嚴。於是王大爺竟成了首富，幾乎家家都吃過他弄來的野味，借過他的錢和糧。說是借，很少有人還過，借的人忘了，他也忘了。除了喝酒買藥花錢外，他再也沒什麼花銷。他說他浮腫，常買二丑兩味中藥煎服，於是就腹瀉，剛剛恢復了些體力，他又煎服二丑。再就是離不開阿司匹林，每次都買幾大瓶，天天服，一次服一小把，成了癮。他抽旱煙，煙袋不離手。煙袋嘴是鹿角雕刻的，煙袋桿是空心柳的，磨得光亮油紅。煙口袋是鹿腿皮縫的，上面還綴著兩個磨得光滑通紅的小山核桃，還拴著銀製摳耳勺和用雄性黃鼠狼生殖器製成的乳白色的牙籤。他的穿戴挺有意思，完全是幾十年前山裡人打扮。貉殼皮帽；右大襟青布棉襖的紐扣是銅製的，上面鑄著陽文「壽」字；腰繫玄色寬腰帶；棉褲是抿腰的，褲腰有一尺半長，抵到心口窩；紮腿帶子，腳穿森工棉膠靴；上山幹活時屁股上還拴著一塊狍皮墊；長褲外面罩著套褲。就差沒留髮辮和戴紅疙瘩瓜皮帽了。他春秋兩季戴四塊瓦氈帽，夏天幾乎天天罩著蚊帽。他有一雙牛皮烏拉，放在木箱裡，只有在過年時才拿出來，絮上新捶過的烏拉草，紮上新烏拉帶，連烏拉勒子也洗得乾乾淨淨的。他說這雙烏拉是老牛的脊樑上的皮裁做的，結實，見水不走樣變形。他穿上烏拉，在屋地蹓來蹓去，滿臉喜氣，連皺紋裡都蕩著笑意，一迭聲說：「這是三十年前的正宗牛皮烏拉，再也買不到了。」一過正月十五，就把烏拉脫下，稀罕巴擦地摩挲著，用包袱皮包好，裝進一個樺皮盒裡，再放進木箱裡。

他做菜就一個招法：燉。燉豆腐、燉魚、燉豆角、燉蘑菇、燉蕨菜、燉蛤蟆、燉狍子肉野雞肉野豬肉黑瞎子肉。不燉的菜就蘸大醬生吃，生吃蔥、生吃蒜、生吃韭菜、生吃白菜、生吃生菜、生吃胡蘿蔔。漸漸地，我也習慣了吃燉菜，吃生菜。

除夕晚上，家家戶戶都放鞭炮，我們沒這個興致，包餃子、燉菜、喝酒。

他指著高腳銀燈說：「這燈有九斤重，咸豐年間出的，是我媽的嫁妝品。」我端詳著這盞銀燈，底座像倒扣的喇叭筒，放火鐮火絨的燈盤像大瓷碟，燈柱有小孩胳膊粗。燈柱上端是圓形燈碗，裡邊放一隻玻璃油瓶，這就是油燈。

他經常烤火，炕前木凳上放著一個泥塑的大火盆，口面有小缸那麼大。不籠火，做完飯就把灶坑裡的火炭扒出，倒進火盆裡。火盆裡很乾淨，不許往小灰裡吐痰亂扔東西。冬天用火盆熱飯烤火，夏天就用來熏蚊子和小咬兒。火炭埋進小灰裡，下次用火時就用鐵火筷子扒出火炭，用茅草包著火炭，「噗噗」地吹，不一會兒就引著了火。有火柴，他就是不用，更不用說打火機。他說使那些玩意兒鬧心。他說他離不開火盆。回省城這些年我從事關東民俗的研究，才知道關東的火盆有如南方少數民族的火塘，是保留火種用的，是火崇拜的具象。不僅滿族這樣，漢族也是如此。對他的這個習慣，我終於恍然大悟。

除夕之夜，點上高腳銀燈，我又點燃幾支蠟燭，火盆裡的火炭紅紅亮亮的。他邊吃邊說：如今蛤蟆小了，魚也少了。過去在六品葉溝裡，母抱子蛤蟆有小碟子大，背上都長疙瘩。要吃魚，現生上火，現去釣，一條細鱗魚都五六斤沉，現打鱗開膛，下到鍋裡，魚還亂撲騰。院裡常跑進狗子，一棒子打死，剝皮吃肉，又香又鮮。我們倆盡興地吃，忘情地喝。不知為什麼，淚水就從眼窩裡湧了出來。一個名牌大學中文系畢業生，血氣方剛風華正茂，卻被貶謫到這窵遠荒僻的山溝裡，無親無故，青燈旁，火盆邊，面對著忠厚善良的冬狗子大爺，說不出的壓抑和悲愴。我也看見淚滴像汗珠，從他渾濁的眼球上慢慢沁出，盈滿了眼眶，終於滾落下來，沿著鼻溝，掛在鬍鬚上，淌進酒杯裡。他唏噓著，絮叨著，哼起了只有一句唱詞的小調：「鹿有千年壽，步步犯憂愁。」

「我母親早早就去了，父親帶我闖關東。那時我才五歲。聽父親說，原籍是登州海洋縣乳山寨。父親死了，我就給財主家吃勞金，耪過青，放過山，就是沒說上家口。這疙瘩缺女人呀！就去幹山利祿、挖藥材、揀蘑菇、揀木耳。不會放槍，就下排子下關子下套子下閻王碓挖地窖。熊膽狼油都得到過，大葉子皮水獺皮也得到過，不值錢。六品葉溝一個姓劉的老冬狗子病落炕了，我去

端屎端尿伺候他，認他做乾爹。他說這地方好，是幹山利祿的好地方，別串動了，就在這落腳吧，興許說上家口留下後。他嚥氣了，我把他發送了，就埋在地窩棚西頭。我就在這窩棚裡住下了，就成了冬狗子。日本鬼子併大屯，硬把我趕出六品葉溝，進了圍子裡。我住不慣，憋屈呀！小鬼子一垮台，我又去了六品葉溝，還當我的冬狗子。一住又是十五整年，搞什麼社教，說我搞資本主義，硬逼我下山。我日他祖宗，雞不叫隊長……」

我們倆都淚泗滂沱，好悲酸，好難過，好淒涼。

三、令人心碎的荒野之戀

過了春節，我要上山打柴。王大爺給我做了一副人拉小爬犁，遞給我一把手鋸和大斧。他陪我上山，教我識別樹的種類，教我識別站桿樹和空心樹，教我怎樣開下卡，怎樣開鋸，怎樣躲避「飛棒」「吊死鬼」，怎樣下件子、裝爬犁拴摽槓。最關鍵的是放爬犁。他給我講了注意要領，我再仔細觀察打柴的社員是如何放爬犁的。坡度最陡的是四十五度，順著別人趟出的爬犁道往下飛跑。注意使用滑圈，增加摩擦係數。爬犁道曲裡拐彎，大小樹幹櫛比鱗次，腳下是白雪，是冰溜，稍不注意就要翻爬犁，或撞在迎面樹上，或傷或亡。我是戴罪之人，沒什麼人格和人的價值，衣衫襤褸，形如枯槁，就是一個能喘氣的從事著機械勞動的「五・七」佬。放爬犁時，我心力集中，目不旁視，精神高度亢奮。樹幹在兩邊一閃即逝，風在耳畔呼呼作響，我是波谷浪峰的一葉扁舟嗎？我是弄潮兒嗎？我是滑雪健兒嗎？都不是！我如雷走電，又如遊動的彈丸。我什麼都不是，因為我已經沒有了人的感覺和思維。當爬犁自行停止在路邊時，我暈了過去，躺倒在雪地上。

「孩子，闖過這一關了，你能！」當我恢復知覺時，送進耳膜的是王大爺的親切聲音，充滿了鼓勵和讚許。

我闖過了生活的第一關了。

這一冬我打了十丈木柈，足夠我和王大爺燒二年了。

我以社員的身分參加了生產隊社員大會。整個會全叫雞不叫隊長給包圓了，他唱獨角戲。憑著他不怎麼好的記性和支離破碎的思維，傳達公社三級幹部會議精神。中心議題是抓革命促生產，開展「一打三反」，促進農業學大寨。多虧我是要筆桿子搞文字的，才勉勉強強把他的話串聯起來，經過拼接考證和翻譯，才弄明白了個大概。我很佩服他的勇氣和膽量，竟敢杜撰毛主席語錄。毛主席著作我讀了多少遍，但這位隊長卻把我弄蒙了。他說毛主席教導我們：「不能光搞副業，還要抓農業」「靠山吃山要愛山」等等。聽到後半截，我終於明白了，這些話不是毛主席說的，而是他說的。這在省市縣裡，就可能被打成現行反革命。可在這深山老林裡，無人去訂正詮釋，人們也搞不清這話是不是毛主席說的。他還信口開河，亂造詞彙，弄得驢唇不對馬嘴。他把「鬥私批修」說成「斗死皮肉」，把「肅清流毒」說成「肅清牛毒」，把「子午卯酉」說成「雞狗貓有」。講得唾星四濺，聲音瘖啞，紅頭漲面，大汗淋漓。

他四十多歲，身材瘦小，刀條臉，兜齒。「文革」一開始，他心血來潮，貼了張文理不通的大字報，前隊長糊裡糊塗下了台，他蒙裡蒙懂當上隊長。這兒山高皇帝遠，是縣裡最偏遠的地方，被稱作「小北極」，過了江東就渺無人煙。不過，還多虧他胸無點墨，腦袋裡裝了一盆糨糊，極左的那一套滲透得還不那麼徹底，因而我的房東王大爺才有一定的自由度，我也就免去了不少災難和麻煩。他芥豆大的官，沒什麼權，也沒多大撈頭，只通過手中權力和人際關係把一個心眼不太夠用的兒子送到社辦工廠拉槍鋸、抬小檁。這也就高人一等了，不同凡響了，是掙工資的嘛。

散會時三星已經打橫，我心緒煩躁，踽踽獨行，腳踩積雪發出的嘎吱聲，嘎啞、乾燥。

「真有意思。」一個女人的聲音，離我很近。她有意用電筒的光給我照亮。我琢磨不透她這話的實際意思。通過手電筒散射出的微弱光暈，我注視著她。二十多歲，細高身材，剪著短髮，脖子上纏著一條花圍脖，眉眼清秀，顯得氣質不凡，瀟脫幹練。想不到，在這深山野林裡，還有這樣一個女人，真是

深山出俊鳥啊！

「狗屁不通，信口開河！」她為剛才的話作註釋，「你是城裡人，耍筆桿子的，可別笑掉大牙。」談吐也不凡，在質樸簡單的方言海洋中，冷不丁響起一記悅耳的鈴聲，恰似在厚重的天幕上閃過一抹霞光，給人以清新明亮之感。

「你是——」

「代課教員。」說得侃快大方，「叫潘晶晶，在縣一中讀初中，趕上『文革』，啥也沒學成，教二十個孩子，四個年級。」

沉默，腳踩積雪發出的噪音，聽了鬧心。走到一幢木屋面前，她停住腳步，說：「我到家了，以後常來玩，我常去打擾你，你不會討厭吧？」我說歡迎她常去談談。她用手電筒的光給我指路，直到我走進院內，她才關了手電。

這以後，潘晶晶經常到我的住處來，問這問那的。我學的是漢語注音字母，對漢語拼音很是陌生，還得向她請教。語言文學等社會科學方面的知識，只能泛泛地講，不能涉獵太廣，講得太深。她的基礎委實差了些，但她很用功。學習之餘就談心，談山村裡的逸聞趣事。

別看屯堡小，花花事可真不少。幾乎家頂家都被性戀關係網裹包著。逃脫這張網的還真不多。聽說雞不叫隊長正打著潘晶晶的主意，要她給自己那個心眼不太夠用的兒子當媳婦。潘晶晶不情願，她父母似乎同意。還有人話裡話外透露口風說，我的房東王大爺跟尹木匠的媳婦尹大嫂還有那麼一腿。這話我說啥也不相信。朝天每日浪跡在大森林裡的清心寡慾的見不到女人影兒的老死溝壑的正兒八經的冬狗子跟這事挨不上邊兒。這不是褻瀆我的可敬可愛的房東嗎？雖然人們說得有鼻子有眼兒的。

春耕時，隊裡決定讓我和潘晶晶普查戶口。拿著戶口簿，挨家逐戶去核實姓名、性別、年齡、成分、籍貫等等。她白天講課，只能晚間進行。核查完幾家，就到我的住處重新抄寫，填寫表格。

王大爺背著背筐到六品葉溝採藥材種小片荒去了，十天半月才回來一次。三間房，只有我們兩個人。表格很快填完，就點燈看書，看累了就嘮嗑。啥都

嘮，屯堡裡的公社裡的縣裡的遠而至於國家大事。熟悉了，就無所不談，也就無所顧忌。有一天，她忽然問我：「你挺好一個人，為啥寫文章反黨？」我說那是天大冤枉，於是就述說了我的文章的內容及被無端地指控為所謂的影射、攻擊。我說得很激動，她卻撲哧一聲笑了：「你別說了，我啥都明白。我們在學校也是這麼分析老師的言行的，越邪乎越好，越狠歹歹的越革命，鬧著玩唄。」我們的距離拉近了。

想不到在這荒野山村我竟遇見了知音。

我講了離異的妻子，離我而去的子女，不禁潸然淚下。

她也淚光盈盈，嗟嘆不已。

她很大膽潑辣，大膽潑辣得嚇人。是無意還是心有靈犀？這一天晚間，燭頭著盡了，如豆的燈光搖曳忽閃，更增添室內的朦朧氣氛。她坐在我的身邊，挨得很緊很緊。我感覺到她的體溫和急促的心跳。我沒有坐懷不亂的硬功，也沒有魯男子閉門不納的本領。頭腦一陣轟響暈眩之後，我把她攬過來。她很順從，如同羔羊。熱烈地狂吻、愛撫……山村的野戀就這麼簡單奔放。沒什麼作勢準備階段，也沒什麼情感鋪墊和情感輸送，她就那麼輕易地委身於我，我也就那麼輕易地經受了愛的洗禮。她是個純潔的女子，此後我曾反覆推敲，她絕不是隨便亂來的放蕩女人，我也不是庸俗下作和玩世不恭的人。是性飢渴使我們如烈火乾柴般騰起愛的火苗？不是，我們的感情都是真誠的，我真心要娶她，她也真心要嫁給我。我們都有理智，都明白這要付出多麼大的犧牲和代價。我敢說，假如我們結合了，我會終生不渝地愛著她的。

但是命運多舛，有情人難成眷屬。

沒有不透風的牆，尤其在這山野小村裡。我們倆這身分，這背景，不同凡響的人和事，立時哄揚開去，不亞於八級地震。首先是雞不叫隊長在會上發難，說我這是階級報復，牛鬼蛇神勾引貧下中農的女兒。我們沒有理睬，豁出去了，婚姻自由嘛，怕個球！接著「五‧七」排、「五‧七」連都進行干預，甚至令我懸崖勒馬，並指出：潘晶晶是返鄉知青，我這是破壞黨的知識青年上

山下鄉的偉大戰略部署，是要判刑的。潘晶晶還面臨著取消代課教師資格的威脅。

我的房東王大爺看事不公，出來仗義執言，說我與潘晶晶是天造一對地設一雙，憑什麼拆散人家！但他人微言輕，無濟於事。當「五‧七」戰士到公社「五‧七」連整頓學習結束我回到滿天星時，已是明日黃花，潘晶晶與雞不叫隊長那個心眼不太夠用的兒子結婚了。聽說潘晶晶哭了好些天，爹打過她，娘罵過她，她終於成了雞不叫隊長家的新娘。聽說房東王大爺去喝喜酒來，破例地沒上禮，用酒蓋臉，大罵大吵了一場。

她做了新娘，我很少見她的面。有時剛見到影子，一閃身她就躲到柴垛後。我理解她，也不願讓她為難。

王大爺罵了幾天閒雜，他要用罵我的情敵的辦法來安慰我。他也知道這是空頭支票，首要的是要我成個家。他一再讓我成家，留下後，這事他看得很重。他整日裡搜腸刮肚去琢摸可當我媳婦的人。那天半夜，他忽然推開我的房門，說有件大事要和我商量。他說有個人可以考慮，就是靠江邊的鄭寡婦，比我大五歲，五個孩子，人長得寬襠大屁股，保證還能生育，還能生出像虎羔子一樣壯的孩子，地上炕上一手好活，揀蘑菇採木耳打松子抓蛤蟆都行，一背筐能背一百個大松塔，那是二百多斤哪，哪一年都能抓撓一千來元。

我哭笑不得，只能打心坎上感謝我的好房東，好心的王大爺。

不過由這荒野之戀引起的風波，我終於知道了我自身的價值，我連個心眼不太夠用大字不識一個只會拉槍鋸抬小槓的雞不叫隊長的兒子都不如，我只配找一個比我大五歲的子女纏膝的農村老寡婦做媳婦。

我是多麼可悲又可憐哪。

我也想當個冬狗子，當冬狗子有什麼不好？當冬狗子好！

四、絢麗多彩的大森林

我們在林海裡穿行。枝頭的樹葉剛剛舒展開，嫩綠得透明耀眼。腳下的腐

殖土，踩上去起暄，擠軋出的黑色液體好像黑色的油汁。早開的野花，蓓蕾綻放，奼紫嫣紅。明亮的山間小溪歡快跳躍，淙淙流瀉。鳥雀在枝頭上啁啾鳴啼。早春的長白山林海雖說沒蛻盡料峭寒意，但清新潮濕的空氣挾著嫩草鮮花的淡香，溢滿山谷，澄碧的藍天綴著幾朵浮云給人以賞心悅目恬淡寧謐之感。春天邁著蹣跚的腳步還是走來了。王大爺背著背筐走在前頭，背筐裡有大斧、手鋸和一把小廣鍬。他目不旁視，步武矯健有力。我尾隨其後，緊著捯騰腳步。別看他是五十多歲的人了，一旦上山進林，就判若兩人，彷彿年輕了二十歲，行動敏捷，手腳利索，走不過三里路，爬上一個漫崗，我就累得張口喘了。他有意放慢腳步，一邊走一邊跟我講起山裡的故事。

我們倆這是上山打明子的。我心裡明鏡似的，他見我心裡憋屈，要帶我出來吹吹風散散心。在山區住了近半年，對大森林仍有神祕感，自己不敢上山，怕走麻達山。這不是聳人聽聞，經常有人進山迷路，飢餓困累，死在大山裡。王大爺是山裡通，我真希望他帶路上山，開開眼界，長長見識。那花那草那獸，都新奇好玩。就問他，他就耐心回答。那是狗奶子，就是中藥的枸杞子；那是包袱花，就是中藥的桔梗；那是廣東菜，它的根就是中藥的關仲；那是柴胡、黨參、草烏、元胡、天麻。那些是野菜，都可以吃，山高粱、驢蹄子菜、貓爪子菜、蕨菜、山菠菜。還有那鳥，有蠟嘴、柳葉眉、翡翠鳥、叫天兒，長得俊，叫得也好聽。想不到他竟然知道這麼多草木鳥獸之名。我都記了筆記，不知出於什麼目的，可能還耽於作家學者夢吧。

前面依山朝陽的地方就是六品葉溝。六品葉溝，他幾乎天天念叨，我早就有了一睹為快的想法。前面開闊地就是甩手無邊的大森林，左側是漫崗，有個終年噴銀吐雪的暖泉子。右側是一架大山，山根下有一條宛如跳動的銀練的小溪逶迤南去。山下有一座地窩棚，就是王大爺朝思暮想的住處。地窩棚是用圓木楞刻成的，裡外再用稀泥溜縫。房頂苫蓋著樺樹皮，門朝南，是從山牆開的門，叫口袋房。門口扣著棄置不用的石臼。走進窩棚裡，頓覺陰森潮濕。頭頂鍋灶，炕上鋪著樺樹皮。由於多日不動煙火，樺樹皮已經打了捲兒。

長白山人把有火炕的地窩棚稱作暖窩棚。也有沒有火炕的地窩棚，那是放山狩獵者臨時居住的地方，就叫冷窩棚。王大爺的這個地窩棚就是暖窩棚。

　　「別看潮濕發蔭，那是不住人的關係，房子得有人住，一燒上火，立刻亮就暖和了。」

　　他唯恐我小瞧了這地窩棚，充滿感情地解釋著。他就是在這裡度過了半生，就一個人。在他之前，那個姓劉的冬狗子在這裡度過了一生，也是一個人。冬天漫山銀白，縞素一片；春夏秋是漫無涯際的碧綠，聽不見人語，只有鳥鳴獸吼。陣陣松濤和小河的泣訴，更增加了寂靜、孤獨、失落、壓抑和沉悶。我曾羨慕冬狗子的嘯傲山林，與鳥獸為伍，與世無爭的生活，那是我厭煩了人世間的爭鬥、傾軋、陰謀和欺詐，但我並不想離群索居，我熱愛生活熱愛人類。如果讓我在這裡當冬狗子，我可能會孤獨、寂寞得發瘋。難道王大爺、那世世代代的冬狗子，就心甘情願過這樣與世隔絕的生活？是生活逼使他們走上這條畸形的路，他們沒有強烈的物慾，似乎也沒有性慾，只維持著原始人式的單調的生活。我想他們是不會甘於這種生活的，對進山人的熱愛留戀，以及對相距幾十里上百里的所謂鄰居的眷顧關照，就是最好的說明。冬狗子是殘酷時代的一代代不幸者，有如宮中的宦官與婢女。他們就這樣在令人感到壓抑感到窒息的白色和綠色中度過了青春熬到了垂暮。什麼事情就怕形成習慣，由壓力導致的習慣，由習慣導致的自然而然，由自然而然導致的麻木，由麻木導致的心安理得、自我滿足……君不見籠中鳥柵中雞，豢養日久，就惶惶然溜回籠中柵裡。我們沒有理由怨它恨它。

　　我思接千載，發微探幽，沉浸在邃密深渺的思索之中，儼然哲人學子。但王大爺全不理會我，獨自一人，扛起小廣鍬，向窩棚西邊走去。這時，我正從可笑的思辨中醒了過來，也跟了過去。在距窩棚百步遠的地方，有一座土堆，是墳墓，墳頭用四塊石頭壘了個塋門。墳上新填過土，墳後還植了兩株美人松。松幹娉婷，擎著藍天。這是馳名中外的長白山裡最高貴的松樹。王大爺用鍬給墳填土，然後就跪下來磕頭，是磕響頭，口裡還唸唸有詞。磕完頭站起

身，又恭恭敬敬作了三個揖。我分明看見他眼窩裡蓄滿了淚花。

「這就是我劉大爺，上一輩的冬狗子，好人哪！」他語氣低緩，感情深沉，一臉的緬懷和虔敬之情。

我掃瞄了一下四周，山坡下漫崗邊，花花達達有幾塊開墾的土地，土是黑色的，起了壟，坦露著還沒爛掉的樹根。不用說，這就是王大爺耕種的土地了。

接著就去打明子。野草剛出土，土地乾爽，正是打明子的好時節。王大爺知道哪兒有明子。幾百年上千年以前的松樹老死了，倒在地上，經過風雨剝蝕和腐爛的過程，木質朽了，只剩下松油的明子。多埋在土裡，不深，二三尺深，在樹葉下腐殖土裡。用鍬挖，用斧子砍，用鋸截去沒爛掉的木質。明子很有講究，有線明子、燈碗明子和魚鱗明子三種，全是從明子的形狀結構分的。線明子纖維平直，容易劈。這都是王大爺告訴我的。我們挖出兩塊線明子，大的那塊百多斤，小的那塊五六十斤。把明子扛到窩棚外面，歇息一會兒，就吃飯。我們的背筐裡都有煎餅、鹹菜。王大爺到林子裡，不一會兒就挖回一些小根蒜和寒蔥。我拿到河邊去沖洗。王大爺又到窩棚後邊河溝岸上，扯著一根麻繩，往上一拽，竟連著一個須籠，柳條編的。須籠裡直翻白，　裡啪啦響。我扒著籠口一看，半下子魚和蛤蟆。有細鱗魚、青鱗魚、重唇魚。沒有鍋怎麼做？王大爺不言不語，籠起一堆火，揀起兩條二斤多重的細鱗魚，不開膛不打鱗，扔進火堆裡，不一會兒，就飄出魚香味。我倆坐在火堆旁，就著小根蒜、寒蔥和燒魚吃煎餅，滿口香。一口鹹菜一口燒魚，清香無比，回味綿長。這是我終生難忘的佳餚。還有那寒蔥，長白山特產，早些年是給皇上的貢品，康熙皇帝就愛吃。葉像芭蕉，蔥白粗而長，辣而馨香，也是一絕。

我把須籠裡的魚和蛤蟆倒進背筐裡，背起那塊大明子，先自上路。王大爺笑了笑，沒吱聲，背起那塊小的，跟在我的後邊。走不過三里路，我就氣喘吁吁了。回頭看看王大爺，他卻面不改色。我的兩腿像灌了鉛，背上的負荷似乎越來越沉重，最後渾身竟像散架子一樣。

「小夥子，別逞能了。」王大爺喊住了我，把我背上的明子接過去，把魚和蛤蟆倒進他的背筐裡，甩開大步，頭前走了。

「王大爺，您老──」

我很愧怍，竟然說不出一句完整的話來。

他步履矯健，行走如飛，露出山裡人的本色。我看得呆了，心下道，不愧是長白山裡的冬狗子。

五、蒼白的月亮

生活中的事情真是難以預料，往往因為一句話一個行動，就改變了一個人的一生的走向，決定了一個人一生的命運。我當過多年編輯，從浩如煙海的來稿中擷取一篇閃光而有特色的作品，經過潤色加工，發表了。這篇稿子的作者往往會因此成了作家，有的受到器重被提拔。我寫過一些作品因此成了牛鬼蛇神，這在檔案中有翔實記載。不知是因禍得福還是因福得禍，我因此被借調到縣文工團創編劇本。得到這個通知，說不上是喜是悲是樂是憂，心被莫名的惆悵裹包著。好在只是借調，還有調回的時候，心中又存著僥倖和企盼。其他的「五七」佬們對我羨慕得要死，他們哪裡能知道我的苦衷。

臨走之前，王大爺為我餞行。散裝白酒打了二斤。他不願喝麴酒之類的瓶裝酒。還是燉菜，燉狍子肉、燉蛤蟆、燉細鱗魚、燉榆黃蘑。那個叫雷妮的姑娘來打下手。她經常光顧我們家，幫著幹活收拾家，還常送一些黏豆包、黏火燒、香酥豆來。不知為啥，尹大嫂好些天沒來了。

王大爺端起酒盅，跟我碰杯。今天他的情緒格外好，滿臉酡紅，喜上眉梢。他的話像扯不斷的絲絮：「我知道就有這一天。小時享福不算福，老來享福是真福。」他讓我早點找個女人，絮個窩，生兒育女。我說我是借調，還要回來的。他說有借就有調，有調就有陞遷。即使再回滿天星，王大爺我接著你，幫你說上家口。淳樸滾燙的話語，灼得我心潮澎湃，渾身汗涔涔的。

兩個月後我回來取衣裳，門還是沒上鎖，卻闃無人跡。室內沒什麼改變，

只是王大爺那屋的木箱上立著一面鐵梁小圓鏡，還有一把木梳。憑著已婚男人的敏感，我嗅出了女人的氣味。

眼見天擦黑時，房門響了，我聽出來是王大爺的腳步聲。門開了，果然是王大爺回來了。身後有個黑影，稍一躊躇，閃了進來，燈光下一看，竟是雷妮。

原來她幫王大爺到六品葉溝去種地、鏟地、蓐草。

她放下背筐就忙著做飯，煎餅，還有燉菜。

吃完飯，她拾掇好碗筷回家去了。我和王大爺述說離別之情。他情緒還是那麼好，高聲大嗓，說這嘮那的。

第二天一大早，我就步行到小火車站，乘上了開往縣城的森林小火車。在火車上，正好跟滿天星一個社員坐了對面座。談起我的房東，他說那是好人，沒說的。就是老雷家不是東西，心術不正，挺大個姑娘不管束點，放野了，成天長在王大爺家，好說不好聽。他擔心王大爺那點兒家當要泡湯。

我聽了心裡直翻個兒。果真如此，老雷家也真不是個東西。王大爺一個老冬狗子，扔下五十奔六十的人了，那兩千來斤糧食攢得容易嗎？下次回來我得給王大爺提個醒。

不久，我就正式調到縣文工團，人事及工資關係都由縣裡統一辦理完畢。我抽空回滿天星搬家。是個秋景天，正是長白山五花山季節，蛤蟆肥蘑菇鮮，山梨、山葡萄、軟棗子壓彎了枝頭。收山收河又收莊稼，好年景。

王大爺不在家，在六品葉溝收黃豆割黍子抓蛤蟆揀蘑菇。聽屯裡人說雷妮也去了，總在那黑天白日跟著忙活。還聽說，森林小火車要經過滿天星往江東通車，線路已勘測好，正好通過王大爺的房屋、宅院，王大爺能得一筆好錢。

來不及跟王大爺話別了，收拾好簡單的行李、箱籠，裝進拖拉機的拖斗裡。

總有一股纏綿繾綣的思緒在胸裡迴蕩。又說不出是因為什麼。腳步不由自主地向屯子中心移動。我是來看她的嗎？面前是小學校三間低矮的木屋，唯一

與其他房舍不同的是門窗上鑲嵌著玻璃，這就顯得堂皇明亮。學生都放假回家了，校院裡寂寥而空蕩。我很失望，也有些自責，你這個意志薄弱的傢伙，你這個被遺棄了的傢伙，生活中該畫句號的地方就應當畫句號，別猶豫，也別狗尾續貂。我猛一轉身，調頭要回走。就在這時，窗玻璃後分明閃過一團亮色，那張蒼白的臉，像月亮，清秀悽楚。

這是留在我記憶中的最後一瞥。

別了，滿天星，你給我以充實，也賦予我以遺憾。日後我會釐清這披紛的思緒。時光老人是醫治惆悵失落的靈丹妙藥，我相信。

但記憶深層的東西，能被時光剝蝕罄盡嗎？

六、荒塚前的夢幻

粉碎「四人幫」以後，我也終於找到了屬於我的位置。回到省城，也時時念及王大爺。藉著下去組稿之便，我要到滿天星去。到鄉政府時，天已經黑了，就在招待所住下了。正好遇見了滿天星屯堡的人，自然就嘮了起來。這才知道，王大爺就在鄉敬老院裡。他的房子賣了一千多元。老雷家是耍人的，王大爺的錢生叫他們給靠幹了。雷妮找了個新來的山東盲流，不久還生了個兒子。王大爺鬧了個黃鼠狼烤火──毛乾爪淨。那人說得好氣憤，彷彿他就是受害者或者是受害者的至親骨肉。

第二天一早，我到鄉供銷社買了些點心罐頭，就到鄉敬老院去。王大爺在園子裡收拾菜地。他是個閒不住的人，不幹點營生，就不舒服，甚至生病。他明顯見老，頭髮全白了，腰也有些彎。見了我先是一愣，繼而就笑得五官挪了位：「孩子，難得你來一趟，你沒忘大爺，我就知足了。」他把我領到他的屋裡。一個人一個單間，不足五平方米，睡火炕，室內拾掇得還算潔淨。我算是省裡來的人，鄉政府和敬老院都要招待我。我說幾年沒見王大爺了，到飯店去，我們倆好好敘談敘談。他們也只好依了我。

我知道他的口味，就囑咐灶房做四個燉菜。不一會兒，燉菜上來了，熱氣

騰騰的，有茄子燉鯰魚、燉重唇魚、燉小雞、豬肉燉豆角。喝的是散裝白酒。不一會兒，我們就酒酣耳熱，袒胸敞懷。他的心情格外好，臉上總是掛著笑。這很出乎我意料。他習慣獨往獨來，我擔心他不適應集體生活。他說在敬老院吃的穿的都不用自己操心，一週改善一次生活，每月還給五元零花錢。他說還浮腫，常煎服二丑，阿司匹林斷不了。我明白點兒中醫中草藥，二丑是兩味瀉藥，是否能除浮腫就不得而知。他還告訴我房子賣了，東西也處理了，就安心在這養老了。一提起滿天星他的眼睛就放出異彩，欣喜之情溢於言表，甚至又忘情地哼起那隻有一句唱詞的小調：「鹿有千年壽，步步犯憂愁。」看來他是多麼眷戀故土和故人啊！

不知為什麼，或許我倆處得太熟的緣故，是心照不宣吧，我覺得他生活得不錯，精神狀態良好，但手頭似乎拮据。按說他經濟情況應該很寬綽才是，賣房一千多元、敬老院每月補發五元，喝酒、抽菸、吃藥也花不了幾個錢。他的錢哪去了？臨走時我掏出一百元錢給他，讓他留著零花。他推拒再三，還是收下了，只是臉上掠過一抹紅暈，甚至長長的人中也泛紅了。

我問他還有啥事要辦，我可以去跑跑。我的潛台詞是如果老雷家騙了他坑了他，我去給他打官司。當然這只是我的心理活動，我也有些抱不平。他卻說沒啥事，什麼都滿意，這一輩子知足了，沒人欠他的短他的，跟誰都兩清了。他滿足了，兩清了，我還能說什麼呢？

想不到這竟是我與他的最後一次話別。

五年後，我又來到長白山，來到我下放的那個縣裡，辦完公事，我乘車去王大爺所在那個鄉敬老院。這一次我想領他到省城住些天。他活了七十來歲，從沒見過大火車、電車，也沒見過高樓大廈。再說我已重新組建了家庭，有了孩子。我要讓他看看這位大侄子媳婦，雖說不是寬襠大屁股，我自覺也還拿得出手，也能幹家務，我那孩子活像虎羔子。他看了，準會高興。

接待我的還是那個老院長。他拿出一個檔案袋遞過來，我已覺察不是好兆頭。打開檔案袋，逐項看下去，有王大爺標準照片，記載著姓名、性別、年

齡、所在村社、死亡時間及善後處理情況。王運青,即我的房東王大爺已於四年前的秋天逝世。個人有遺囑,要穿那雙牛皮烏拉走,那盞高腳銀燈也要帶去,要求死後埋在六品葉溝裡劉冬狗子旁邊。前兩項好說,最後一項涉及土葬。敬老院請示鄉政府,算是特殊情況,破例允許了。王大爺是含笑離去的,就埋葬在六品葉溝。

生老病死,這是誰也逆轉不了的自然法則,王大爺的仙逝,也是意料中事,只是沒料到去得這麼匆匆,而且就在我上次見他後不久,那時身體看上去還算可以。

「到墳頭去看看他!」這意念強烈地驅使我,非去不可,即刻。

我步行到滿天星屯堡西南方向的六品葉溝。細細的荒徑蜿蜒曲折,依稀可辨,那座窩棚已經坍塌,只有殘垣斷壁,標誌著這兒曾經有人煙。廢棄的石臼還扣在那兒。耳邊是嗚咽的松濤和啁啾鳥鳴,莽林憧憧,流水潺潺,一切跟過去沒什麼兩樣。我碼著小徑向姓劉的冬狗子的那座塋地走去。這時從樹棵裡傳來話語聲,隨即就閃出兩個人影來。走到近前一看,是一個中年婦女領著一個六七歲的小男孩。她左臂挎著豬腰子柳條筐,右手拎著一把鐮刀,筐裡裝滿了貓爪子菜、驢蹄子菜、山高粱。跟我走了個頂頭碰,她退到路邊站著,那小男孩閃著汪汪大眼,好奇地瞅著我。

「你──」那女人忽然轉身,露出一排整整齊齊的微黃的牙齒,「是老孫大哥吧?」

「是呀!」我愕然了,仔細端量她,中等身材,大眼睛,黝黑的臉膛,粗短的脖子,「你是雷妮吧?」

「是呀!」她眼睛一亮,滿臉喜色,「你不是回省城了嗎?」

「到縣裡公出,順便來看看大爺的墳。」

她眼睛又一亮,面頰染上一朵紅暈。

「走,我領你去。」

我跟隨她,很容易就來到一座墳前。她指著眼前的一抔黑土,面部表情木

然。

這座墳緊挨著王大爺稱作劉冬狗子的墳的東邊，用石板砌著塋門，看樣子曾填過幾次土。墳上的野草剛剛割過，草茬上還沁著清亮亮的水珠。

我在來的途中，隨手採了些野花，我把花束獻在王大爺的墓前，低頭默哀，深深地鞠了一躬。

「你為啥不給他磕頭？」

是一個孩童的稚嫩的聲音。我抬眼一看，雷妮的孩子，也立在塋前。

「每次來，媽媽都叫我給他磕頭。」

「運兒！」雷妮的臉頰緋紅，大大的眼睛透出迷離淒惶而粗野的光。「他是你王爺爺！這位是你伯伯，叫孫伯伯！」

這孩子忽閃著大眼睛，就是在說話時上唇的人中也顯得長了些。他有點兒懼生，也很犟，咬著指頭，審視著我，搖搖頭，躲在他媽媽身後，就是不吱聲。

「天快黑了，說什麼也得到家。」雷妮打破了這難堪的沉默，拎起了豬腰子柳條筐，拾起了鐮刀。

路上，雷妮捲起喇叭筒煙，一邊吸著，一邊詳細回答我提出的各式各樣的問題。談到潘晶晶時，她嘆了口氣，說：「就怨那該死的雞不叫隊長，老是吵著抱孫子抱孫子，產後流血，死了。撇下兩個丫頭，心眼都不怎麼夠用。」

她說得很隨便，語氣平和，像講一個遙遠的故事，沒有什麼感情色彩。但這話卻在我的心裡激起巨大波瀾。我覺得心在揪揪作痛，不知是憂是怨是怒還是恨。

這時已走進滿天星屯裡。滿天星確實發生了很大的變化。木屋子大都變成瓦房，村東頭雞不叫隊長的原房基地上還矗立起一幢瓷磚掛面的兩層小白樓。小學校有了擴大，教室、辦公室全是磚瓦結構的房子。我下意識地朝窗口望去，什麼也沒有見到，更不可能有銘刻在記憶深處的那個蒼白的月亮，只有蟹紅色的晚霞在窗玻璃上蒸騰渲染，像激灩流溢的胭脂。不知為什麼，此後很長

的一段時間裡，我一見胭脂紅，腦子裡就跳出唐代詩人崔護的詩句：「去年今日此門中，人面桃花相映紅。人面不知何處去？桃花依舊笑東風。」

啊，我永遠眷戀的滿天星，我永遠懷念的長白山大森林！那裡有痛苦而令人心碎的荒野之戀和長白山最後一個老冬狗子的。

最後一個套股子

招養夫婚，東北地區稱之為「拉幫套」，河北、內蒙古個別漢族居住地區也存在這種婚姻形態，也稱作「拉邊套」。長白山地區這種婚姻形式相對來說就更多一些。

　　恩格斯在《家庭、私有制和國家的起源》一書中說：「如果說只有以愛情為基礎的婚姻才是合乎道德的，那麼也只有繼續保持愛情婚姻才合乎道德……這一代男子一生中將永遠不會用金錢或其他社會權力手段去買得婦女的獻身；而婦女除了真正的愛情之外，也永遠不會再出於其他某種考慮而委身於男人，或者由於擔心經濟後果而拒絕委身於她所愛的男子。」我們所說的拉幫套絕不是恩格斯所設想和勾畫的這種理想的婚姻。拉幫套貌似一妻多夫制，貌似以女性為本位，其實它是一種變態的承典婚和服役婚，只不過它的內涵更為豐富，情況更為複雜而已。

　　東北地區，尤其長白山地區，自清末開禁以後，始有冀魯等地區居民相繼湧入。當時，入山須持官府發給的腰牌，只准男人入山，不准女人入山。據《東華續錄》（嘉慶卷）記載，只允許關內居民「隻身前往貿易雇工就事」，對「攜眷出口之戶，概行禁止」。後來雖然取消不准女人入山的禁令，但因氣候寒冷陰濕，婦女難以適應，死亡率很高。由於這兩方面的原因，長白山地區婦女的比例遠遠小於男人。長白山區開發較晚，婦女奇缺，表現在民間口碑文學上，就是創造了大量的人參姑娘、珍珠姑娘的形象，表現在婚姻形態上，就是拉幫套。

　　拉幫套分拉者與被拉者，被拉者有妻室子女，拉者又稱「套股子」，都是單身漢。被拉者有的年紀大，有的身體殘疾，無勞動能力和經濟收入，或者能勞動有經濟收入而無法維持正常夫妻生活的。拉者多是身強力壯的男子，或身懷一技之長，或雖有些許銀錢糧米，但仍娶不起媳婦的。從這種人際關係和需要結構可以看出，拉幫套婚姻的產生，主要是經濟方面的原因，其次是性的原因。

　　拉幫套婚姻以女子為本位，拉者與被拉者，在家庭的地位，多以他們各自

的經濟地位和健康情況而定。拉者也參與這個「家庭」的生活和勞動。這一切都得到了被拉者的默許、認可和同意，但並無字據和契約。女方與原配丈夫可以繼續或終止婚姻關係，而與拉者卻存在事實上的婚姻。家庭的內聚力也不一樣，有的強一些，有的弱一些。至於子女的歸屬，莫衷一是，一般是誰的孩子歸誰，有的以拉者的姓為姓，有的以被拉者的姓為姓，雖然三方都知道這個孩子與被拉者並無血緣關係。

　　拉者、被拉者和女方的結局，有的好，有的很悽慘。拉者到年老體衰喪失勞動能力時，大都被被拉者、女方及子女（包括自己的子女）趕出家門。他們操勞、辛苦一生，到老時無依無靠，備受歧視和唾罵，有的抱了路倒。正如民間所云：「招夫養崽子，崽子大了打桠子。」這「桠子」即是拐棍、桠杖，也就是拉者即套股子。只有在這時才發生吵架鬥毆和凶殺事件。也有好心的被拉者，念其養家餬口有功，以「叔叔」「大爺」名分，頤養其天年。子女長大以後，得悉自己的身世，大都有強烈的恥辱感，虐待、歧視、遺棄母親的事也時有發生。正如蘇聯民族學家謝苗諾夫在其所著的《婚姻和家庭的起源》一書中所說：「現代社會只承認那些相互婚配的人們之間，即夫妻之間才有權利發生性關係。不結成婚姻關係的人們是沒有這種權利的……是被社會看作違反其中存在的規則和規範的，並且要受到這樣那樣形式的譴責。」法國女作家西蒙‧波娃在《第二性──女人》一書中也說：「婚姻是傳統社會指派給女人的命運。」「沒被制度和聖旨所批准之性行為，對她是一種錯失、墮落、挫敗與弱點，她應保衛她的德行，她的榮譽；如果她『屈服』，如果她『墮落』，她即被輕視；然而人們對她的征服者即使責怪，也混雜著欽羨的心情。」可見最大的犧牲者是女性。也有的拉者由於體弱罹病，不能繼續承擔拉幫套的任務，有的自動退出，有的被趕出家門，被拉者夫婦如果需要，則再重新物色套股子。

　　這種婚姻始自何時，不可稽考。解放以前長白山地區較為多見。這種婚姻在人們心目中與生活糜爛是有所區分的。解放後許多年，在偏僻的山村也仍有存在。群眾對此見怪不怪，民不舉，官也不予追究，對這種歷史遺留下來的不

正常婚姻採取不聞不問的態度。有的家庭如果不實行這種招養夫婚，勢必給社會增加累贅，這也是輿論默許認可的原因之一。這種婚姻一般說來無愛情可言。被拉者與女方出於經濟上的考慮共同協商，或一方提出一方認可，招來套股子。甚至還有捐客從中作伐，玉成此事。套股子與女方有的也有一定的感情。套股子與被拉者都能互相理解，互相忍讓，沒有醋意和嫉妒。這是一種奇特的婚姻。柔石的《為奴隸的母親》所反映的是承典婚，那是有時限有契約的。而拉幫套既無時限又無契約。服役婚是男方到女方家服一定時期勞役，然後結婚另過。拉幫套婚姻的套股子幾乎終生服役，就地為家，如果一方退出，可不受任何約束。入贅婚是男方到女方家，其最大特點是一夫一妻制，而拉幫套婚姻卻是一妻多夫制。可見它與承典婚、服役婚、入贅婚是有本質區別的。拉幫套婚姻不是恩格斯所說的那種出於政治聯姻的「政治行為」。

從社會學和婚姻發展史來看，比起一夫一妻制來，拉幫套婚姻無疑是婚姻的一個變異和倒退。這是就廣義而言的。而事實遠不是這麼簡單的。那些單純經濟原因的拉幫套婚姻也包含著勞動人民間的互相體貼、互相關照的因素的。當然也包括解決性生活問題。它絕不是妓院式的冷冰冰的肉慾與金錢的交易。它對當時窮苦人的物質生活和精神生活的飢貧起了一定的緩解和補償的作用。從人類婚姻史的長河觀察，不能不承認它是貧窮與愚昧的產兒，是婚姻史上的一個悲劇。摩爾根在《古代社會》一書中說：「愛情為何事，在他們之中是不知道的……婚姻不是建立在感情之上，而是在方便及需要之上。」

摩爾根指的是人類矇昧時代、野蠻時代的婚姻，他明確指出：「感情是文明的產兒，是高度修養的產兒。」而在文明的時代，甚至在全國解放後的許多年裡，還存在這種婚姻，就只能做這樣的解釋，即恩格斯所說的：「仍然是男子的權利。」「它使舊的性的自由繼續存在，以利於男子。」可見拉幫套婚姻是舊時不合理的婚姻的殘留和彌留，它畢竟是明日黃花，它凝聚無數人的淚水、恥辱和痛苦。人類最美好的婚姻恰恰是恩格斯所預言和勾勒的那樣：「婚姻的充分自由，只有在消滅了資本主義的生產和它所造成的財產關係，從而把

今日對選擇配偶還有巨大影響的一切派生的經濟考慮消除以後，才能普遍實現。」（《家庭、私有制和國家的起源》）

　　毋庸諱言，拉幫套婚姻最大受害者是婦女，其次是他們的子女。這已成了陳跡，成了歷史的積澱物。隨著農村經濟體制改革的深入，隨著兩個文明建設的不斷發展，農民的愛情、倫理、道德觀念，已發生了巨大的變化，升到了較高的層次。現在，這種婚姻在長白山地區農村青年男女中已經絕跡，這就向著恩格斯所構想的那種理想的婚姻，邁出了堅實的第一步。

——作者瑣記

一

　　天是瓦藍瓦藍的，地是堅實堅實的。堅實堅實的山岡坡嶺上，長滿了密密匝匝的花草和樹木。各樣品種的樹，什麼白樺、黑樺、風樺、黑松、紅松、白松、黃花松，還有柞樹、楓樹、水曲柳、暴馬子樹……都肢臂相挽，擎舉藍天。枝葉扶疏，爭相拔高，要撫摸藍天，掃拂藍天上飄浮的鑲著銀亮邊緣的朵朵白雲。綠色的枝條把藍天切割成條狀的塊狀的絲狀的網絡狀的。藍天破碎了，陽光偶或透過枝葉的罅隙在地面上篩動著斑駁著如銀如珠如水泡似的光點光圈光環，這光點光圈光環時不時地烙印在遊走在他的臉上身上。國字臉，花白的長眉下輪動著的大眼珠子像長了鏽，混濁而無光彩。網絡似的皺紋裡淤著污垢，滴著汗珠。他是匍匐前行的，胳膊肘與波棱蓋兒滲出的血水覆在已經變硬的血痂上。他抬頭望了一眼破碎的藍天，又四下里撒目了一會兒，勾著頭費力地喘息著。

　　媽了個巴子的，前面才是三灣水。這道兒咋這麼見走！從影壁砬子整個亮兒爬了四天，才來到這拉溜。大柱，我的兒子——

　　是的，他是跟大柱一起來的，是到影壁砬子去挖棒槌的。一提起大柱，他心裡如同打翻了五味瓶，苦辣酸甜鹹，要啥滋味是啥滋味，而此刻，甜的味道

卻居多。大柱畢竟稱他為爹了，那會兒臉兒是紅紅的，低眉斂目的，表情是羞羞答答的，語聲是低低的變了音的。

媽了個巴子，都這麼大的人了，早就當爹了，叫我一聲爹還這麼滿臉磨不開的肉，熊蛋包。

想到這，他笑了。

他姓趙，大號世豐，但卻世世不豐，三世單傳，到他這輩兒差點斷了香火。

幸虧宋小腳這老攏。是著哩，管他姓啥，反正是咱的骨血。就叫他姓呂，能咋的？歸齊還不是咱趙家的血脈？有苗不愁長，一年小兩年大，終於長成大漢子了，娶了妻生了子，現說他的兒子得管我叫爺爺。

「爺爺」，一想到這兩個字，他心裡像灌滿了蜜，激動得渾身都震顫。

對，這次回去，就抱起那個小兔羔子，讓他叫我「爺爺」。

得虧宋小腳！這老娘們會跳神會掐算，還能保媒拉縴，跟大柱他媽這檔子事她沒啥賺頭，也就是一隻熊膽的勾當。一隻熊膽，那年月也就二三百元，小菜一碟，咱卻有了家，還留了後。雖說這家這後叫我傷透了心吃盡了苦，現在看值當。宋小腳早就下世了，她的大恩大德不能忘。她就埋在黑瞎子溝上掌，咱還給她添過土上過墳呢。

出了影壁砬子，前面就是三灣水，過了三灣水就是荷花甸子、八面通、蜂窩砬子，那疙瘩挺邪性，好麻達山。他擔心大柱的安全。他們是在影壁砬子失散了的，是大柱自個兒趿出去的，這怎麼可能呢？他四肢著地地爬著、喊著，喊得嗓子都冒了煙，硬是蹤影不見。同在影壁砬子尖兒上打的小宿，臨睡前還聽到躺在松樹撓子上的大柱翻身折餅的。不一會兒就打起呼嚕。天亮時睜眼一瞅，大柱卻沒了影兒，他尋找呼叫一整天，這才爬著往回趕路。他就怕大柱自個兒蹽到八面通。八面通有八股道，只有碼准一股道往前走，才能走到蜂窩砬子、望鷹嶺，直接回到陽岔溝村。另外那七股，走哪一股都是絕路，都得走進幾百里沒人煙的降煙起霧的迷昏排子裡，就得麻達山，就得給生生地累死餓

死。

這太可怕了。

但又似乎是不太可能。他們從陽岔溝往影壁砬子來時，他就跟大柱把迷昏排子的蒼茫深邃做了充分渲染。呂大柱背著椴樹皮背筐，裡面裝滿了吃喝——大煎餅大蔥鹹鴨蛋鹹菜疙瘩，足夠他倆半拉月嚼用了。半個月綽綽有餘，那幾苗大山貨能手拿把掐地找到，挖出來，平平安安地背回家。他在前邊邁動著因受傷而綁著鋼夾板兒的腿，發出嘎吱嘎吱似金屬又似木竹相摩擦時發出的奇怪聲響，大柱緊跟在後面邊察看山路邊「打枴子」。打枴子是放山人為防止迷路而使用的一個絕招兒：每走幾步就用手掐折路邊的草頭樹枝，讓被折斷的草頭樹枝耷拉著，朝向一個共同的方向。若麻達山了，就碼攏著枴子走，可以找到路，回到原處。

這小子不傻，心眼兒夠使喚，我不用吱聲，他就知道打枴子。是山裡人的好後代，是俺趙家的好後代。我一小兒上山時，爹就教我打枴子，真就頂用。有一次進山挖棒槌麻達山了，在大林子裡轉悠了兩整天，衣裳剮得扯絲掛縷的，餓得前腔貼後腔。燒蛤蟆吃，生吃榆黃蘑，吃得直躥稀。我心裡慮慮著，怕是要把骨頭渣子扔在深山老林裡了。冷不丁想起打的枴子，對，找枴子去。就滿地裡尋找枴子，終於找到自個兒打的枴子，碼著枴子走，真就回到了地窩棚。好懸一把牌呀！這不，路兩邊的枴子還在，是大柱打的，好小子，真有你的！

他鑽了一輩子山溝，山場熟，經驗足。人的腳印，各種獸類的蹤跡，全都能辨認出來。就說野獸的蹤跡吧，是什麼獸，是多大的個頭，是公還是母，走過去多少時間，他一眼就能識辨出來。有時不必看蹄印，只看樹葉怎麼翻動，草葉怎麼倒伏，也能斷定個大概。現在，他就是碼著一個人的腳印往回爬的。這是大柱的腳印，一尺長，腳掌三寸寬，沒冒兒，是大柱的。可是爬到草地上，這腳印忽然就沒了。他心裡一跌個兒，可別出啥事，但願大柱能安安全全地回到陽岔溝村。

二

　　他不認為是金錢的作用促使大柱回心轉意，主動來認他這個親爹。大柱的日子過得也不賴歹，兩明一暗的磚瓦房，養著一台小手扶，種著一百多丈的人參，還有一園子木耳。小日子過得騰騰火火的。缺啥？啥也不缺，就缺個爹，一個一點兒也不摻假的正宗的爹。這小子到最末尾到底是醒過味兒來了。還是應驗了那句古語：是兒不死，是財不散。骨血這玩意兒就是邪性，服了。

　　那一年，宋小腳邁動著兩隻三寸金蓮，頭一遭蹚進他的一頭開門的口袋房子裡，笑眯眯的，他就知道要有好事。是呀，這天早晨他看見一隻喜蛛從梁柁上垂下來，他口裡就唸誦：朝有喜夜有財，不朝不夕也有好事來。宋小腳拍手打掌地直笑，淨說些拜年話，說他手腳勤快，說他人緣好，說他身子骨結實得像木頭榾柮，說他將來必定有福，叫他趁早成個家。他跟誰成家？那咱剛解放不太久，長白山裡女人少，連瘸瞎鼻失的也剩不下。他都快四十歲了，黃花閨女那是不敢想了，二婚頭的也難找，能找個走頭子貨也中，只要能留下後就中，可這也難。

　　宋小腳掃清了外圍就直搗老巢，就提起臧若蘭。

　　這不是扯景兒嗎？人家是廟上的豬頭──有主兒了。臧若蘭是呂慶福的媳婦，三十歲，比他小十歲。再說，呂慶福雖說是個病包子，不能下地，可還是能喘氣的大活人呀！也沒聽說人家要打八刀呀！臧若蘭有個小懷抱兒，是個丫頭片子。他猛不丁心裡閃開一條縫：我說臧若蘭這崩子咋老跟我套近乎，老拿黑眼珠勾我。

　　宋小腳見他直眉愣眼的，有點兒發急，拿食指意味深長地點了一下他的天靈蓋說：就你這死腦瓜骨不開竅！人家可是有意了，就看你的了。

　　看我幹啥？我不就是眼看著他們的日子過得糟心，荒常幫著拉柴火打杶子挑水啥的，這是誰跟誰哪到哪呀！呂大兄弟跟我般大般小的，一磨磨的，處得怪不錯的，人家為難遭窄了，咱怎能站在乾岸上看笑話！

這呂慶福當年也是一條硬漢子，挖參打圍是把好手，只可惜前年上山打松塔從十多丈高的紅松樹上跌下來，雖說撿了條命，可也落下了殘疾，下身癱巴了，朝天臥在炕上唉聲嘆氣的，直掉眼淚蒿子。他還經常去寬慰他哩。

宋小腳說，人家呂慶福和臧若蘭就看好你這人了，叫你去，就聽你的回話了。

他終於明白了「叫你去」和「聽你的回話」的真正的含義了，是去過日子，跟他們一起過日子，說得不好聽一些，是叫他去當套股子，去給人家拉幫套。他怪不好意思的，臉上掛不住，宋小腳一跌連聲催促他，讓他表個態。他打個沉兒，拿不準定盤星。這多說不出口，再說跟呂大兄弟怪不錯的，弄這景兒也不仗義呀！

你就做件好事，成全這一家人，別叫這家人生撕活拉地掰扯開了，怪可憐見兒的，管怎麼說好賴是個囫圇人家。人家也不會虧待你。再說若蘭歲數好，還能生育，你也該有個一男半女的了。

人不禁百言，木不禁百斧，宋小腳嘴碼子不讓人，花說柳說，到底把他說活了心。

不用看什麼良辰吉日，也不必擺酒設席，他啞默悄聲地把行李捲兒搬進了呂家。是一明一暗的木刻楞草房，裡屋是萬字炕，他和臧若蘭住南炕，癱巴自動搬到北炕去。乍巴，三個人都怪不得勁兒的，怪那啥的，可是架不住時間一長，羞澀、愧怍都被沖洗得淡薄了。一淡薄就逐漸變得自然了，一自然就逐漸變得習以為常合情合理了。

年富力強的這一男一女，如飢似渴，有如烈火乾柴，燃起了火一樣的情愛，也燃起了對生活的美好嚮往和憧憬。

一個畸形的家庭就這樣建立起來了。

他沒忘記媒人宋小腳，送給她一隻五兩重的熊膽，還是只質量最好的「銅膽」，宋小腳樂得無可無可的。

他知道拉幫套的一些個說道。若套股子在外面幹啥營生，女人的丈夫要悄

聲問妻子，今晚上行李好使不。女人說好使，那就是說套股子今晚不在家或即使在家也可以通融，丈夫就可以和妻子親熱一宿；若女人說行李不好使，丈夫就得乖乖蔫退，把方便留給套股子。而他和臧若蘭就沒這個囉唆，那個癱巴下半身不能動彈了，幹那事不中用了，就他和臧若蘭倆可勁兒親熱。其實這和娶的老娘們兒沒啥差池。他把一顆心撲到這個家上，安心實意地過日子。他知足。

三

他還記得，從陽岔溝到影壁砬子，他們走了四天，在影壁砬子打了兩個小宿，自打和大柱分手後，他自個兒在山上已經打了四個小宿，照這樣爬下去，還得三四天才能爬到陽岔溝，這是往少裡說的。

他四肢著地地爬著，口乾舌燥，飢腸轆轆。大柱這小子就是馬里哈達的，背走了椴樹皮背筐，連同裝在裡面的大煎餅。這是兩個人半月的口糧。舀水喝的水瓢也給背走了，甚至那把鐮刀也沒剩下。若有鐮刀，他用刀鋒在樺樹根部砍一個口子，他仰臥地上，嘴對著那個口子，就可以承接到從木質裡滲出的汁液，晶瑩透明，醇香可口。他過去打圍放山經常這麼喝樺樹汁。這是一種多美的享受！已經四天粒米沒沾牙了。正是三伏天，參籽放紅，是放紅鄉頭市的好季節，但又是山裡青黃不接之時。貓爪子菜、大葉芹、刺嫩芽、猴腿、牛毛廣都已經老了，嚼不動了，而山榛子、山核桃、山梨、軟棗子還沒成熟。他只能薅把嫩草嚼巴嚼巴。最好的飯菜是新鮮榆黃蘑和新鮮黑木耳，挺脆生，有股鮮香味，不過吃多了不中，脹肚，還壞肚子。他嘴唇紺紫龜裂，頭暈目眩。他一步步艱難地爬著，前面就是三灣水。

三灣水有三眼清泉，在石砬子邊上，他打圍放山常到這拉溜兒喝水。那隻山驢子就是在三灣水邊打到的。它豎著耳朵在喝水，他瞄準了，勾動了勾死鬼兒，山驢子應聲倒下。當地人叫山驢子，山裡人又叫香獐子，收購站的人叫麝。他先把麝的腺囊摘下來，這就是麝香，曬乾了後就變成塊狀或顆粒狀，那

氣味打鼻子香，賣了個好價錢。臧若蘭接過去，要仔細看看，他驚得劈手奪了過來。

老娘們兒可不興擺弄這玩意兒。這玩意兒聞著香，能治病，可毒性也太大了。它吃長蟲，尤其最愛吃有毒的長蟲。小雞雞上有香味，就招來蚊子、蒼蠅、小咬兒、毒蟲，都往上叮。這些東西被黏上了，進了腺管，就成了麝香。毒性大得出奇。都說女人不能拿手擺弄麝香，連衣兜裡都不許揣，那會不生育的，我還指望你給我揣兒子呢。

她真就給他生了個兒子。

四

他終於爬到了三灣水邊。三灣水有三個清水泉子，那水冬暖夏涼，清香微甜。冬天不結冰，冒著熱氣，潛在周圍的樹枝上，變成了白花花的樹掛。水是白漿的，無冬論夏山牲口都願到這兒來喝水。他爬到第一個暖泉子邊兒，呼呼喘著粗氣，兩個拐肘支撐前身，勾著腦袋，噘出雙唇，像牛飲水那樣，大口大口喝著泉水。那水涼瓦瓦甜絲絲的，真解渴。他喝得不能再喝了，舒心地哼唧著。他伸出髒污的雙手，掬起水撩在臉上，沖洗著。好爽心好涼快呀！喝完了洗完了，覺得體力恢復了不少。他就瞅那水，水中被他攪動的漣漪逐漸平息。泉水像一面鏡子，映著藍天白雲，映著霞光，映著白色蒼色紅色紫色的樹幹和深淺不一的綠葉，也映著他那張國字臉。皺褶裡的污垢沒了。他恍惚看見了另一張國字臉，比他的年輕嫩蔥，沒皺褶也沒有連鬢鬍子，那不是大柱嗎？彷彿還有一張瓜子兒臉，大眼睛，眉梢斜插鬢角裡，閃露著白色的貝齒，那不是大柱媽嗎？你咋這麼年輕？他真想張開雙臂撲過去，一陣松濤聲響過，如鏡的泉面皺起波紋，人影晃動著幻滅了，藍天白雲樹幹綠葉全都破碎了。他嘴角扯起一絲笑，他覺得既甜蜜又苦澀。

那娘們兒歲數好，身子裡盛滿了耗不盡的情和熱，令他激動銷魂，令他神搖情痴。他們似一團火，一團永也燃不完燒不盡的火。呂慶福在北炕吧嗒吧嗒

抽菸，興許他無睡意，煙抽多了辣嘴，就用嘴唇往外鼓煙袋油子，咻咻響，然後就把煙袋鍋在炕沿上敲打出篤篤聲，再不就嘟囔一兩句：也不嫌累得慌，有啥意思！他們倆就在被窩裡嗤嗤地笑。他們沒虐待癱巴，應時應晌給他換季，給他擦身子洗衣裳；他愛喝兩盅，他們沒讓那裝著一棵小山參和一疙瘩鹿茸的酒瓶子乾了底兒。他待若蘭那個小丫頭蛋如同己出，這個家雖說有苦澀異味兒，但不乏溫馨和快樂。

五

　　他打點起精神，往前爬。他要去尋找他的兒子，他的女人，他的溫馨快樂的家。

　　他在綠海裡爬行，有如螃蟹和海螺。他離不開長白山，他習慣於這深山老林，有如螃蟹海螺離不開海水一樣。夏天空氣是綠色的，充滿了馨香；冬天空氣是白色的，透著涼寒。他就喜歡這馨香和涼寒。春天的鳥兒啁啾鳴囀，夏天的山花粲然爛漫，秋天的七彩霜葉，他更覺得快樂無比。

　　他腦子裡又活泛著那張臉，漸漸幻化成拿不成個兒的屎尿孩兒。他生下來時是那麼瘦，滿臉褶子，簡直就是一個粉紅色的肉團兒。他扒開他的緊緊勾縮著的小手，對著陽光一照，那紅色的筋脈血管和細嫩的指骨都看得清清晰晰。面對這有生命力的肉團，他既激動又寄予無限希冀。起名字不費勁，農村人就喜歡銷兒、柱兒、貓兒、狗兒什麼的，在姓什麼上卻傷盡了腦筋。姓趙？沒這規矩；姓呂？他實不甘心。這時宋小腳出面了，做了仲裁，說名姓只是一個稱號，最要緊的是看是不是你的骨血。當地的規矩孩子沒有跟套股子姓的，那樣孩子久後長大了人家會戳脊樑骨的，孩子不好做人。不知為什麼，若蘭也這麼說。於是大柱就姓了呂。

　　大柱一小兒就跟他親近，離不開他，成了他的小撥拉腳子。他希望大柱將來也像他一樣，成個好獵手好放山的。他帶他上山下河，有意叫他在山上水裡磕打滾爬。春天帶他上山識鳥音，告訴他那腦袋上有撮紅羽毛渾身灰褐色的

「嘀嘀嘀」叫的鳥兒叫蘇雀，又叫千里紅，專吃蘇籽；那灰不楞登顏色的站在樹枝上總顫動屁股的雀叫顛掀鳥；那翅膀尖翠綠、後腦勺上長有一尺長綠纓的白色的鳥叫鳳頭雞；還有馬抓抓、瞎耗子、唧唧嘎、竄山雞、翡翠鳥。松雞又叫樹雞，城裡人叫飛龍，同沙斑雞、野雞一樣，肉味又鮮又香。他教他分辨各種楊樹各種松樹，還專指美人松、女兒椴、紅娘子樹給他看。野菜名更得告訴他，驢蹄子菜、貓爪子菜、山高粱、鴨巴掌菜、燕尾巴、野雞脖子、牛毛廣、猴腿兒，都得叫他記住。長白山有不少野草能治病，山裡人離不開這些。他告訴他那叫草烏、大烏、山鈴鐺（玉竹）、山芝麻（夜來香），那是荊芥、貝母、天麻、大頭參（南星）、穿地龍。他尤其詳細告訴他山參和刺官棒的區別，告訴他如何在春天裡放芽草、莢板，夏天如何放黑草、韭菜花、綠鎯頭、明鎯頭、花公雞、紅鎯頭，秋天如何放刷帚頭、黃羅傘。他真的把他培養成了一個山裡通，幹「山利祿」的好手。就是在大幫轟吃大鍋飯的年月，他們的日子過得也不賴夕。他絕不肯告訴任何人的祕密，那就是影壁碴子上的一片老山參。一苗山參，最低也能賣上一兩千元。他們可以買高價糧票、高價肉、高價布票。一隻熊膽、一掛水狗子肝，也能賣幾百元，都是名貴藥材。水狗子，人都叫水獺，那東西的皮毛不沾水，貴重哩。水狗子的肝也怪，一月份為一葉肝，二月份為兩葉肝，往後以此類推。冬臘月打水狗子是最好的時候，毛皮成實，毛兒密，毛管亮，那肝兒十多葉，又肥又大。

那些日月，一回憶起來，他心裡就甜，像抹了蜜。呂慶福天頂天向他投以感激的目光；臧若蘭瘋了似的愛他疼他，還摻著敬佩和讚賞，這女人真夠味兒；大柱形影離不開他，「大伯、大伯」叫得槓口甜。

這是他人生的巔峰時期。

六

前面就是荷花甸子，從影壁碴子到荷花甸子，方圓百多里，人稱「乾飯盆」。乾飯盆是聚寶盆，有大山參、有紫貂、有山驢子、有黑熊、棕熊和老

虎，逮著一隻就能賣個好價錢。這些山牲口政府不讓打了，可人參、藥材還可以挖可以採，也能賣個大價錢。但乾飯盆是死亡之谷，古往今來多少獵人和放山人葬身在這溝谷荒野之中。乾飯盆是火山口多發處，口連口，口中有口，小口套大口，大口連小口，地形複雜，樹木浪林的，進去就別想出來，但就是難不住趙世豐。他可以隨便出入，從沒有麻達山。乾飯盆裡的山嶺溝壑，他爛熟於心。他一進了密不透風的甩手無邊的原始森林，如同魚兒進入大海，絕無迷路的可能。這給他帶來了錢，帶來了女人，但也帶來了鐵手鐲，帶來了塌天大禍，為此他失去了朋友呂慶福，失去了老婆不是老婆兒子不是兒子的臧若蘭和大柱。

乾飯盆，這神祕之地，死亡之地，即使他興奮，也令他驚悸、恐懼、膽寒和悲傷。

起風了，林濤怒吼，狂亂搖曳的樹梢劃破了藍天。

是福不是禍，是禍躲不過；人在家中坐，禍從天上來。「文革」的風暴吹進了長白山，吹進了這個連市級地圖都沒有標上名字的陽岔溝村。他也成了被橫掃之列的牛鬼蛇神，罪名是長期霸占良家婦女。公社的武裝部長要陽岔溝大隊的造反派頭頭給找一隻熊膽用。所謂「找」就是要，就是白拿。這個造反派頭頭自然就想到趙世豐。當時雖說還允許打鹿打熊，但眼下手頭真就沒有熊膽，若是有他是不會吝嗇的。山裡人的豪爽大氣，在他身上體現得是那麼強烈。造反派頭頭卻認為他對革命領導幹部不忠，也就是對「文革」有牴觸情緒。於是就找邪火，借由子把他打成牛鬼蛇神。他脖子上被掛了一嘟嚕一串的破烏拉破膠鞋，大會批小會鬥。他說不是這碼子事，是宋小腳給攛掇的，是兩好軋一好，是兩將就兩情願。可宋小腳也是牛鬼蛇神，經不起皮肉之苦，跳陽岔河淹死了。她死得乾淨，卻把羅亂留給了趙世豐。死無對證，就是有對證在那年月又能咋樣？他站在台上低頭哈腰，大柱就蹲在他的腳下拽他褲腿，邊哭邊叫「大伯、大伯」。那滋味真難受，心裡像有幾把鋼刀在絞動。他真想一頭撞死。覷著眼淚巴叉的大柱，他的喉結移動著，咬肌鼓凸著，把羞辱、委屈、

憤怒嚼巴嚼巴嚥下了。為了兒子大柱，高低貴賤也得活下去。呂慶福還是個有良心的漢子，夠交兒。群專組找他叫他咬定是趙世豐霸占他的老婆，折磨虐待他，還要謀害他。呂慶福急眼了，說人不能喪天良，不能扒瞎，這要遭報應的，這是妄口嚼舌，是陷害人，說是我自個兒求人來圓全這個家的。臧若蘭也是個難得的講情分講良心的主兒。她碼下臉來，也不管砢磣寒磣丟人巴拉的了，說她是自願找的趙世豐，就是為了這個家，不的話，你們生產隊能養活我們一家三口？咳，千不該萬不該，呂大兄弟你不該尋短見，你一根小繩一棵歪脖樹掛了蘿蔔纓子撒手走了。你是氣的羞的恨的惱的，可撇下我咋整？這不，事兒鬧大扯了，生生給定了個霸占良家婦女、逼死本夫的罪，判了十五年徒刑。戴上了手捧子，坐在電驢子的跨斗裡，大柱哭，臧若蘭號，他真想一頭撞進陽岔河裡。可兩隻胳膊被反剪著，身後有人按腦袋揪脖領子，硬是動彈不得。

他一連溜蹲了十四年黑班兒，輸了官司想起了理，打完了仗想起了把式，當初咋就那麼死性，那麼死腦瓜骨，咋就不會變通個法子？先讓呂慶福跟臧若蘭打八刀，呂慶福一家的吃穿嚼用咱包葫蘆頭，把他供起來都中；跟臧若蘭明媒正娶成親，不是挺囫圇個事兒嗎？如今可倒好，整了個稀溏，弄了個稀糊鬧糟，丟人現眼不說，自個兒蹲了大獄，呂慶福送了命，撇下寡婦失業的臧若蘭帶兩個孩子可怎麼熬啊！他腸子都悔青了。

老天餓不死瞎家雀，蹲到十四年頭上，冷不丁給他平了反。他樂得又是哭又是笑的，這是做夢也沒想到的事，直門感謝黨的政策好，跺達腳罵禍國殃民的「四人幫」。

七

他背著油漬麻花的行李捲兒，心裡揣著喜悅、興奮和激動，歸心似箭，顛兒顛兒往陽岔溝趕。他要回家了，要跟老婆兒子團聚了。十四年日裡夜裡他無時無刻不在想著他們，不在惦心這充滿煙火氣味的溫馨的家啊！

村子變樣了，他還是找到了那個家，還是那個房場，房子翻新了，變成了兩明一暗的石頭底座木頭刻楞苫著木片瓦的三間大房子。他胸腔裡直翻個兒，若蘭，大柱，難為你們了，辛苦你們了。臧若蘭這老娘們，真是個能不夠，是個過日子的好手，她沒堆水，沒拉松，硬是把個家撐持下來，挺過來了，就看這房兒他心裡就賓服就踏實。

他還是怯怯地敲了三下門，出來推開門扇的是一個人高馬大的漢子。國字臉，濃眉毛，大手大腳大骨棒，活脫當年的他。沒冒兒，是兒子大柱。

他喊大柱，幾乎變了聲差了調，含著無限驚喜。

你──

別裝傻充愣，我是你爹。他心裡這麼嘀咕。

大柱似乎認真地端量他那麼一小會兒，彷彿什麼都明白了，只輕輕地點了點頭。

進來吧。語氣低沉，透著力度。他就跟隨大柱進了東屋。臧若蘭盤腿坐在炕頭納鞋底兒，見他進來，先是一驚一愣，接著喊出一聲，你──她在刷過油漆的纖維板炕面上偎動身子，出溜到炕沿兒，趿拉著鞋伸手去接他的那個破行李捲兒，仰臉上下打量著他，用一隻手摩挲他的肩頭，那眼淚嘩嘩就淌了下來。

媽──

一聲沉重的喝叫。她嚇得一激靈，另一隻手中的行李捲兒「撲哧」掉落地上。她怯生生瞅著兒子，身子散了架似的倚在炕琴的堵頭上。

鄉上來過電話，知道你要回來。

大柱說話時仰臉朝天，抹答著眼皮。

聽這口氣，這小子不是小白人，興許是頭頭腦腦的。

你刑滿釋放了，要老老實實的，重新做人嘛。

這話說得挺咬眼皮，他聽了覺得挺彆扭。

不，我冤枉啊，我平反了。

他說得忿忿然，不知這氣是沖誰發的。

都一樣，都一樣！

不一樣，不一樣！

我們沒必要爭論這個。你要自食其力，將來不能動彈了，可進敬老院。眼下，你得有個住處，生產隊解散了，那個馬號空著，你就住那兒，我都派人安排好了。

這些話是大柱一連氣蹦出來的。氣憤、惱怒、失望攪住了他的心，他再也憋悶不住了。

大柱，你小子——

別這麼跟我說話，我姓呂，你姓趙，咱們沒什麼相關。

一直倚在炕琴堵頭前的臧若蘭抖動著身子，顫顫巍巍地站了起來。她頭髮已見花白，生活的苦難在她的臉上刻下了細密的皺紋。那個洋溢著火熱青春氣息的陽岔溝的美人兒不見了影像，剩下的只是畏葸、失望、羞怍、痛楚和無可奈何。此刻，在她昔日俊美的秀目裡灼起一點光亮，蘊含著希冀、乞憐的光亮。

兒子，你——你別這樣待承他，他，他是你——

大柱知道他媽吞吞吐吐地要說什麼，忙搶過話頭說：媽，別說了，他是我的大伯，兩家處得不錯。這是陽岔溝村人人皆知的舊時的過碼了，說這些陳穀子爛芝麻沒意思。再說，如今都兩清了。

大柱的話說得嘎巴溜丟脆，不容商議和更改。

你小子變心了，你小子的心真狠，你小子怎麼下得去眼兒，你小子總有悔過味兒的那一天。

他真想大呼吵叫一番，但是他忍了，他是個血性漢子，就在這一刻他暗自橫下一條心，要活得標直標直的，要活得硬硬撐撐的，要活得叫人瞧得起，叫人伸出大拇哥。同時他還想，他畢竟是自己的骨肉，得給他留面子，當老的是死是活都是為了兒孫後代。他拾起行李捲兒，走出屋門，來到當院。門口牆頭

擠滿了看熱鬧的人，指手畫腳的，嘀嘀咕咕的。他心裡發躁，步子邁得像砸夯。

他大伯，他大伯。

是臧若蘭的聲音。他停下腳步，磨轉身。臧若蘭追了出來，臉色蒼白，兩眼紅腫，兩手捧著一個白包攏，裡面包著燙手冒氣的剛出鍋的黏豆包。

先將就墊補一下，走了一天的路，大老遠的，管怎麼說他是孩子，不能跟牲口治氣。

媽——還不快看看你那寶貝孫子。

是一個年輕女人的聲音。他揚眉一瞧，房門口倚著一個瘦溜清秀的年輕女人，面部表情複雜，對他似乎含著怨懟和氣惱。他瞅著眼生，他猜不出是當初那個長大了的小懷抱兒還是大柱的媳婦。

年輕的女人了睞他一眼，一扭達身子轉回屋，呱答一聲摔了下門扇，接著西屋就傳來小孩的狼哇哇的哭聲。

臭不要臉，我叫你沒臉沒皮的！你臉皮厚，不知道乾淨埋汰，我可是要臉的人。什麼德行，別給你臉往鼻子上抓撓！你不嫌砢磣我還嫌臭得慌呢！什麼門風！再這麼攪亂下去，這日子沒法過了，莫不如吹燈拔蠟砸鍋搗灶！

屋內的大柱啞默悄聲的，沒有任何反響。

臧若蘭深情地看了趙世豐一眼，氣得渾身直篩糠。趙世豐嘆了口氣，搖搖頭。

你的心意我領了。大獄我都蹲過來了，還怕唾沫星子和白眼珠！你放心，我趙世豐會在陽岔溝站穩腳後跟，做個堂堂正正的人！

臧若蘭小聲咕噥道，如今倒反天綱了，我成了小支使了，成了三孫子了。她弄不弄就起高調，拿那些話來杵攘我，大柱跟他也是一溜順氣。

她的眼窩蓄滿了淚水。但她還是溜溜地顛回屋去，像一隻被牽著的衰邁的膽兒突突的老母羊，既溫順，又不情願。

……

想這些幹啥，這都是猴年馬月的事了，陳芝麻爛穀子，老在心裡慮慮沒啥意思，誰還不興邁錯步做錯事？總不能像抓住帶把的燒餅沒完沒了的，那還像個當老的樣兒？屁眼再臭不能割掉扔了，怎麼說他也是我兒子。再則說，他都劃過拐醒過味兒來了。

想到這，他心裡豁亮多了，向前爬動的速度也加快了。他像奔亮兒的雀鳥急著奔家，恨不能立刻亮兒就到家，但願大柱已經平安無事地回到家裡，坐在炕頭上喘勻溜氣呢。天下只有狠心的兒女，沒有狠心的父母。這與生俱來的似乎畸變的強迫觀念，使多少父母一次次原諒了不肖子女的過錯與罪孽，也是這本能的強迫觀念，使多少父母被欺騙被愚弄，吃了無數苦，遭了無數罪，而且到死不疑至死不悟。

可憐天下父母心。

八

快落山的太陽，把大森林鍍得金碧輝煌。他一點兒囊勁兒也沒有了，看來只好在這裡打小宿了。他這是在荒郊野外連打第五個小宿了。幸虧貼身布兜裡的一盒火柴還在，不的話，這大森林裡的黑夜真是難挨呀！他劃拉些乾柴，歸攏在一棵根部朽爛成窟窿的憨大楊樹下。他弄來明子，籠上篝火，為的是用火來壯膽兒，嚇唬山牲口，還能熏蚊蟲小咬兒。長白山的蚊子小咬兒凶得邪乎，糊在臉上，不一會兒臉就血印紅腫，就血咪糊拉的。他要在這空筒樹窟窿裡蜷蜷身子，對付過一宿。

山裡天兒黑得早，大林子裡黑得更早，約莫也就下午五點來鐘就夜幕四合了。鳥雀停息了噪叫。空中漂浮的黃火星是飛動的螢火蟲，樹頭上的一對火亮兒是貓頭鷹的兩隻眼睛，樹林深處的星海是朽爛的樹根發出的磷光，遠處的兩團綠光是狡猾的狐狸輪動的眸子，石碴子上的兩個綠火球像兩盞小燈籠，有時賊拉拉地亮著一隻，有時兩隻同時閃射出光亮，這肯定是虎目。老虎一般是睜一隻眼閉一隻眼，若同時睜開兩隻眼睛就是發現了獵物，要出擊了。山野林莽

中這些光兒那些亮兒，他都瞭如指掌。

火越燒越旺，把周際的樹幹樹枝樹葉和野花野草渲染成琥珀紅。

他坐在火堆前，不斷往火堆裡添加乾柴。間或傳來棲宿在樹上被驚飛的雀鳥搧動翅膀的撲棱棱聲，傳來狐狸的嗚嗚號號的悲泣，有時還傳來震撼山谷的老虎的吼嘯聲。他放山狩獵一生，挖過不少大山貨，打死過不少野豬、黑瞎子、梅花鹿、山驢子、水狗子，可是他從來不打虎。這是父祖輩們再三叮囑告誡他的，老虎是山王爺，是獸中王，是山神爺，是老佛爺，是老把頭，絕對打不得，打了老虎要倒楣一輩子，還拐帶下輩子，連平時談論老虎也不直呼老虎，而稱為大爪子、細毛子、野豬倌。除此之外，他什麼都敢打。就說打鹿吧，說道就不少。公鹿叫八角，母鹿叫雁脖，小鹿叫贅腳子；清明節過後打懷孕的母鹿叫打胎，入伏之前打公鹿叫打茸。鹿茸也有細講究，分疤癩眼、磨臍、茄包、黃瓜、鞍子、三岔胡、四平頭。就鹿茸來說還分部位，角尖叫粉片，然後是梅片、血片、糠片、粗片。打倒公鹿，得沖上前抱住鹿頭。鹿蹬動四蹄，甩頭撥楞角，直至死亡，他心裡那欣喜滋味真沒法說。他打熊瞎子就不怕風險，掏天倉挖地倉他最拿手。他最愛在十步之內面對呲牙咧嘴嗷嗷嗷吼叫向他猛撲過來的黑瞎子開槍，要朝它胸前那條白色護心毛打，黑瞎子撲通倒地，他拽出快當刀撲上前，開膛破肚，摘下熊膽。熊膽分銅膽、鐵膽、草膽。最貴重的是銅膽。拿來新鮮的銅膽，對著陽光一照，膽囊像透亮杯似的，火紅火紅的，真喜人。黑瞎子這東西皮實、野性，對它可得多加小心。一般的山牲口你打它才傷人，黑瞎子就不管這個，它只要受了傷，不管是獵人打傷的還是野豬老虎咬傷的，見了人就發野，就進攻，就禍害人。

他是個經驗豐富機智勇敢的好獵人。

他沉浸在昔日勇敢豪放輝煌燦爛的狩獵生涯中。那是他一生中的黃金時代。

他嘆了口氣，右手攢起拳頭，捶打著雙膝。

唉，我這倒楣的不中用的腿呀，沒有那鋼夾板兒簡直是寸步難行，就得四

肢著地爬著走，這叫啥呀！他不願意回憶被蘑菇夾子夾折雙腿那段往事。那是他的一塊心病，一塊諱莫如深的心病。好在事情已經過去了，大柱總算悔過味兒來了，往後俺老公母倆加上兒子、兒媳、孫子，一家五口，安安生生火火爆爆過日子，心滿意足了。

　　草窠裡傳來沙啦沙啦聲響。他側楞耳朵仔細聽，馬上就分辨出這是長蟲，還是條烏草。烏草沒有毒，平素他不打這種蛇，見了土球子、貼樹皮、野雞脖子等毒蛇，他一定打死它們。那條烏草披分開野草向火堆爬來。它是奔亮來了，取暖來了，有三尺長，一斤重。烏草沖火堆瞪著兩隻圓圓的小眼睛，吐著紅色的信子，咻咻叫著。他拽出一根彈性極好的木條子，沖烏草狠狠抽下去。很準，正正噹噹擊在烏草的腦袋上。烏草拘拘連連扭曲成球形。他連著抽了幾下，那烏草長拖拖橫在地上死了。他用木棍把烏草挑過來，剝下蛇皮，刮淨內臟，用木棍挑著，在火頭上燒烤著。隨著沁出的油滴在火苗上爆響，空氣中瀰漫著濃烈的肉香味。他向來不吃蛇肉，這是頭一回吃，他實在餓急了。沒想到蛇肉還這麼好吃，蒜瓣肉，挺艮應的，滿口香，不比狍子肉野豬肉差啥。可惜這條蛇太小，不一會兒就吃了個一乾二淨，肚子裡還沒夠著底兒，吃得甜嘴巴舌的。想再打幾條蛇燒著吃，可那蛇像懂事似的，再也不出來了。又往火堆裡添些乾柴，就爬進樹洞，在林濤聲、野獸的叫聲和柴火燃燒時發出的　啪聲中，他響起了如雷的鼾聲。

九

　　這腿呀鑽心地疼，這肚子又咕嚕嚕叫起來。是餓醒了還是疼醒了，是在夢裡還是醒著，是神志清醒還是半睡半醒，他一時也難以分辨清楚。他想把那塊心病從腦子裡抹去，永遠地抹去。可這腿部的疼痛成了信號，成了引發他不得不想起那塊心病的信號。他不得不想起那次抓水狗子時被蘑菇夾子夾住了的可怕的一幕。這一幕現在又在腦海裡復現。

　　那是立冬的第五天，他在原生產隊馬號裡的破屋裡胡亂吃了點煎餅，喝點

溫吞水，背上三盤蘑菇夾子往陽岔河上游去碼蹤下夾子。陽岔河水結了一層薄冰，冰上落了層薄雪。天陰乎拉的。在水位落差較大的鐵亮子站住了腳。這兒水流湍急，還沒結冰，飛濺如練的浪花泛著彩虹。昨天大柱到馬號的倉庫裡給村裡的汽車加油。他現在是村支書兼管村辦企業的副村委會主任，隨車往縣裡運送板方材。司機正在庫裡忙活加油的勾當。大柱在他住的那間破屋裡十分難得地送了他個笑模樣，還遞上個白包攏，說我媽叫送給你的。他受寵若驚，喜得滿臉掛淚花。就在這之前，他和臧若蘭幽會商討他們的日後生活時，臧若蘭說這日子沒法熬啊，那個家她是一天也待不下去了。她還老惦心他，怕他吃不好穿不暖，怕他得病遭災鬧不自在。最後他們橫下一條心，發昏當不了死，就捅破這層窗戶紙，就明挑明侃了，打證明去登記結婚。想不到這個坎兒就沒能闖過去。大柱橫撥拉豎擋，說媽跟誰打伙他都不攔，就是跟趙世豐不中，若那樣，村裡人傳言的媽和趙世豐那檔子事豈不就是真的了？他怎麼有臉見人？他又是吵又是鬧的，沒他的話，村文書自然不敢給開介紹信。沒打到狐狸惹了一身臊，引得左鄰右舍指手畫腳說鹹道淡的。大柱臉上掛不住，他和臧若蘭也弄得灰溜溜的。大柱跟他結上仇口，見了他眼珠子都往出噴火。這事兒就這麼烏拉巴塗地給壓下了。想不到太陽今天從西邊出來了，大柱的態度來了個大翻個兒。大柱還自言自語地叨咕著，說陽岔河上游鐵亮子興許有水狗子。說完這話就匆匆鑽進汽車駕駛樓裡。汽車開走了，給他留下了一串驚喜、狐疑、納罕、惶惑和興奮。

他小心翼翼地打開包攏，竟是一大摞軟耙煎餅，還散發著清香和熱乎氣。他眼睜睜瞅著這摞煎餅，心裡卻翻江倒海開了鍋。臧若蘭，難得你一片情意；大柱，你小子要拉回鉤了，你是啞巴吃餃子，心裡有數嘴上說不出。爹知道你的心！這話貼譜，鐵亮子那拉溜兒是個好窩子，魚多蝲蛄多蛤蟆多，水狗子自然就多。水狗子專吃腥兒，離不開魚、蝲蛄和蛤蟆。往常年我在這拉溜兒沒少逮水狗子。於是拾掇拾掇就奔鐵亮子來了。他的目光冷不丁固定在兩塊巨石上，啊，兩塊大石頭上有水狗子糞便。水狗子糞便他一眼就能認得出，白唬拉

的顏色，裡面有蝲蛄殼兒蛤蟆骨頭和魚刺。他把蘑菇夾子收拾好，在夾子上消上活魚活蛤蟆活蝲蛄。他脫下烏拉，縮起褲腳，頂著冰碴下河床。他要把夾子下到兩塊巨石之間的水流裡。水狗子出來覓食，只要誤食了他消的餌料，就準得活活被夾死。他做的蘑菇夾子形如蘑菇，專夾水狗子。這夾子是他的絕活兒，靈敏度高，卡力大，隱蔽性強，水狗子最容易上趟子，拽翻了夾子就沒個跑兒。現在他要在兩塊巨石之間並排下三盤夾子。河水溜腰深。剛下好第一盤夾子，他的一條腿被什麼咬住了，鑽心地疼。他激靈一錯動腿腳，另一隻腿也被咬住了。疼得他骨折肉裂，冷汗直淌。他動彈不得，水又扎骨頭涼。他呼吸急迫，腦袋發暈，幾乎要栽倒進嘩嘩的流水中。棉褲棉襖都被水浸透了，死沉死沉的，身子越來越發軸。

　　他的意識是清醒的。首先想到的是要弄清是什麼東西咬住了他的雙腿。魚？鱉？都不是，陽岔河裡沒有這麼大的魚和鱉。蝲蛄？也不是，不可能有這麼大的蝲蛄。石頭？也不像。憑經驗，憑感覺，倒很像狩獵用的鐵夾子。他畢竟是個好漁人好獵手，生存的希望支撐著他的神經和體力。他吸了口氣，把身子縮進水裡，用手摸索著，這才明白，竟真的是鐵夾子。他的兩條腿被鐵夾子死死夾住了。憑經驗，這附近肯定還有夾子，他得小心，弄不好，他的手和腦袋都可能被夾住。太可怕了。

　　他想到了死亡，想到被活活凍死的可怕場面。他渾身顫抖，直打牙幫骨。他來不及想是誰下的夾子下的是什麼夾子，他想的是如何掙脫掉夾子逃個活命。他吸足一口氣，一個猛子紮下去。用他那雙鐵鉗般的大手狠勁掰扯那夾子。夾子卡得死緊死緊，他使出全身力氣，終於掰開了，他挪動腿腳，把腿從夾子裡抽出來。他直起腰來，緩了口氣，又一個猛子紮下去，把另一隻腳也從夾子裡抽出來。他蹲笆籬子前曾經做過幾十盤這樣的夾子，就掛在倉房的板壁上。只有一個人會下這種夾子，還是他手把手教他的，但那時他還很小呀！他渾身凍得紺紫，但心裡冷得更是透涼。他想起今早上他送給他的那張笑臉，他送來的那包大煎餅。他又想興許是他下的，他要夾水狗子，他沒說他下沒下蘑

菇夾子，他只是順嘴說出這麼個信息。再說他沒有理由要害他的命。他和臧若蘭那碼子事已經蔫退了呀！不是講人都隨根嗎？我的心不那麼狠，他媽的心不那麼狠，他的心也不應這麼狠。雖說村裡人「野種」「雜種」「套股子」地瞎哄嚷，可這些天我沒再沾他們的邊兒呀。扯著鐵夾子，捋著拴縛鐵夾子的細鐵絲，在一根直立的石柱子上解開了縮著的那個豬蹄叩兒。他這才發現這根石柱子上竟拴了十根細鐵絲，就是說下了十盤蘑菇夾子。再看那水狗子的糞便，好像是後移動過來的，不是原先屙撒的。他眼珠發直，兩腳站立不穩，心兒直往下沉。

　　小腿骨不吃勁了，他只好用手用膊棱蓋往出爬。爬出鐵亮子的激流，爬碎陽岔河邊的冰碴碴，爬上了岸，爬上了通往陽岔溝村的毛毛道兒。

十

　　他的腿鑽心地疼呀！他疼出了汗。是疼醒的還是被陽光撩醒的？他一時分辨不清。日頭爺升起老高。大林子裡鳥雀鳴囀，樹葉花草像金片像銀片像瑪瑙片像翡翠片，篩動的光圈光點光環在他的臉上游動。那堆篝火已熄，剩下的未燃盡的木頭榾柮頭兒還在冒著裊裊的藍煙。他這才想起是在大林子裡打的小宿，這才想起是奔家去的，是找兒子去的，他不是爬行在冰天雪地裡。那時他是躺在馬號的破土炕上，臧若蘭抽抽搭搭在哭，見他醒了，又驚又喜的，給他餵飯飲水，給他接屎倒尿，他這才知道是村裡人在半路上把已經昏死了的他用爬犁拉回家的。他這才想起大柱上縣裡還未回，臧若蘭才敢這麼不管不顧地照拂他。

　　他的兩條腿腫得像琉璃瓶子。大夫說是粉碎性骨折，時間久了些，很難接上，弄不好就得截肢，不的話怕得什麼骨髓炎。把下半截拉去可不中，那還不如死了利索。這腿高低不能截，不能走咱就叫它丟蕩著也中。偏方治大病，不就是腫嗎？好治！於是求人採藥買藥，口服外敷，腫消下去了，撿了條命，白撿兩條腿。可這兩條腿的骨頭不吃硬，站立不起來，只能爬。到省城大醫院也

沒轍，只能安上鋼夾板兒，對付著走路還中。

報應啊，我這不也成了癱巴了？離開鋼夾板兒跟呂大兄弟就不差啥了。

背旮兒裡，臧若蘭還常行跟他親熱，親熱過了就抽抽搭搭哭，說你這身子骨到老了那天可怎麼辦？這兔羔子揚兒八吵著要給癱巴修墳立碑，一口一個爹叫得槓口甜，可就拿你不當人，對我的仇口也大著哩，那是個牲口，咱指靠不上了，咱白操心白費力了。

他頭一回跟她說，一切都放寬心，咱還有指項，影壁砬子匿著幾苗大山貨，這輩子下輩子也嚼用不完。都怨大柱這畜生沒那個福分。

媽了個巴子的，這腿就不行了，要是有了鋼夾板兒，要能吃上兩條火燒烏草，再有兩天足可到家。現在可倒好，連打了幾個小宿，實在是寸步難移呀！咳，我這腿呀！我餓得慌呀！得趕緊趕路，天擦黑前最好能爬到望鷹嶺。從荷花甸子到望鷹嶺，這　轆道兒挺險的，要路過蜂窩砬子，那地方山牲口多，自個兒兩手攥空拳，真要是遇上吊歪的山牲口，那是血招兒沒有啊！

十一

他又開始了艱難的爬行，一邊爬兩隻手一邊揪扯路邊的三棱草、山黃連、長蟲把兒、巴掌草、雀撲棱、老牛筋、老牛鉦、紅毛公、塔頭草。每揪一下，他都要仔細瞅一瞅，彷彿再也看不到這些司空見慣的野草似的，他太愛這山這水這草這樹了。見到大葉芹、貓爪子菜，他隨手捋下來，塞進嘴裡嚼巴著，強兒巴火地吞嚥著。

荷花甸子到了。荷花甸子裡其實並沒有荷花，只生長荷花幌子。這荷花幌子的葉兒也像田田荷葉，梗和莖碧綠如玉，只是不開花。荷花甸子是乾飯盆火山口群最深的地方。乾旱時甸子底板結成硬塊，陰雨天又汪著一池池混漿漿的綠水。平時稀稀溏溏的，只長荷花幌子，不見別的野草野花，更不見喬木和灌木。他在潮濕的荷花甸子裡爬行。他的眼睛冷不丁一亮，他發現腳印了。有來時兩個人的腳印，還有去蜂窩砬子的一個人的腳印，一尺長，腳掌有三寸寬，

沒冒兒，是大柱的。這小子有種，頭一遭就找到了路徑，沒麻達山。

爬過了荷花甸子，到了甸子的北緣，地勢開闊，這就是八面通，是由於火山爆發而形成的八個豁口，支棱巴翹，曲裡拐彎，只有一條路能通向蜂窩砬子和望鷹嶺，其餘七條都是絕路，走進迷魂排子那是必死無疑。

他爬行的速度加快了，心裡閃亮了，托底了，臉上凝固呆滯的皺紋彈動著，浮上一絲微笑，他向蜂窩砬子方向爬去。

媽了個巴子的，人這玩意兒就怪，小時候像肉團，真愁他啥時候能長大能得濟，這不，一眨眼工夫，就長得人高馬大，成了大漢子了。過去是個爬荒長大的少調教的東西，出的那些事，真叫人揪心撥拉的，可忽拉巴地這天兒就開晴了，滿天的雲彩都散了，他就明白人情事理了，就成了好兒子，嘿嘿。

從笆籬子一出來，他體味到做人的艱難，人要成了下眼皮，誰見了都躲得遠遠的，生怕沾著燎著。上山打虎易，張口求人難。好像人都會算這個小賬。跟這個糟巴孤老頭子來往沒有好瓜打，尤其他的兩條腿傷殘了以後。當年他是個血性漢子，今後也不能草雞，不能堆掛兒，更不能抱蹲。起他三百六十個早，不怕日子過不好。他拖拉著捆束鋼夾板兒的瘸腿，上山採藥熏黃皮子網灰狗子，這只是個遮掩，他知道他會富起來，不會比眼下一些養參養熊養鹿做生意的主兒差哪去。你們先別揚巴，耗子扛木鍁——大頭在後邊，影壁砬子上的那幾苗老山參只他一人知道，起碼有四十年了，他沒少借力。如今晚山參金貴得出奇，頂星兒的貨就上千元，成兩的貨就得上萬元。那一天他自個兒上了影壁砬子，那幾苗參還在，他挖出了一苗，中不溜的，四兩來沉，一出手就賣了五十萬元。這一傢伙就哄嚷開了。人們又衝他送來了笑臉，這個來認乾爹，那個來給漿洗衣裳拆洗被縟。他又變成受人尊重的上眼皮。他不是摳摳搜搜的主兒，大手大腳慣了，誰來摘點借點，從不打奔兒，有了還，沒了就拉蛋倒，誰還沒個為難遭窄打不開點的時候。還有的來給他保媒拉縴給他踅摸老伴兒，有的年輕寡婦還上趕著要和他搭伙。這可不中，他有個老豬腰子，自個兒是有老婆有兒子的人，哪能去扯那個閒景兒，那不叫人笑掉大牙！雖然兒子還沒理這

個碴兒，我就不信那邪，他早晚得來扳我下巴頦說話。他遵循的是千年古訓，信守的是不變的老理。這些天他體會到錢的巨大魅力。有了錢什麼都可以弄到手，難道兒子就不往身邊靠！兔羔子，我等著你走這步棋哩。他蓋起了一幢掛瓷面的兩層小白樓，一應現代家用高檔電器和新式家具也置上了。不會擺弄電器，就請人來調好，他只要按一下電鍵就中。他不為別的，就圖的是個樂兒。

臧若蘭來走動，來親熱，大柱兩口子也不怎麼監視攔擋了，睜一隻眼閉一隻眼，他心裡明鏡似的，這是默許了。大柱也荒長來坐坐，問這問那的。這小子還算有骨氣，從來不提錢的事，雖說他也富得快流油了，又是村裡的頭行人，可我就不信他怕錢咬了手。

到了蜂窩碴子。蜂窩碴子是火山熔岩堆積而成的，石頭的結構很奇特，好像太湖石，大窟窿小眼兒的，窟窿和孔眼之間還連通著。古往今來，多少獵人和挖參人在這兒不是迷了路就是被山牲口給禍害了。開天闢地以來這兒的樹木從沒採伐過一棵。古樹參天，濃蔭匝地，樹幹蚪曲粗大。自然老死的樹很多，山裡人叫「站桿木」。站桿木的枝杈有如魔鬼的巨臂，張牙舞爪，橫生斜長，樹幹百孔千瘡大窟窿小眼，像似千萬隻妖魔的猙獰的眼睛，這是啄木鳥們留下的傑作。這才是長白山地區真正意義上的死亡之谷。望著這山石，覷著這樹木，心裡頓生恐怖和畏懼之感。就是老跑山的趙世豐，到了這場地，心裡也怪打忧的。

他惦心著大柱的安全。蜂窩碴子是鬼門關，走出蜂窩碴子，就算走進安全地帶了。前面就是望鷹嶺，站在高高的嶺頂上可以鳥瞰腳下的降煙起霧的蒼莽林海，天晴時還可以望得見陽岔溝村升騰起的藍色的炊煙。

嘿嘿，總有出叫兒的這一天，這不，真就照他說的道道來了，大柱終於奔他來了。

六月初八那天，臧若蘭來了，不是躲躲閃閃的，而是大搖大擺堂堂正正來的。一看她那架式，他估摸就有好事。臧若蘭肚子裡裝不住喜興事，當下就把事情的原委全吐了出來。原來大柱終於醒過腔來了，要認他這個親爹了。他樂

得心兒撲通撲通地跳，表面又裝得挺沉穩的。他說，認不認我都是他老子，不折不扣不攙半點假的親生老子。既然是親生骨肉，有什麼話不可以當面鑼對面鼓地敲打，還這麼轉彎抹角的做啥？

臧若蘭掩飾不住喜悅和激動地說，他不是不好意思磨不開嗎？再則說，哪個兒女不跟媽親近？都天生的懼怕老子哩。

一席話說得兩人心裡都熱乎乎甜絲絲的，禁不住相擁相抱在一起。

臨走時臧若蘭還千叮嚀萬囑咐他，別拿大別擺譜，咱就這麼個獨根苗，一小就慣成那麼個脾氣，凡事順著他點兒不算你低氣。

他臉兒繃著，但心裡卻熱乎拉的，又美又樂。

結得死登登的疙瘩扣兒就這麼解開了。

還是那個老古理兒，認親，認骨血。自打那一天起，哪一天？對，是六月十一那天，大暑的頭一天，大柱張口叫他爹了。叫得羞羞慚慚，像剛學打鳴的小公雞的第一聲啼叫，叫得他心裡麻酥酥的，樂得他一宿沒闔眼。他日裡夜裡盼的就是這一天，這一天終於來了。

但不能這麼喝溫吞水，話說破了無毒，該明侃就得明侃，就在現在這節骨眼上。別的事順著你點沒啥，重大事情上不能含糊。於是他提出了約法三章。

你已經姓了這麼多年的呂，爹給你留面子，名姓就不必改了，但你兒子必須改過來，姓趙，百家姓上的第一個字；第二，給你呂大叔修墳立碑我沒意見，但落款不能是「兒子」兩字，或者不寫名字，或落上「侄子」二字；這第三嘛，咱是一家人，就得像一家人的樣，就得吃住在一起，我和你媽以後死了，你得給俺老公母倆並骨。

大柱這小子抻悠老半天，沒吱聲，似有難言之隱。在趙世豐灼灼目光的盯視下，他耷拉下腦袋，不情願地點了點頭。

大柱的這個表情舉動，他既理解，又不可捉摸，不過他沒太往心裡去。又說了些題外話，緩和緩和這尷尬緊張的局面。他說：老貓房上睡，一輩留一輩，葉落要歸根，錢財要留給子孫，我扔下六十奔七十的人了，蠟頭不高了，

說蹬崴腿就蹬歪腿，閉上眼之前，要把事情交代清清楚楚。

他把藏在心裡的祕密對大柱說了。他以為這小子一定會樂得眉開眼笑直蹦高高兒，他也會在這歡樂的氛圍中得到陶醉和滿足，沒承想這小子抹答著眼皮，照樣眼望天棚吸菸卷，就像沒那回事似的。

兒子，這叫錢吶，哪一苗都值個三十萬五十萬的，起碼還有四苗大山參，你可別小瞧了呀！我不能眼瞅著嘎嘎新的大票子爛在山上呀！回去，叫你媽帶上半個月的吃食，咱爺倆上山！記著兒子，家裡有黃金，外面就有戥子，錢是好東西，也是追命鬼。這碼事誰也不興告訴，包括你媳婦。這些財寶我不給你給誰，白送給二姓旁人？我吃錯藥咋了？兒子，我心裡只有你呀！

大柱滯滯扭扭地總算答應了。

十二

於是他就和大柱上了影壁砬子，他指點大柱挖出一苗大山參，用青苔毛子包好，剝下一張紅松樹皮裹上，打成棒槌甬子。又指點了那幾苗山參的所在方位，還做上了記號。在影壁砬子上打的小宿，爺倆飽吃一頓大煎餅就大蔥和鹹鴨蛋。第二天早晨，他睜開眼睛一看，大柱不見了。他喊啊叫啊，只有大山的回音。在影壁砬子整整轉悠了一天，還打了個小宿，這才不得不下山，爬著往回走。

他渾身一點兒力氣也沒有了，眼前時時發黑。他終於明白了自己怕是不中用了，但求生的願望鼓脹著他。長時間的間歇後，又要爬上一段路。他內心並不痛苦和遺憾，大柱認了他這個親爹，那幾苗老山參也指點給他了，他可以放心地撒手走了。

兒子，爹怕是不行了，久後找到爹這把老骨頭，千萬別忘了跟你媽並骨啊！還有呂慶福你大叔，那是個好人，別忘了給他的墳添土燒紙。忘記告訴你了，樓上花曲柳木箱蓋上的小壇裡還有五萬元的存摺，約莫你們收拾東西時能見到。

不知是出於什麼目的，他還是朝前爬著，爬一步就得停下喘息一陣。他冷不丁瞅見前邊草叢裡一片暗紅，那是什麼？他心兒撲通撲通地跳，就有了點氣力，爬得就又快了些。紅毛公草撲騰倒一片，草葉草莖上沾著些血滴，已經乾巴了，變得黑紅。他覺得憑空添了股力氣，哼唧著，加快了爬速，向那堆黑乎乎的東西連　轆帶滾地爬去。一股惡腥惡臭的氣味直衝鼻子，黑東西上糊滿了一層綠頭蒼蠅。他轟跑了蒼蠅，看清楚了，竟是只死了的黑瞎子。他又發現另一堆黑乎乎的東西。他心中湧起一股不祥之感。他幾乎要窒息，腦袋又暈又沉，還是拚力朝前爬去。又是一陣惡腥惡臭的氣味，轟走了綠頭蒼蠅，竟是一具死屍。從衣著穿戴上，他一眼就認出，這是兒子大柱！兒子的死相很慘，腦瓜皮被擼下來了，腦瓜骨被嗑穿了幾個洞。他一陣暈眩，失去知覺。待他醒來後，發覺自己臉上也糊滿了綠頭蒼蠅。他惱怒地趕走了綠頭蒼蠅，思緒這才清晰了些：大柱一定是碰上受傷的黑瞎子，兩個拚上了，經過一番殘酷血戰，雙雙死了。背筐倒扣在地上，筐裡的什物散落一地，有煎餅、水瓢、鐮刀、棒槌甬子。卻沒有發現他最關心的閃閃發亮的鋼夾板兒。

他記得在影壁砬子上打小宿前解下的鋼夾板兒就放在身邊，怎麼就不見了呢？他瞪大了眼睛，似乎什麼都明白了，又似乎什麼也不明白。他搖動著鬢髮花白的腦袋，長壽眉下的長了鏽的眼珠上滾落下混濁的液體，沿著國字臉上的蛛網般的皺紋流淌。他泣不成聲，喉結滾動，咬肌鼓出，只能發出動物似的簡單的「嗚嗚」聲。棒槌甬子還在，他抓了過來，扯巴開，那苗大山參還活豔嶄新，完整無損。他手擎大山參，對著藍天，無限深情地瞅著，雙唇翕動著。

大柱，你小子，你小子，你的心，你的心哪——

他費力地吐出這幾個音節，就像一尊雕塑似的凝固不動了，連張開的嘴巴，皆裂的雙目，皺紋裡的淚滴，都定格不動了。但表情極為複雜：有痛苦和憂傷，有幻滅和絕望，有迷惑和不解，有悲憤和惆悵，也有莊重和威嚴……

起風了。

連天排湧的大森林沸騰了，攪碎了一碧如洗的藍天。在陣陣嗚咽吼叫的林

濤的主旋律中，夾雜著啁啾的鳥鳴、抑揚頓挫的蟲吟和山應谷回的虎嘯狼噪聲。他一輩子就特別喜愛這種聲音，這種獨具韻致的好似催眠曲似的森林大合唱。

他在這優美雄壯的律動中睡了，睡得很實很實……

十三

幾個月後，陽岔溝的村民們終於在蜂窩砬子的北緣發現了已經難辨模樣的兩具人的屍體和一具熊的屍體，還有那一苗腐爛黴變的價值百萬元的長白山老山參。

最後一個花子房

一

　　腳下是又瘦又細的荒草小徑，已看不出古驛道當年的莊重和堂皇來。益母草、青蒿、艾蒿伴著空心柳、榛柴棵和稠李子樹，摽著勁兒，從古驛道兩邊的漫無邊際的老林子肆無忌憚地越過路邊，吞噬沙礫、泥土，向古驛道蔓沿著。它們試圖證明：這長長的路面，本來就是它們賴以生存的所在，隨著大清國的消亡，它們要奪回失去的領土。於是就瘋長。只是這些矮棵植物怎麼也無法同路兩側的參天古樹相匹比，於是綠色的天空就橫出一條又窄又長的蔚藍，像一條瓦藍色的緞帶，向上向下向左向右地逶迤飄蕩。林濤聲、禽鳥聲和著野獸的噪叫聲，打破了原始森林的寂寥，更增添了原始森林的神祕和恐懼的氛圍。好在他們並不覺得怎麼懼怕，因為他們是四個人。

　　他們走上驛道的制高點，就是摩天嶺。霧氣像乳汁，在林梢上纏繞流動，他們都沐浴在雲霧裡，彷彿舉手就可以扯來流動著的雲朵，信手把玩。回首南邊，沉沉霧靄已湮沒了大森林。朝霞渲染著雲霧，於是森林就變成了五彩繽紛的沸騰的海洋。

　　背部背著七八歲小女孩的走在前面的人高馬大的漢子此時停止了步履，車轉身，手搭涼棚，向南面望去，身後的兩個人也停止了腳步，覷著那漢子的舉動，也車轉身，莫名其妙地向南方望去。

　　他聳了下身子，把睡在背上正欲墜下的小女孩往上顛了顛，咕咕噥噥敘說著。

　　看見了嗎？那棵老槐樹，還有那座古廟⋯⋯

　　小女孩受這一顛，被驚醒了，嚶嚶呀呀地哼唧著。

　　此時，朝陽已升到半空中，霧靄像彩色的浪濤，向西湧動。大森林已閃露出梢頭。的確，那株擎舉藍天的千年古槐雄姿綽約地矗立天際。古槐旁那座古剎的紅瓦，閃出熠熠的光點。

　　他們的眼窩都飽含著淚水。

他們就是從那個方向一步步走來的。

那兒就是他們的根，他們的父親就埋葬在那棵千年古槐下。

他們姓寧，是從邊裡的裡城家一個叫青草坡的地方逃難到這兒的。穿過了舊邊城，過了摩天嶺，就是新邊城。父親就是在剛過舊邊城時得了急病死去的。那株古槐，那座古剎，就坐落在舊邊城的路台前。不見了柳條邊的痕跡，但路台的台基尚在，地上胡亂撤棄的大塊青磚，說明這兒古時曾住過守台的軍士。此刻已經破敗荒蕪，狼藉不堪。

在裡城的青草坡，他們祖輩種地，深秋時也去海邊給灘主割大葦。割大葦、捆大葦、扛大葦、垛大葦，那活兒又苦又累，但掙錢卻少得可憐。農開時就給人家當煤黑子，也就是挖土煤，掙點兒工夫錢，或掙回點兒土煤做柴燒。土煤就是草炭。破開地皮二三尺，就是土煤層。用平板鐵鍬挖。挖出的土煤塊有坯或磚那麼大，四四方方的。打跳板，用獨輪木車推出來，碼成一垛一垛的，五尺高一丈長，就稱一丈，就像山裡人擺木杵一樣，也是論丈計算的。一個秋天加一個冬天，土煤乾透了，就可以引火點燃，得用風匣吹，火頭還挺硬的。用車拉到集上，可以賣錢。

日子本來就難以維持，偏偏趕上兵荒馬亂年月，今天跑小鬼子，明天跑大鼻子，後天官軍下來作踐一番，大後天又起了無法無天的鬍子，人們的日子更難混了。奔長白山，走北大荒，人們叫「往上走」。大概是源於逆著鴨綠江的方向往上走吧。大清國倒了，沒人管了，人們可以毫無拘束地越過舊邊牆，穿過新邊牆，奔船廠，奔寧古塔、琿春、蘇城大溝，一直到伯利、廟街和海參崴。那些地方，黑土肥得攢一把都淌油，棒打狍子瓢舀魚，是個養人的好地方。媽媽病死了，年過半百的老爹就帶領他們四個往上走，奔亮兒，討活路。走進古槐旁時，他們一行五人，在空寂無人的古廟裡過的夜。

古廟周圍孤孤零零散佈著幾戶人家。古廟裡香火極少，既無僧也無道。大殿後殿左廡右廊，立著關帝、如來、四大金剛、孔子、呂祖、張天師的塑像。

百里之內就這一座廟，於是儒、道、佛諸路神仙就合署辦公，幾百年來從未發生過糾葛爭訟。

就是這天夜裡，爹得了「快當行」病。這病真歇虎，得了就要命。爹知道怕是不行了，就把一個葫蘆頭遞給老大，淚流滿面地囑咐著：你是寧家的頭男長子，這擔子就落在你的肩上了。把弟妹們帶大，拉扯成人，我就能閉上眼睛了。我，路死路倒，哪死哪埋，別那麼講究了。久後一定帶弟妹們來看我，別把我這把老骨頭渣子扔這兒，我要和你媽在青草坡並骨，或者就在你們落定腳跟的地方並骨。

老大哽噎著答應著。弟妹們呼天搶地地號哭。

他們就把爹埋在古槐樹旁。揀了四塊大青磚，壘在墳頭，算是塋門。

他們上路了，沿著古驛道北行。

老大叫寧守德，長得骨棒大身，國字臉，掃帚眉，立起身像座鐵塔，彷彿有永遠也使不完的力氣。他立事早，有本事，爹和媽對他寄予厚望。他長得很老相，剛過二十歲，就鬍子拉碴的。父母沒了，他自然就成了弟妹們的主心骨，凡事都是他拿主意。他目光深邃，眼尾紋和抬頭紋過早地鐫刻在面頰和額頭上。他擔著老大的一份心事。老二叫寧守文。雖然名字文雅，但長相與形體同老大截然相反。他臉膛黝黑，兩眼距離很近，兩眉像兩條毛毛蟲，眼窩深陷，目光寒冷逼人。通天鼻樑，兩個鼻孔像喇叭筒似的外翻。兩個頭角上的頭髮稀疏，露出白白的頭皮。他小時候就脾氣暴躁，發起犟來，用頭撞牆，直至出血。經常這麼磕碰，頭髮自然脫落，於是就露出白白的頭皮。家裡人都叫他「滾刀肉」，鄰里也這麼稱呼他。親戚鄰居都說這小子惡，生性，久後必定是條渾蟲。爹和媽最擔心的就是他。老三叫寧守武，長了副女兒相。高挑的個兒，白淨面皮，細眉俊目，五官清秀，文質彬彬。他會說會道會來事兒，很得父母和鄉里的喜愛。爹經常叨念，老寧家久後希望，就得看小三了。小女孩行四，叫寧守賢，此刻趴在大哥的背上，露出一臉的稚氣和天真。

霧靄已經消退淨盡，大森林露出了它真正的面目。莽莽蒼蒼，綿亙無際。墨綠、深綠、淺綠、淡綠，層次分明而又搭配和諧，裏雜著姹紫嫣紅，鋪展成一幅色彩絢麗、碩大無朋的山水畫。而那妙不可言的萬籟和著禽鳥走獸們的鳴叫，又給人以充滿無限活力的律動的感覺。

　　他們站立在摩天嶺上，無限深情地望著眼前的一切，似乎要把一切盡收眼底，每個人的胸中都升騰起一股力量，只有少不更事的守賢除外。

　　守德一揮淚，磨轉身，復又背起小妹，拎起葫蘆頭，說了聲「走」，就甩開了大步。守文和守武也背起行李捲兒和褡褳，放開了步幅，緊緊跟上。

　　又走了一天，就來到了新柳條邊。這才是真正意義上的柳條邊。柳條邊有一千三四百里，西至長城，東至舒蘭的松花江邊，北至興遠堡，南至窟窿山，共設邊門二十一座，每門設章京一員，筆帖式一員，披甲十人。至於路台則更多，或三里一台，或五里一台，或十里一台。只見柳條插得密密匝匝，有三四丈高。柳條外是四五尺深的壕溝。路台保存完好，用大青磚砌成周長四十餘丈的圓形城堞，最上層的樓垛上有的已經圮斜。當年這裡駐有守台的軍士五人，當是很威風很莊重的。可惜現在已空無一人。台內角落及簷下已經成了麻雀和蝙蝠棲息之處。他們在這兒過的夜。拾來乾柴，用火鐮引著了火絨，支起鍋灶，煮了一小鍋粥，就著野菜下飯。

　　第二天一大早，胡亂吃了點早飯，守德用手掌抹了把嘴唇，坐在炕沿上，說出了他一夜間思謀出來的打算：過了這個邊台，就進了東邊外，就是長白山、北大荒了。狼蟲虎豹多，鬍子也多，咱時刻有被沖散拆幫的危險。咱不能忘了根本，咱姓寧，即使沖散了，以後也要相聚。

　　他立起身，拾起小鐵鍋，朝一塊石頭狠勁砸下去。只聽「叭」一聲響，鐵鍋裂成四塊。

　　這是天意了。咱們一人拿一塊鐵鍋碴兒，小妹的那塊，我代為保管，以後相見，就用這鐵鍋碴兒做憑證。對上碴口，咱就是一家人了，不管多少年多少代，千萬要保管好自個兒的鐵鍋碴兒呀！

說到這，老大鼻子發酸，幾乎流淚。守文、守武兩個卻早已泣不成聲，只有守賢張著天真的大眼睛，瞅瞅這個看看那個，似懂非懂的，最後也流下了眼淚疙瘩。

記住，咱爹是八月十三的忌日。果真咱被沖散了，每年的八月十三都要給爹過週年，沒有線香用草棍，沒有燒紙就用樹葉，總是不要忘了這一天。八月十三，這日子好記，再過兩天就是中秋節。十年後的八月十三，不管咱混得好孬，一定要趕回老槐樹下，對鐵鍋碴兒，咱們要團聚。誰沒到，誰就是不在人世，再不就是忘了祖宗。

守德終於憋悶不住，大放悲聲地哭了起來。弟妹四人抱頭痛哭，哭得揪心扯肝，悲悲切切，凄悽慘慘。

他們各自揣好了鐵鍋碴兒，還是沿著古驛道走下去。在一個廢棄了的驛站打打尖，又向北走，前邊就是赫爾蘇邊門。在一棵老紅松樹下，他們在一塊馬牙石上坐下來。

寧守德提過沉甸甸的葫蘆頭，扯下一團破棉花套子，就露出拳頭大小的一個圓孔，手伸進去，就掏出一沓奉天官印號的票子、十幾枚小銀洋和幾十個銅子兒。

這是咱爹媽省吃儉用積攢下來的，加上賣房子折變家當的錢，一總是八元一角二分，咱一人二元零三分，小妹這份由我保管著。壯漢無錢是病夫，不到萬不得已，這錢不能動。咱是本分人家，咱要憑本事吃飯憑良心做人，還是爹經常告訴我們的三句話：一不偷盜，二不搶劫，三不嫖賭。老三守武手散，好花錢，如今大了，都十五六歲了。該懂事了，就當守本分才是。

守武眼瞅著碼在馬牙石上的分成四份的錢，答應著。

再往前走，就靠近船廠，人家多了起來，地面不太平，歹人多，鬍子也多，得多加小心。這錢，咱們就——

老大守德的話說到這兒，就聽半空裡傳來「嘎嘎嘎」的一陣笑聲，四個人

大吃一驚。抬頭一看，樹丫上蹲伏著五六個壯漢，個個短打扮，滿臉殺氣。有的持大刀片，有的挎著鐵公雞和老洋炮。

原來鬍子就在頭頂上，把他們的舉動和言語看了個清聽了個明。

呔，本想放你們一馬，你們卻在背旮旯罵皇上二大爺，那就留下這些買路錢！

一個鬍子頭奸笑著，邊說邊往樹下爬。

守德說聲不好，跑，就背起小妹，慌不擇路地竄進老林子裡。

守武是個要錢不要命的主兒，劃拉一把銀圓和奉天官印號的票子，邊往褡褳裡塞邊跑。只一眨眼的工夫，就扎進茫茫林海之中。

只有守文，生來的滾刀肉，不懂硬，他沒跑也沒逃，卻列出個架式，要和鬍子們鬥出個高低輸贏來。他才十八歲，又孤身一個，哪是人家的對手！只三個回合，就被打翻在地。他雙手被反剪著，趴伏在地上。本想痛罵這伙強盜一陣以解心頭之恨，可他有心計，他一旦吵鬧叫罵，鑽進林子裡的哥哥和弟弟很可能跑出來救他，那不中了這伙歹人的奸計。任鬍子怎麼樣打他罵他，他就是不吭聲。他是滾刀肉，連死都不怕，還怕打和罵？連鬍子頭都說這小子有種，是條漢子。

鬍子們收斂著馬牙石上剩下的官銀號票子和幾枚小銀洋，像拖死狗似的拽著他，也融入了大森林裡。

守賢彷彿很懂事，她趴在大哥的後背上，眼淚直往下掉，臉憋得通紅，哽噎著啜泣著，硬是沒有哭出一丁點兒聲音來。穿過兩條深澗，越過一片鬧瞎塘，在一個較為眼亮的地方，守德停下腳步，把她放在地上。四野一片岑寂，無邊的大森林顯得那麼神祕和恐怖。

我要二哥，我要二哥！

這時的守賢好像醒過味兒來，大放悲聲地哭了起來。

守德哈下腰，用手掌給她揩去臉上的淚涕，哄著她：別哭，聽話，咱這就去找。

他冷不丁像想起什麼，縮回手，向衣袋探去。那兩塊鐵鍋碴兒還在，這才放下心來。他從後腰帶上摘下煙袋，不停地往煙口袋裡挖著。煙袋鍋已裝滿了煙末，他並不拽出來，還那麼木木呆呆地出神。他在思謀著怎樣去尋找失散了的兩個兄弟。最後蹙了下眉頭，終於把紫玉煙袋嘴銜進口裡，用火鐮「啪啪」打著，火星終於引燃了煙末。他深深吸了一口煙，又長長吁了出來。他站起身來，眯縫著雙眼，逡巡著眼前的大森林。大森林降煙起霧，淒迷浩渺。

在這林海之中尋找兩個兄弟有如大海撈針。沒有路徑，不辨方向，還背一個孩子，這樣在大林子裡轉悠是很危險的。但做兄長的責任心和父親彌留之際的囑託，產生了巨大的驅動力，就是有再大的艱難險阻，他也要找下去。他又背起守賢，朝來路走去。起初還能看到他走過的腳印，但走了幾十步就不見了腳印，連被他走動時撞得翻動了的樹葉、草葉此時也都恢復了原樣。心下不免有些慌張，就放開了腳步，加快了速度，又朝前走了下去。沒有明確的目標和固定的方向，只是憑感覺走下去。走到林子梢頭托起火紅的太陽時，他來到一個敞亮的地方。覺得這地方有點兒熟悉，心裡暗自高興。瞅著面前的地形，瞅著左近的樹木、蒿草，目光忽又呆滯起來，再低頭瞅一眼腳下，不禁「啊」了一聲。地上有他與守賢的錯亂的腳印，有磕過的煙灰。他終於清醒過來：走了一小天，又回到原來的地方。他迷路了。躲過了土匪，卻落進恐怖的深淵。他一個外來人，在大森林裡迷路，就意味著死亡。被蚊蟲、小咬兒叮，被野獸啃齧成骷髏架子，這是任何一個迷路的跑山人的必然下場。一股涼氣直透脊背，他感到一陣心寒。無意間他的目光碰到了守賢的恐懼、依賴、求助的目光。這目光喚起了他幾乎要崩潰的責任心和勇氣：帶小妹闖出大林子，一定找到兩個兄弟，一定把小妹拉把大，十年後的八月十三兄妹團聚。

天黑下來了。大森林裡的天黑得很早。不能再走了，只有在這兒打小宿了。他薅了些蒿草，劃拉些樹枝樹杈，簡單地圍了個可以擋風的草棚。又拾起

些明子和乾柴，在草棚前點起了一堆篝火。立時火光燭天，濃煙拔地，大火劈劈啪啪燒了起來。野獸怕火，蚊蟲、小咬兒也怕火，火給他們壯膽。小妹呼呼睡著了，他卻一宿未眠。他的心像被攥住了，又像被提拉起來，懸在半空。野獸在四處竄動，有時蹲伏在地，沖它們閃著瘆人的紅的、綠的和黃的光。他不斷地往火堆裡投放柴火，火燃得更猛更旺了。又圍著草棚點起三堆篝火。這一招果真靈驗，野獸嗥叫著竄進林海之中。

好難熬的一夜，他終於盼來了熹微晨光染紅了林子梢頭。大森林又趨於平靜，好像換了一副慈愛仁和的面孔。而他卻折騰得精疲力竭。還得緊著趕路，儘早逃出這死亡之谷。

哥兒倆又繼續在林海中穿行。帶的乾糧已經吃光，他們就採野果吃，或到河溝裡抓蝲蛄和蛤蟆燒著吃。吃多了就覺得噁心、脹肚。守賢趴在他的背上，昏昏睡去。她吃不服這些東西，直掉眼淚。衣裳也被樹枝掛扯得絲絲縷縷，赤露著皮肉。滿臉污垢，兩手像雞爪。守德的精神和體力終於支撐不住，這天晚上，兩人就昏倒在一條土塄子上。

當他們醒來時，發現自己是躺在熱炕頭上。一位鬚眉鬢髮皆白的老人，正往他們的嘴裡餵水餵飯。老人見他們睜開眼皮，樂得眉開眼笑了。

老天保佑，你們可醒過來了，整整睡了三天三夜啊。

守德一骨碌爬起身，揉揉惺忪的睡眼。

我是在哪裡？我怎麼到這兒來了？守賢，守賢呢？

他四處撒目，發現守賢就躺在身邊，身下鋪著狍子皮，身上蓋著用黑瞎子皮縫的大幅皮被，正甜甜地睡覺。他這才放下心來，磨轉身就要下地。

老人攔擋他，笑著說：「你身子太虛，先將養幾天，等恢復得差不離了，再下地走動。」

守德高低不依，硬是跳下地來，一再說自己的身板結實，沒什麼病，就是走迷路了，熬糟的。他向老人原原本本說了兄弟們逃荒失散的經過。

老人尋思一會兒說：我是個沒兒沒女的老倔巴頭子。過去咱也有過姓名大號，多少年沒叫了，人們都叫我冬狗子爺，我也認可了，你也喊我冬狗子爺吧，我才不忌諱這個哩。你們就放心在我這兒住著，沒什麼大富大貴，可也餓不著凍不著。先歇息幾天，以後給你找個營生幹，先攢點錢，再找你的兄弟也不遲。

守德和守賢就在老人這兒住下了。

老人七十多歲，身板還硬朗，蓋幢口袋房子，東開門，頭頂鍋，木刻楞的牆壁，房頂苫的木瓦片。毛頭紙糊的南窗戶，透進不太充足的光線。乾透的狍子腿懸掛在半空，是當窗鉤用的。牆上張貼著新剝下來的元皮、貂皮、松鼠皮，色彩斑斕，散發出微微的腥羶氣。老人幹活挺麻利，刀勺一齊響，不一會兒就端上來一小缽熱氣騰騰的土豆燉蛤蟆，還有一蓋簾黃燦燦的黏豆包。叫醒了守賢，讓他們趁熱吃下去。

這是長白山地界內名叫九股流的地方。從扇子面似的顛連的九座山峰的前懷，涓涓湧出九道細流，最後匯成陽岔河，再流入洶湧澎湃的松花江裡。這九道溝岔裡都星羅棋佈地擺放著幾戶人家，大都以挖參、狩獵和淘金為生。守德的房東冬狗子爺的口袋房就坐落在頭道溝的小河邊。深秋季節，正是蛤蟆下山進河的當口，家家都在蛤蟆必經的路徑上橫著挖出三尺深二尺寬的長長的溝渠，即蛤蟆趟子。蛤蟆下山，蹦進蛤蟆趟子裡，有如野獸落進陷阱，就無法出去，只能伏地就擒。人們每隔一天，就來巡邏一次，當地人稱作遛蛤蟆趟子。這天早上，冬狗子爺出去遛蛤蟆趟子，見到了倒在壕溝塄坎上的這兩個人，就停下活計，分兩次把他倆背回口袋房子裡。這就是守德和守賢。

守德和守賢在冬狗子爺家裡住了十多天，在冬狗子爺的精心護理照料下，身體完全恢復過來了。守德骨棒大身，滿身都是力氣；守賢乖巧伶俐，怪招人喜愛的。冬狗子爺看在眼裡，喜在心裡。這一天，他捋著花白的鬍鬚說：咱這疙瘩是神山寶地，是養窮人的地方，春天動動鍬鎬，秋天打下的糧食就夠一年嚼用的。這兒的地肥啊，燒火棍插進地裡都能長成大樹。你兄妹倆在我這兒，

我供管得起。咱土命人不說席外話，你不是還要去找兩個兄弟嗎？總得抓撓點錢啊！這事我考慮好幾天了，我這麼琢磨，不妨就到河裡淘金。秋景天，雨水少，河床淺，正是淘金的好季節。淘金的家巴什兒我這兒都齊全，我再給你找個伴，淘金去吧。我老了，眼睛花了，不中用了，不的話我就領你下河了。

守德正希望找點營生做，雖然沒淘過金，聽說容易學會，只是小妹守賢還小，帶著她是個累贅，再說，放山淘金還都忌諱女人。

冬狗子爺也看出他的心意，便侃侃快快地說：這事我早就鋪排好了。小丫頭就放在我這兒，我會照料好的，你淨心淨意地去淘金，淘著了好，淘不著就在我這兒貓冬。冬天咱爺倆就去熏黃皮子、網紫貂、下套子套黑熊和老虎，也一樣能來錢。守德說：大爺，你這樣待承我，真不知該怎樣感謝你才是。

於是冬狗子爺就從倉房裡搬動出淘金的家巴什兒，現身說法，細細講說。守德是個靈通人，經過一番講說比試，心下早已明白了五六分。

這一天，冬狗子爺背著背筐上山，傍黑兒喜眉喜眼地回來了。回到家，放下背筐，就對守德說：夥伴我給你找好了，是個經驗豐富的淘金把頭。這人姓宋，叫宋老疙瘩。守德問：咋叫這麼個名字？冬狗子爺說：他排行老末兒，我們這兒都叫這為老疙瘩、老梆子。再說，淘金人稱淘到金子為拿疙瘩，是個吉慶話。大夥這麼叫，他也樂得答應。

當下就準備淘金、修地窩棚等一應生活用品和工具，如斧、鋸、鍁、鎬、鍋灶炊具和煎餅小米等。一切都準備停當了，就等著宋老疙瘩了。

臨出發的頭天晚上，冬狗子爺囑咐了一些淘金人的習俗和規矩。末了，冬狗子爺說：宋老疙瘩是個小能人，別人挖不到大山參，他能挖到；別人不敢打的野獸，他敢去照量；哪回下河淘金都能拿回些疙瘩來。你得跟他學著點兒。只是這人心貪了點，為人難處點兒，你就多讓著他點兒。

守德都一一答應下來。

這天一大早，守德準備停當，特意兒囑咐小妹一些話語：跟冬狗子爺在

家，要聽話，我有個十天半月就能回來。他把一塊鐵鍋碴兒交給守賢，叫她好生保管，千萬別弄丟了，這是兄妹們以後相見時的憑證。小守賢挺懂事挺聽話，答應著。

這時，宋老疙瘩也來了，守德就跟隨宋老疙瘩下河淘金去了。

宋老疙瘩有五十多歲，有點兒拔頂，長得獐頭鼠目的，無論如何也看不出他竟是個山裡通，摟錢耙兒。山裡人往往用技能和力氣作標尺來評定人的等次的。他沒家沒業，是專給人家拉幫套的套股子。據說九股流的幾條溝裡，他前前後後給三家拉過幫套。他不是沒錢說不起媳婦的主兒，他就專好這一手。他一年到頭上山下河，錢沒少抓拿，卻年年毛乾爪淨。因為他胳膊粗力氣大，因為他是個摟錢耙兒，雖然人們打心裡厭煩他蔑視他，但也不得不承認他是個能人。

宋老疙瘩領著守德走出九股流地界，在陽岔河的一個大甩灣的地場，壓下地窩棚，壘上鍋灶。他們將要在這兒淘金。宋老疙瘩沿著河邊走了個來回兒，選好了地點兒，撅了根樹棍插在地上。就是說，他要在這兒「按坑」。以下的一系列流程，都是在他的指點下進行的：「刨沙子」、放「木槽子」、安「篦子」……宋老疙瘩指指點點，專揀輕巧活兒做，出大力的活兒全壓在守德的肩上。守德不計較這些，仍是毫無怨言地幹著。他是個咬鋼嚼鐵的漢子，恨活計，捨得出力氣，服得下辛苦。幹了十來天，竟然沒淘到一丁點兒金子。宋老疙瘩耷拉著腦袋直納悶兒，免不了叱兒達的，沒個好臉色。守德心裡發虛，也不敢吭聲，照舊是悶著頭掄鎬運沙。

守德跪在坑裡，掄起鐵鎬，「吭吭」地刨著，累得汗沫流水的。忽聽「當」的一聲響，鎬尖碰撞在金屬上，帶出一塊硬硬的東西來。守德撂下鎬，拾起那物兒一掂，沉甸甸的。守德對金子的識別也有些耳聞。他用舌頭舔舔被鎬尖刮磕的紅色茬口，竟是甜甜的。他的心嘣嘣直跳，一陣狂喜，高聲嚷著：疙瘩，我拿到疙瘩了！

宋老疙瘩正在查看被水流沖刷著的木槽裡的沙石，聽守德喊嚷，就大步流

星地竄了過來，接過守德遞過來的那塊硬東西。憑直覺，他一下子就斷定，這塊東西不同尋常。再用舌頭一舔，著，是金子。他高興得脫口而出：金子！狗頭金！千年不遇的狗頭金！兄弟，咱這輩子夠過了。

狂喜過後，他又覺得後悔，如果在這個生荒子面前，我愣說是銅疙瘩，那後果又會是什麼樣呢？

他們收了活計，準備回家。

晚上，他倆早早躺下。守德高興得睡不著覺，宋老疙瘩躺在土炕上煩躁得一個勁兒地翻身折餅。

不知過了多久守德才睡著了，接著是左肩頭上的一陣劇痛弄醒了他。他睜開雙目，朦朧晨曦中，見一個人站在窄小屋地，手舉鐵鍬，正向他的腦袋劈來。他一側楞身子，那鐵鍬砍在枕頭上。他忍著左肩頭的刺骨疼痛，一虎身跳將起來，一彎腰，一低頭，腦袋就拱在那人的懷裡。那人跟跟蹌蹌仰倒在地，整個身子撞在地窩棚的門框上。地窩棚本來修得很簡陋，哪裡經這一撞，立即裡帕啦趴了架。他與那人就在坍塌的地窩棚裡搏鬥。只一會兒工夫，守德就把那人按倒在地，兩隻大手合攏起來，像鐵鉗似的箍在那人的脖子上。那人蹬達一會兒腿，眼珠翻了白，七竅流血，沒氣了。

守德慌裡慌張跳起身，喊著宋老疙瘩，沒人答應。藉著月光，他看清了，倒在地上的那人正是宋老疙瘩。他什麼都明白了，是宋老疙瘩起了歹意，要害死他，獨吞那塊狗頭金。論拳腳，他不是守德的對手，只能用鐵鍬，只能暗下毒手。地窩棚裡擠巴窄小，又黑燈瞎火的，一準是第一鍬砍歪了，沒劈著他的腦袋，卻砍傷了他的肩頭。

宋老疙瘩心好狠，好歹毒。他跌坐在地上，又是氣惱又是憤恨，過後就有些恐懼起來，我這不是殺人了嗎？這事要是經官動府，我滿身是嘴也說不清啊！

他又俯下身子，把宋老疙瘩的屍體起來，蠕動他的胳膊腿兒，捶打他的後心窩，宋老疙瘩扭曲著面容，沒有一絲的氣息。

他要救活宋老疙瘩，他心甘情願地把這塊狗頭金交給宋老疙瘩，他放棄他應得到的那一半兒，只要宋老疙瘩能活轉回來就中。他不能做喪良心的事，他不能去殺人，雖然他是出於自衛和防範。但是看樣子宋老疙瘩是死死的了。他有點麻爪兒了，竟嗚嗚號號地哭了起來：我該怎麼辦，我該怎麼辦啊？

守德用枝丫草捆兒把宋老疙瘩的屍體蓋巴好，揣上那塊狗頭金，就上路了。他要到九股流第一道溝找冬狗子爺商量這事，再說小妹守賢還在那兒，他想念小妹。

一是路徑不熟，二是慌不擇路，本來只有一天就可以走完的路程，他卻走了兩天兩宿。當他狼狼不堪地來到冬狗子爺口袋房時，日頭才剛剛冒紅。

冬狗子爺見了他，先是吃了一驚。

你怎麼回來了？

出事了，出人命大事了。他上氣不接下氣地說。他說了事情的前後經過，沒有一點兒藏掖和隱瞞，並從前懷的衣兜裡掏出那塊狗頭金，放在鍋台上。

冬狗子爺吃驚得瞪大了眼睛，半晌沒說出句話來。這時他猛不丁想起守賢，屋裡竟不見了小妹的影子。

小妹！守賢！小妹呢？大爺，我的小妹呢？

冬狗子爺愣怔了半晌，自言自語道：糟了！壞菜了！怎麼出了這等事？

冬狗子爺告訴他，昨晚上宋老疙瘩來了，說是拿到疙瘩了，他回來取點鹹菜，守德挺想守賢的，讓他帶去玩兩天。

守德被弄得雲山霧罩的，說，宋老疙瘩死了呀，屍首還在地窩棚裡挺著哩。這事出鬼了。

冬狗子爺捋著花白鬍鬚，直搖頭，自語道：莫不是他又活過來了？走，咱到他新近找的那個相好的家裡看看，他可能在那兒。

守德說：只要他在，大爺你就給說和說和，我確實不知道是他，我沒有害他的心！我情願把這塊狗頭金交給他，只要他把小妹還給我就中。

他們到第五道溝的一戶人家裡，女人的丈夫癱巴在炕上，那女人穿得新嶄嶄的，油頭粉面的。她說，宋老疙瘩夜黑回來過，還領著個小閨女，沒住下，帶了幾件衣裳，就連夜走了。

他們回到冬狗子爺家。冬狗子爺攥上那塊狗頭金說，咱到陽岔河去找他。

他們來到陽岔河，找到了那個散塌在地上的地窩棚，不見了宋老疙瘩的蹤影，當然也沒見到守賢。

冬狗子爺坐在一塊石頭上，磕打火鐮引燃一鍋煙，「噝噝」地吸著。守德也掏出煙袋，跟冬狗子爺借火點著了煙，默默地吧嗒著。冬狗子爺把煙袋從嘴上拿下來，在石頭上磕著煙灰，蹙緊眉頭說：這事明擺著，他是要拿守賢跟你換狗頭金，眼下他還不至於害守賢。

守德趕忙接口說：這我心甘情願。

可眼下找不到他啊！他是追趕你去了。現在只有一個辦法，你得趕緊去撵他。過了陽岔河，就是錯草頂子，再往前走就是松花江。你說不定真能遇上他。把這塊狗頭金帶上，可千萬別丟失了。路上得多加小心，提防著點。這小子心術不正，什麼事都幹得出來。

守德接過狗頭金，攥在貼身衣裳兜裡。他給冬狗子爺跪下，連著磕了三個響頭：大爺，我找到了守賢，馬上帶她來看你，我一定報你的大恩大德。

冬狗子爺扶起他來，說：孩子，快別說這些，趕緊找守賢要緊。

冬狗子爺給他指點路徑：過了河，見到鷹見愁砬子，往前走就是錯草頂子。

守德抽泣著，向鷹見愁砬子走去。

三

老三守武懵懵懂懂地在大林子裡轉悠了五六天，吃了不少辛苦，遭了不少罪，他竟然走出原始森林，這對一個第一次出遠門進林海的只有十六歲的男孩子來說，簡直是一個奇蹟。他找到了人家，說了自己的身世和遭遇，人們都同

情他可憐他，供他吃供他住，還有位好心的大嫂找出一身乾淨衣裳給他，替換下已破碎得不成形的舊衣裳。

　　守武兜裡裝著幾塊小銀洋和奉天官印號的票子，還有那塊鐵鍋碴兒，沿著松花江走下去。他自小嬌生慣養，本來就不會幹什麼活計，如今是獨身在外，沒個管束，凡事就由著自己的性子來。他好吃好喝好熱鬧，這幾個錢，不到半年就花了個一乾二淨。他就到買賣家、大戶家去混飯吃。他不僅有副好皮囊，還長了一張八哥巧嘴。他從不像要飯花子那樣死乞白賴地去討去要，他把自己的身世和遭際加油加醋編派一遍，渲染一番，加上巧齒俐舌和豐富生動的面部表情，說得活靈活現，感人至深。人們一致認為他是個為難遭窄、一時羅侯星照運的人，久後必然能得好，定能發跡。

　　他雖然飄忽不定，但生活得並不太貧苦寒酸。

　　幾年幾度春草綠，幾年幾度寒暑易。

　　他從一個半大小子，長成一個大小夥子。

　　歲月老人不但能無情地雕飾人的容顏、體貌，還能默無聲息地塑造著人的性情、氣質和思想感情。這只巨手，可以把人安放在傳統的道德規範的軌道上運行，也可以把你從這軌道上拉出，像把玩一隻怪物一樣欣賞著你在無規無序的人生舞台上，像只沒頭的蒼蠅，瞎碰亂撞，淋漓盡致地表現人的獸性的一面。一個人的墮落是從不知不覺中開始的，當他一經認識自己已經跌入罪惡的深淵而不能自拔自救且又樂於並慣於這種墮落時，這才是最可悲可怕的。

　　守武便徜徉在這條罪惡的途徑之上。毫無變化的重複，既令人生厭，也會使人生疑。守武的慣用的手法逐漸失靈。衣不遮體，食不果腹，對他來說已是司空見慣的事情了。他終於扯下了最後一點兒矜持和最後一塊遮羞布，直直白白地手背朝下，去討去要，變成一個真正意義上的要飯花子。

　　討飯既是成了職業，當然就和所有的職業一樣，有它的規矩和習俗。在那個時代，這個不成文的法規，約束著千千萬萬個乞兒。而守武卻偏偏忽視了這一點。他畢竟還少不更事，涉世不深。

這一天，他流落到梨花塢，在臨街的幾個買賣家討要。他磨轉身，剛剛把乞來的幾個銅子塞進肩上搭褳的前兜裡，就聽一陣呼哨，冷不丁他身前身後就圍攏上來幾十個乞丐。他們個個破衣爛衫，髒頭垢面，或擓筐拉棍，或背著破口袋，或手拎瓦罐。內中有打哈拉巴骨的，有打呱嗒板的，有打撒拉金的，有敲碟碗的，還有牽哈巴狗的。這些人邊簇擁著他推搡著他，邊罵罵咧咧地說些不堪入耳的髒話。他被弄蒙了，隨著人流，向梨花塢南郊走去。

過了一座羅鍋石橋，前邊就是一孤堆用磚頭泥坯壘砌成的破舊房子。進了大門，院裡挺寬敞。三間正房，東西廂房也各三間。正房的東西兩山還有兩幢耳房。他被擁進了正房的東屋門外。一個只有一隻眼睛且斜視的四十來歲的漢子在東屋門外高聲喊道：筐頭，我把這小子提溜來了！

帶過來。屋裡響起一串吱呀的聲音。

守武被推進了東屋裡，邁進這一道門檻，就是他生命中的一個重大轉折點。

守武展目打量一下，室內佈置還算整齊講究。南炕頭上摞著一卷行李。一個瘦長條子、蓄著嘎牙胡的五十多歲的老頭坐在一張油漆剝落、破得七扭八歪的太師椅子上。靠北牆擺著一張破供桌，桌上有個木牌位，上書「范丹老祖之位」。牌位前的銅香爐裡，燃著幾炷線香。北牆壁上掛著皮鞭子。守武非常認真地注視著這把鞭子：三尺長的藤木鞭桿，鞭子一頭粗一頭細，是牛皮條子編的，有一寸粗三尺半長，五色花紋的鞭鞘，後頭還釘著馬耳朵似的皮子，皮子上蓋著縣官的官印，鞭桿鞭鞘都有紅纓。

守武在東邊外闖蕩三四年，經歷過一些事情。他馬上意識到，這是花子房。身上不禁起了一層雞皮疙瘩。

他曾聽說過，花子房裡的筐頭叫花子王，他的這根鞭子是受皇封的，打死花子可以不償命。這鞭子叫「黑驢鞭子」「黑鞭子」「窯鞭」「老牛錘」，行話叫「干」。花子犯了法規，花子王把「干」擺在桌上，懷抱一隻老母雞給「干」

叩頭，給祖師爺范丹老祖叩頭，然後執「干」痛打花子，這就叫「拉干的」。花子們都怕花子王的這把鞭子。

守武當下倒吸了一口涼氣，心撲通撲通直跳。他知道這是闖下什麼大禍了。他瞥一眼坐在太師椅子上的瘦老頭兒。這老頭兒穿戴打扮得不倫不類：頭戴紅纓帽，帽簷上有紅綾翅兒，帽頂上還綴著個長圓形的玻璃珠子，光腳板趿拉一雙舊布鞋，右大襟青色粗布褂子沒系扣兒，腰上攬了條髒兮兮的玄色帶子，兩隻手上卻戴著五六枚閃閃發光的金鎦子。不用說，這必定是這個花子房裡的筐頭即花子王了。

這時，那瘦老頭探探身子，清清喉嚨說話了：相府，是從哪裡來？

守武雙手一抱拳舉過胸前答道：不敢稱相府，小的從邊裡來，裡城家的人。

瘦老頭兒又問：在家藝還是外來藝？

這句行話的意思是，你是祖輩要飯還是從你開始要飯。守武不懂，自然支支吾吾地回答不上來。

瘦老頭又問：吃誰家的飯（即師傅是誰）？抱誰的瓢把子（即跟哪個師兄學藝）？

守武還是答不出。

瘦老頭兒一拍桌子站起來，喝道：原來你不是裡碼人，是個要冷飯的（沒加入乞丐組織）！你也不稱四兩棉花紡（訪）一紡（訪），我董老歪的地界是那麼好踏的？抱老母雞來——

這是要懲罰跑單幫而又不來花子房掛號報名的花子了。處罰很重，打得皮開肉綻，沒收錢褡子及隨身帶來的一切物品，清除出本地界。

這時，緊靠太師椅的杌子上坐著的一個年輕女人扯了一下花子王董老歪的肘頭，並衝他使了個眼神。董老歪立時輕咳了一聲，支支吾吾一陣，沒說出一句囫圇話來。他是在等這女人拿章程。這女人三十來歲，有幾分姿色。她身穿陰丹士林藍旗袍，清清楚楚勾勒出乳部和臀部的線條。她朝花子王飛了個媚

眼，嗲聲嗲氣地說：看著小師傅不像個目中無人、目無尊長之輩，想必是剛闖江湖，還不懂江湖上的規矩罷了。寧養一條龍，不養百條蟲，看他精精靈靈的，說不定還會派上大用場。若是那樣，咱梨花塢的花子房可就冒了青氣抖了神兒了。

董老歪聽這一說，立時換了副笑模樣，右手摸著嘎牙胡，不斷地點著頭。守武畢竟在江湖上混了幾年，能看出個眉眼高低，也會掌握時機和火候。他沖花子王「撲通」一聲跪下，從肩上扯過錢褡子，雙手恭恭敬敬地舉向花子王，說，掌櫃的，請！

他這一舉動，還真就歪打正著。原來，外來的花子投奔花子房，被盤詰完畢，就要雙手向花子王舉褡子，還要說一聲，眾位相府，請褡子！這個動作的意思是，我新來乍到，掙的錢都在這兒，請清點，拿去花用！

花子王董老歪很滿意，扶起守武，接過褡子，放在供桌上，喊道，看座！早有一個花子遞上條破杌子。守武推讓再三，坐下了。花子王把褡褳又遞給守武。守武不知道該不該接，正猶豫間，忽然碰到了那女人的目光。他讀懂了這目光，立馬接過褡褳，把前後口袋和中間夾縫扯開，沖供桌往出傾倒，立時掉出幾枚角幣和銅子兒。他把錢劃拉一起，雙手捧著，沖花子王說：小的沒啥能耐，掙的這點兒錢，看不過眼入不過目，掌櫃的看得起我，就別嫌棄，先花著，待小的站穩腳跟，踢開場子，一定賣力氣掙錢，孝敬你老人家。

董老歪樂得五官都挪了位，立時把象徵權力和尊嚴的帽子扯下來丟在供桌上，走到炕頭拾起氈帽子扣在腦袋上。他貪婪地把角幣和銅子兒投進供桌抽屜裡，乾笑著說：難得你小子這麼知疼知熱，這麼孝敬我，我領了。梨花塢花子房就收下你了。

那女人在一旁忙插話：還不謝筐頭！

守武忙作揖打躬，說些感激之類的話。

董老歪攔阻說：免了，免了，往後咱就一鍋攪馬勺了。他吩咐那個獨眼斜視的漢子說：把他安頓在東廂大房子裡睡，要緊把炕頭兒。

就這樣，守武成了花子房的一個成員。

守武被安排到東廂房的南炕頭。一進屋是連三大炕，即南炕、北炕外加柝子炕。只有三床大被，是按炕的長短幅度做成的，是在草簾的裡面用麻經縛綴雞毛、鴨毛製成的被稱作「羊毛被」的碩大無比的大被。白天用滑車吊起懸在空中，晚上就再用滑車放下，睡覺時人就鑽進大被裡，幾十個人同被而眠。枕的是木頭墩。汗酸油垢氣味沖鼻子，蝨子、臭蟲放肆地爬行。屋子裡閃星露月，四面透風，牆壁被煙熏火燎得烏漆麻黑。外屋地東西兩口鍋灶，供花子們輪流做飯熱飯用的。做飯取暖的燒柴是花子們在柴草市上要的。賣柴火的車老闆子已經習慣花子們的規矩，在柴草市，見到了花子，就主動扔下幾捆柴。否則，花子們就不客氣了，左拽一把，右扯一抱，哩哩啦啦掉得滿地都是。你罵不是，打又不是，還不如主動扔下幾捆，打發了事。再說，大冷的天，花子們赤皮露肉的，凍得瑟瑟發抖，怪可憐人的，人心畢竟是肉長的。

就是住這樣的花子房，花子們每人每宿還要交三分錢。要來的米面和飯菜都要交給筐頭，由筐頭按等級分配。花子王根本不吃花子們討來的飯菜、糧食，飯菜、糧食全餵豬了。房後有個大豬圈，養了十幾口肥豬，每年都出幾次圈。光這一項，花子王也有一筆不小的收入。

跟花子們混熟了，守武逐漸懂得一些花子房裡的規矩。一尋思這幾年自己的行徑，不禁啞然失笑。原來自己無師自通，早就幹著「靠死扇」的勾當。靠死扇是花子行中的一項分工，多裝斯文、莊重的樣子，把自己說成是過路人，缺少盤費，求人接濟點兒，回家後一定按數償還；或扮作莊稼人，假托家中某某人生病，化點百家米百家面，解脫災厄。他一琢磨，幹這行自己駕輕就熟，於是就主動提出去幹「靠死扇」。董老歪沒打撥回兒，一口答應了，還說先幹著，幹好了，還有好差事等著他。

守武背上褡褳，穿上了董老歪發給的花子服──陰陽衣（裡面是藍衣衫，外面罩上一件衣裳）走商行，串買賣，跑糧戶。他的三寸不爛之舌，大顯威

力，說得婦道人直掉眼淚，說得叔叔大爺們直打咳聲，可勁兒地給他小錢，給他米面，給他飯菜，還給他衣帽鞋襪。每次回來，交割完要來的東西，董老歪都樂得喜眉喜眼的，一個勁兒地誇他能幹。

　　別以為董老歪是花子們的領頭人就不起眼了，沒那麼簡單。他也是地面上的一個人物頭。他外交官府，內結家門，交遊廣，吃得開。他有兩房老婆，大老婆在集鎮的北頭住，年節時他回去照看幾天，住在花子房裡的這個年輕女人是他的小老婆。這女人姓花，名仁，鄰里和花子們背後都叫她小花人兒。她原來是窯子裡的妓女，後被嫖客贖出從了良，幾經轉手，到董老歪手下還不過兩年。她風流浪蕩慣了，怎能耐得住花子房裡的寂寞！她對董老歪這條老乾柴棒子，早已厭膩了！只是侷限在花子房裡，接觸的全都是瘸老病瞎的窮花子，見了就倒胃口。她的心早就想著飛出花子房的院牆，恨不能再回到燈紅酒綠的世界裡去。但這只是空自興嘆而已。男人都不是好東西，玩夠了，就像對待牲口似的，倒手轉賣。她嗟嘆自己的命不好。也就是在這時，老天把守武送到她的面前。覷著守武那身材那皮膚，那五官那神情，她心猿意馬，怦然心動。老黃牛要挑嫩草啃，於是便頓生一計，促使董老歪收下了守武。從此，她就把一門心思都用在守武身上。可是守武似乎不開竅，她的眼波她的話語，他似乎都沒上心在意。這很令她失望，但她並沒有灰心，雖然她比他大十多歲，但她不覺得自己老，她還有女人的魅力，她自信這小要飯花子早晚會落在她的股掌之中任其撫弄。這是後話了。

　　守武很能討董老歪的歡心，一個是他善解人意，投其所好，二是他能給花子房撈外快。董老歪看著他順眼，待承他格外好。天黑了，花子們都睡下了，他還經常把守武叫到正房的東屋，叫小花人炒幾個菜，燙壺酒，倆人對酌一番。小花人格外熱情格外賣力，拿出她看家的本領，或烹炒，或蒸炸，捨得多擱油多放肉，香滋辣味的，能薰香了滿院子，饞得東西廂房裡的花子們翻過來倒過去，睡不好覺。

原來梨花塢的花子房在管理上大致分兩個部分，一是瘸瞎病老聾啞呆傻的，二是有一技之長的，如打呱嗒板的、打撒拉金的、打煙袋桿的、打飯碗碴子的、打哈拉巴骨的，外加「靠活扇的」。「靠活扇」的一般會敲打物件、編幾句順口溜，如過年送財喜神，或到買賣家唱喜歌的。無疑，這後部分的地位相對高一些，所以住東廂房，而前部分的就低人一等，就住西廂房。花子們各有分工，量材使用。筐頭下面有十來個小頭目，都各司其職，如落子頭、幫落子、扇子、舀子、破頭、相府、小落子、吃米、硬桿、軟桿等。

守武精明能幹，加上小花人經常給董老歪吹枕頭風，地位得到了鞏固。守武也會來事，天天口吐蓮花，奉承阿諛董老歪。溜須捧聖總比罵人好聽。董老歪已叫守武抹弄得暈暈乎乎。守武由一般的靠死扇，一下子當上了落子頭。落子頭其實是花子房裡的軍師，是領隊要糧討錢的頭頭，專跟大糧戶、買賣家打交道。這還不算，董老歪還想把守武收為乾兒子，以便日後接他的班。他五十多歲了，還沒個兒子，為接班人的問題常常煩惱過。他把這個想法跟小花人一說，小花人伸出大拇指頭表示贊成。

這天夜裡，董老歪又請守武喝酒。小花人也能喝兩盅。三個人脫了鞋，盤腿坐在炕桌前，形成三足鼎立之勢。董老歪這人雖然貪杯，但酒量不大。喝下第一杯，話語就多；喝下第二杯，就暈頭轉向；喝下第三杯，就雲山霧罩，你就是喊孫子，他也答應；喝下第四杯，就里拉歪斜，拿不成個兒；若是喝下第五杯，就人事不知，一覺睡到明朝日頭紅。

當下董老歪喝下第一杯，舌頭就覺得短了一截，但話不能不說：寧、寧守、武，我就看你順眼，我就、就信實、實了你，日、日後有一天，這筐頭就、就是你、你的。我、我還沒、沒個兒、兒子……

說到這裡，他唔啦唔啦就想哭。小花人給守武使了個眼色，用腳在炕桌下勾了守武的腳一下說，還不快給你乾爹磕頭！這才提醒了守武，立時把腳從炕桌下抽出，跪在炕沿上，「梆梆梆」給董老歪磕了三個響頭，還甜嘴巴舍地說：乾爹，請你老人家接下兒子這三個響頭，打這以後，咱就是父子爺們了，

就是一家人了。從此，守武就隨了董老歪的姓，叫董守武了。

董老歪聽了這話，差點樂出鼻涕泡來，守武一口一個「乾爹」地叫著，他答應得槓口甜。守武自來靈通，不用小花人點撥，立馬給董老歪篩酒敬酒。每敬一杯都有名堂，都有說道。董老歪一高興，那酒吞嚥得就順當，不一會兒，第五杯酒就落了肚。

董老歪就是五杯的量，喝到第五杯，人也就「拉迷」了，一頭歪在行李捲兒上，身子蜷縮著，呼呼打起鼾聲來。

這可給小花人創造了方便條件。她見董老歪睡得像死狗似的，就說：他睡他的，咱喝咱的。來，滿上，喝。

開始還循規蹈矩，有體統有分寸，喝著喝著就離了譜。小花人是風月場中人，極諳此道。她乜斜著眼睛，端起自己的酒杯，也不謙讓，一口乾了。這就叫推杯換盞。接著又把自己啃了幾口的豬手硬逼著守武啃，守武啃了。接著不是掐一把就是摩挲一把，越發狂浪起來。守武也是個血肉之軀，有七情六慾，小花人這些天的言談舉止，他也吧嗒出一點兒滋味來，只是懼於自己是個要飯花子，怎敢打筐頭小老婆的歪主意，豈不是癩蛤蟆想吃天鵝肉，於是就裝糊塗，未敢造次。他尤其怕那根黑驢鞭子。他即使有那賊心，卻沒有那賊膽。酒這玩意兒挺有意思，既能蓋臉，也能壯膽，還能鼓脹情緒。這不，他終于禁不住小花人露骨的挑逗和撩撥，也投桃報李，兩個人情緒激盪，有如烈火乾柴，守著鼾聲如雷的董老歪，一個佻達，一個放蕩，飛眉走眼，打情罵俏，動手動腳，猥褻戲謔。誰也沒曾料到，恰在這時，蜷縮在被垛根的董老歪卻喝喊一聲：他媽的！

兩人被嚇得一激靈，酒杯、筷子掉落炕上，轉身一瞅，董老歪噴著酒氣，呼嚕不斷。剛才他是在說夢話哩。

媽的，這死鬼。小花人輕蔑地罵了一句。

董老歪的這一聲喝喊，也喚醒了他們的理智。誰個不怕事情敗露！那黑驢鞭子可不是吃素的，打死人是不償命的呀！

守武立即一撐鴨子腿，以屁股蛋作支點，身子轉了大半周，伸出腳在地上劃拉鞋，也顧不上提鞋了，賊似的竄出屋，溜回東廂房，鑽進那又髒又臭的「羊毛被」裡，心兒還在不停地跳動。

董老歪叫守武給溜得滴溜轉，那真是百依百順，言聽計從。下面那些小花子也格外高看守武一眼，看著他的眼色行事。這年臘月二十三的所謂「蟻幫」行動，守武的才幹得以充分展示，從而加深了他在花子王董老歪心目中不可動搖的好印象，也奠定了他在花子房中不可或缺的牢固地位。

原來花子房在每年的端午節、中秋節和小年這幾個重大節日裡都要搞一次「蟻幫」活動。所謂「蟻幫」活動，就是眾花子們在筐頭的組織帶領下，到鄉鎮碼頭集體討要。前一兩天，花子們都做好了充分準備，雇好兩輛大車，花子們的挎筐、褡子都要準備妥帖，那些打哈拉巴骨、呱嗒板和撒拉金的都要準備好道具。每輛車子上還要插上「奉旨要糧」的木牌。節日那天，花子們結隊出發，浩浩蕩蕩，也頗有幾分威儀。

今年過小年這天，筐頭董老歪身體不大自在，另外，在小花人撮弄下，董老歪也想叫乾兒子出出頭露露臉，經經陣勢，鍛鍊鍛鍊。不用小花人多嘮叨什麼，守武深知這次機會之難得和重要。他心目中早就考慮好這次活動的線路、重點戶和所要達到的經濟目標。他事前已經對境內富戶的家產和當家人的情況摸清了底細。這說明他頗有頭腦頗有心計也頗為練達。別看這支隊伍穿戴得五顏六色、破爛不堪，人員構成是瘸瞎鼻失、鰥寡孤獨，攜帶的用具不倫不類、千奇百怪，但他們的能量確實不可小覷。他們行走起來不成行伍，離離拉拉，像一群殘兵敗將，但他們內部有嚴密的組織分工、規章制度和行業俗語。如果說守武帶領的這群烏合之眾是到商家糧戶去討要，不如說是去敲詐勒索勒大脖子更恰當。花子們本來是值得同情的窮苦人，但經過這樣的組織和導演，則與吃大戶吃雜巴地的就沒多大的區分。這也是二十世紀初關東大地興起的一種極為特殊的民俗事象。

每到一家，花子們就麇集大門外，先是念喜歌唱讚美詩的出頭念唱；索取的如果不是所期望的那樣多，就響起呱嗒板、撒拉金、哈拉巴骨、木棍、碗碟的敲打聲，還伴著順口溜、蓮花落，多是乞討哀求的內容；仍不見效，什麼難聽罵什麼，什麼惡毒詛咒什麼；再不見效，就死給你看，或掏出刀子片下一塊大腿肉糊在大門扇上，或把繩子套在半死不活的花子的脖頸上要往大門框上掛，或用石塊磚頭砸自己的腦袋，腦袋被砸得像血葫蘆似的。這些辦法都不見效，就點起火把在柴火堆前轉，說是要烤火，實則是威脅要挾，要縱火燒宅。一般人家都很難搪過這幾關，尤其年節時日，或紅白喜事，都想圖個吉利順當，都咬咬牙出點血了事。

　　掙紮在飢寒交迫境地的窮苦百姓的麻木可憐的乞討行為一旦被流氓惡棍所操縱利用就會變滋變味，就會扭曲變形，就會產生如此奇怪的負面效應，這是窮苦百姓的極大的悲哀。

　　這一年的「蟻幫」活動，在守武帶領下，收效非常可觀。花子們肩背手拎，滿載而歸，兩輛大車塞得滿滿登登，有粳米、高粱米、白面、大豆、小豆，有黏豆包、黏火燒、年糕，甚至還有豬頭、豬肉杴子和軟硬下水。

　　這些東西都交給董老歪。董老歪和小花人樂得拍手打掌、眉開眼笑，一迭連聲地誇獎守武。花子們滿以為能過上個肥年，誰料到董老歪把這些東西全賣了，換成了小銀洋和奉票，揣進自己的腰包。除夕晚上，花子們得頂風冒雪去乞討些殘羹剩飯，有的就凍死餓死在原野，抱了路倒。

　　從此守武更加得寵了。幾乎天天晚上三個人都喝酒。董老歪喝過五杯就二馬天堂地睡得像只死豬。小花人和守武終於動起真格兒的來。柔情蜜意後，守武趿拉著鞋殼拉，帶著一身的酒氣和愜意，回到東廂房的南炕頭，沉入甜美的夢鄉。

　　打春過後，天氣變暖，沿流水順著河床冰面汨汨流淌，夜間氣溫變冷，結了一層厚厚的冰，但第二天又有新的沿流水在新結的冰面上流淌。隨著天氣的

日漸暖和，沿流水終於變成洶湧的激流，衝決了幾層冰面，最後拱起了老冰排。河流和溝汊都漂浮著大小不一、形狀各異的冰塊。

春天來了，花子們的日子好過了。一個冬天，到底凍死多少個花子，沒人去計數，只有花子房的筐頭對此最敏感最認真。花子住花子房要花錢，就這三五分錢也難壞了食不果腹、衣不遮體的花子。有的只好去蹲廟台，去摟買賣家的煙筒脖子取暖。還有的到集上過寒夜。賣熟食的把鍋扒走，鍋灶還有餘熱，這也是花子們取暖的好去處。一場大風雪過後，梨花塢的街面上都會有幾個十幾個死倒。這時，花子王就命令花子們去收屍，運回來，就堆放在東耳房和西耳房裡。這也是一筆不小的進項。天一變暖，花子王就到買賣家、糧戶、區縣衙門去募捐，去活動。那些屍體，自有辦法處置，花子王命令花子們把屍體運到南崗，那兒有秋天就挖好的大壙子，把屍體全推進去，再培上土。募集到的喪葬款項，全進了花子王的腰包。

花子王抵得上一個不大不小的財主。

今年喪葬費的募集，董老歪有意叫守武出面。他在秋天的「蟻幫」活動中嚐到了甜頭，他想通過守武的手，用死花子的屍體，賺回更多的錢。

守武又得以大顯身手。他打著乾爹花子王的旗號，搖唇鼓舌，竭心儘力，一傢伙硬是募集來六十元銀洋，外加二十兩大煙土。董老歪樂得合不攏嘴。守武就是他的一棵搖錢樹，他更加喜愛守武了。

守武個人雖然沒得到多少錢財物，但他跟地方上的劉保董、張鄉約，跟商家、糧戶搭上橋，眼界擴展了不少，心眼也長了許多，甚至跟區長也能說上話。這為他日後的騰達作了有力的鋪墊。

他和小花人的勾當，稍有點心眼的花子都看在眼裡明在心上，就是不敢聲張。這三個人都主宰他們的命運，哪個也得罪不起，弄不好，那黑驢鞭子能叫你窩老喪命。

但也有不知屍臭的，那個獨眼斜視的花子就是一個。在花子房裡他本來是個有頭有臉的人，整天身前身後侍候董老歪，董老歪也常叫他跑個腿學個舌啥

的，他就覺得挺體面，不知自己是幾斤幾兩了。自打來了小白臉子守武，就把他晾一邊去了，好事全叫小白臉子占去了。他每況愈下，最後被劃歸幫落子的堆裡。幫落子是幹啥的？是落子頭的幫手，得不怕死，得敢玩命。他是個獨眼龍，只會溜鬚拍馬，啥能耐沒有。再說分份子時，他只能落個半份。花子就是以乞討為生，一樣地出力，卻分了個半份，他能不窩囊？有氣有恨，嚼巴嚼巴嚥下算了，他能忍。這一天，他把攢了幾個月的小錢歸攏一起，一查點，足有兩角。天天見守武到筐頭家吃香的喝辣的，他是又氣又饞。如今有了這兩角錢，也夠解解饞了。他來到酒館，把兩角錢往桌子上一拍，要了一壺酒兩個炒菜。他是個不勝酒力的人，菜吃光了，酒壺喝乾了，人也醉醺醺的了。他趔趔趄趄走回花子房，剛坐在炕沿上，那酒勁就往上衝。酒是膽，這話不假。他的話語就多起來，罵這個花子是犢子，罵那個花子是三孫子，最後大罵王八頭、綠帽子、小白臉子、小妖精，屬家雀的貨——窩裡臭窩裡亂。罵得花子們大眼瞪小眼，驚得花子們舌頭吐出半截收不回來。

小花人和守武正在東屋裡鬼混，聽得這一聲罵，也吃了一驚。幸好這時董老歪不在，他被劉保董請去喝酒了。

獨眼龍罵了一陣，困勁上來了，就鑽進「羊毛被」裡呼呼睡下了。他不知道，他已經惹下了塌天大禍。

花子房又趨於寂靜。守武和小花人在東屋裡嘀咕了一陣，守武就像個幽靈似的閃身出來，回到東廂房，一頭鑽進南炕頭的「羊毛被」裡。

也就是腳前腳後的工夫，董老歪跟頭把式地回來了。他拉開正房東屋的門。

躺在炕上的守武豎起耳朵聽著正房東屋裡的每一個細小的聲音。先是小花人抽抽搭搭的哭泣聲，繼而是她放潑似的號啕聲，再接著是叫罵聲：你個老乾柴棒子，你個沒膿水的窩囊廢，人都騎我脖頸拉屎了，你還在那當縮頭烏龜，怨不得人家罵你是王八頭、綠帽子！嗚，我的命好苦啊！

你別他媽的憋裡巴屈地說些沒腦袋沒腔的話。你說，是誰欺負了你？是哪個吃了豹子膽，敢、敢罵我？

守武躺在又酸又臭的「羊毛被」裡暗自高興，有好瞧的，這可真是倒楣鬼遇到了喪門神。

一陣低語聲。岑寂片刻，是董老歪的號叫聲：他娘的，反了不成！我就不信馬王爺有三隻眼，還怕你獨眼龍不成！

東屋亮起了燈，繼而三間正房燈火通明。急促的開門聲，急促的腳步聲，伴著罵罵咧咧的聲音。

守武，快起來，把獨眼龍給我提溜來！

守武本來就沒脫衣裳，就等著這一聲呼喚。他麻溜爬起來，跳下炕，蹬上鞋，幾步竄出門。

當家的，有啥事儘管吩咐，兒子來了！

只能聽到董老歪呼哧呼哧的喘氣聲。

到雞窩抓，抓只老母雞來，再，再把獨眼龍給，給我提溜來！

他一喝酒舌頭就不利索，就結巴。

守武答應得響快乾脆：好——哩。

他知道要發生什麼事情了。

他「嘩啦」一聲踹開西廂房的門，把正睡得迷迷瞪瞪的獨眼龍拎了出來。獨眼龍睡眼惺忪，被弄得懵懵懂懂，不乾不淨地罵著：別鬧了，做啥呀？我操你祖宗！

啪！啪！董老歪掄圓了黑驢鞭子，衝他腦袋狠狠抽了兩下子，罵道：媽了個巴子的，反了你了！

獨眼龍用手摀著那隻獨眼，疼得嗷嗷直叫。他清醒過來了，只是還不明白剛才酒後都胡咧咧些什麼，一時說不清道不明，只得含含糊糊地說：當家的，我錯了，我不是人！

他甩起兩手，左右開弓，掌自己的嘴巴。可這豈能解掉董老歪心頭之恨？

怎能動搖他既定的決心？他盯著手裡拎只老母雞的守武，沒好氣地喝道：還愣著幹毛？把他提溜到上屋，在范丹老祖的牌位前，按幫規處置。

獨眼龍墜著身子不肯走，一門求饒，但終歸還是被拽到正房的東屋。小花人早已端坐在供桌旁，淚痕縱橫，滿臉的殺氣。董老歪討好地朝她咧嘴笑笑，意思是這回該滿意了吧。但卻討了個沒趣，小花人把臉扭向一邊，哼了一聲，又擠出幾滴眼淚，一派嬌滴滴可憐人的樣子。

屋子裡一派肅殺氣氛。香爐裡香菸繚繞，花子王的黑驢鞭子就橫在范丹老祖的牌位前。董老歪懷抱母雞，恭恭敬敬地給范丹老祖作揖叩頭，有如作法的神漢，口中唸唸有詞：老祖宗，按你的教諭，我要依幫規幫法行事了，以保我丐幫純正無邪！

他立時變了個人似的，面目扭曲猙獰，兩眼噴火，扯過黑驢鞭沖跪在地上嚇得渾身篩糠的獨眼龍惡狠狠地猛抽起來。獨眼龍高聲呼叫，在地上打滾，身子扭曲蚵動。那黑驢鞭子雨點般抽打下來。只幾十鞭子，獨眼龍的身子就挺直了，不喊不叫了。董老歪打累了，把鞭子扔給守武，命令道：給我狠狠打，往死裡打！

守武拾起了鞭子朝獨眼龍身上抽去。他覺得彷彿是抽打在死豬死狗身上，沒有任何反應，也就沒有興味，內心反覺得愧怍和恐懼。雖然獨眼龍也不值得同情，但強梁欺凌弱小，而且他也摻和其中，一起行兇作惡，些許懺悔和痛苦，齧咬著撕扯著他的心。但這只是一剎那的意識流動。他只能這樣做，否則現在被鞭笞的就不是獨眼龍，而是他自己。要活下去，活得體面，總得找替死鬼。其實獨眼龍已經死了，就是他獨創的混賬邏輯支撐著他，仍機械地抽打著抽打著，他覺得抽打的好像不是獨眼龍，抽打的是他的良心，是無邊無際的空間。

可憐的瘦弱不堪的獨眼龍，就這樣悽慘地死了。他被胡亂埋葬在南崗的深溝裡。

也就是在獨眼龍死去的第七天的夜間，董老歪、小花人和守武，三人又圍

在炕桌前豪飲。董老歪其實並沒有多喝，僅僅五杯，就死豬似的睡去了。這一睡再也沒能醒過來。

發送董老歪的葬禮還算莊重。在家停靈三天，小花人和守武為他披麻戴孝，哭得死去活來。梨花塢的劉保董、張鄉約都送了幛子、挽額。

有人說，董老歪一準是喝酒喝死的；有人說是小花人在董老歪的酒杯裡放了什麼毒物，將其害死的；還有人說是小花人同守武合謀，用酒毒死了董老歪。

說歸說，可也沒法兒較真兒。在那兵荒馬亂的年月，在那淒涼漠遠的松遼大地，誰肯去為一個令人厭惡又令人懼怕的花子頭的死辨個虛實明白？

他和獨眼龍一樣死得闃無聲息，糊裡糊塗，所不同的，一個是花子王，一個是花子。

花子房裡一日不可無主。在董老歪死後的第十天，劉保董、張鄉約研究敲定，跟區上通了通氣，就讓董老歪的義子董守武接了梨花塢花子房筐頭的職。

這一年，花子王董守武正好是二十六歲。

四

守德一人，懷揣著狗頭金和那塊鐵鍋碴兒，在長白山地區，在松花江邊，遊走奔波。他十分珍惜這兩樣東西，有了狗頭金，找到了宋老疙瘩就能贖回守賢。不能丟棄小妹，那樣的話就愧對死去的父母，將來也無顏見兩個兄弟。那塊鐵鍋碴兒，他一刻也沒讓它離開過身。那是兄弟們相會的信物。為了找到宋老疙瘩，他什麼苦都吃了，什麼罪都遭了。他到長白山木幫裡伐過木，幾乎被迎山倒的大樹砸成肉泥爛醬。他在松花江、鴨綠江上放過排。歷經千難萬險，到船廠，到安東，都沒尋找到宋老疙瘩的影子。他跟人上山打獵下河捕魚，進老林子挖參。他獵獲過老虎、紫貂，也挖到過老山參，都換成錢，裝在錢褡子裡。他住過關東的大車店，也住過排窩子、網房子，他蹲過各類花子房，也跟二人轉戲班跑過江湖。他不會唱不會扭，只會背背扛扛出大力，不在乎掙錢多

少，就是幻想在人多的地方能找到宋老疙瘩，找到小妹守賢。

　　帶著狗頭金和銀洋四處飄蕩實在不安全。有一次從長白山的二十道溝沿著鴨綠江向安東放排時，他把這些貴重物品隨身帶著。在安東關了餉，就「起旱」（陸路上北行）奔往裡城家，尋找父親的墳墓，還有那株老槐樹和那座古廟。走在古驛道上，又來到了柳條邊和荒圮的邊台。父親的墳上已雜草叢生，還長出幾棵瘦弱的小樹，迎著北風，瑟瑟抖動，彷彿在向他訴說什麼。他跪在父親墓前，痛哭流涕。他向父親訴說自己的過失，他說只要還有一口氣，就一定要找回小守賢；他說將來一定把兄弟小妹帶到父親墓前，添土圓墳。他又到諸路神仙合署辦公的破廟裡磕頭禱告，求神保佑，找回小妹，保佑兩個走失的弟弟平安無事。將來兄弟們喜得相聚，一定香火侍奉，重修廟宇。

　　他來到老槐樹下，把狗頭金和銀洋全埋在樹根下。只帶著那塊鐵鍋碴兒，沿著古驛道，躑躅北行。到了赫爾蘇，那棵老紅松依然屹立路邊，枝葉婆娑，摩挲藍天。那場災厄又重映腦際。就是在這棵老紅松樹下，他們被土匪沖散。觸景生情，禁不住潸然淚下，大放悲聲。

　　他才三十歲，卻顯得老相多了。背有點駝，國字臉上過早地鏤刻著條條皺紋，掃帚眉耷拉著。

　　他又上路了，走向幽深荒漠的北大荒。冥冥中他有種感覺，一定能找到宋老疙瘩，一定會找上小妹。

　　他沒能找到宋老疙瘩，卻在一個地名叫絞桿頂子的深山裡被絡子截了道。這是股小絡子，七八個人，有洋炮、鐵公雞。他被搜身，被痛打一頓，結果身上崩子皆無。鬍子們挺懊喪，要「點了」（槍斃）他，解解穢氣。一個鬍子卻攔擋說：點不得！點不得！你好大的膽子。這若要在以前沒啥了不得的，現在可不中。大當家的睡了（死了），新當家的剛上任，新報了字號叫「滾刀肉」，還新立了約法三章，第一條就是不許劫殺鰥寡孤獨及窮苦貧寒之人，你怎麼忘了？這個新當家的可是不開面兒的主兒，你活膩味了吧。

　　那個鬍子一皺眉頭，朝守德的屁股狠踹上一腳，罵道：滾你媽的吧，你個

窮光蛋喪門星！

守德被踹了個前趴子，老半天才爬起來，含著一肚子怨憤上路了。在那個時代，遍地是草頭王，官府不管他們，窮苦百姓只有窩扁受氣的份兒，還敢說個啥？鬍子們對話中的「滾刀肉」三個字不知怎麼老往腦袋瓜子裡鑽。二弟守文外號叫「滾刀肉」，可他是本分人家的孩子，怎能去當鬍子頭兒？笑話。他自我否定了，心裡就感到一陣寬慰。

這一天，他來到沙坨子集，待了幾天，也沒打聽到宋老疙瘩的消息。當地的好心人告訴他，可到梨花塢試試。沙坨子集與梨花塢是兩個並行的區劃地域。沙坨子集靠近長白山，而梨花塢瀕臨松花江。兩地相距二十里路，人們互相往來頻繁。聽說梨花塢是個水旱碼頭，人煙稠密，商家也多。他決定到梨花塢去，說不定能摸到宋老疙瘩的影子。

梨花塢緊靠在松花江南岸的江臉子上。松花江流到這兒向右一個大甩彎，衝擊出三面臨水一面靠山的半月形平地。這就是梨花塢地面。因為梨花塢是個較繁華的地場，除區長、鄉約等地方官吏外，縣裡還委派一個保董，管著五個民團團丁。雖說只有一條雞腸子形的曲裡拐彎的窄小街道，卻很熱鬧。靠江有碼頭，船伕、排夫和網戶達的漁人在這靠攏時，斷不了上岸享樂一番。山裡的土產品和松花江裡的水產品在這兒集散。商家多，自然也有車店、妓院、澡堂、飯館等。

守德到這兩眼一抹黑，只得靠嘴巴問路尋人。在一座木樓前，見幾個打扮妖冶的女人正在與行人周旋調笑。門前紅燈明燭，還掛著玻璃鏡框內鑲著女人照片及文字說明的宣傳牌。二樓大紅燈籠下高懸橫匾，上書「娛心堂」三個大字。守德雖不識字，卻知道這是妓院。算計起來，守賢現在已經十七八歲了，保不準宋老疙瘩把她賣到窯子裡，這也是他最擔心最害怕的事情。鏡框裡的粉面麗人，個個妖裡妖氣，看了怪不舒服的。找識字的人念一下照片底下的名字，沒有一個叫寧守賢的，他這才放下心舒了口氣：我本來就不相信守賢能跑到這種地方來。聽人議論，新來了一個妓女，名叫牙籤，紅得發紫，連區長和

鄉約都給老鴇花高價出她的條子，接到酒樓裡去消遣。大紅燈籠下一個鏡框裡單獨鑲著一個窯姐的照片，過往行人都無例外地瞄上幾眼。這就是牙籤。眉清目秀，臉盤兒俊俏。守德不屑細瞅，只瞥了一眼，心下道：俺守賢才不會是這號人哩。就腳步匆匆地走過去，在一個小巷裡，找了爿七分錢一宿的雞毛小店住下了。從烏拉勒裡掏出來沒被鬍子搜刮去的零散毛票，交了店費，就坐在炕沿上就著開水吃煎餅。

這些年，他已經形成習慣，每到一地，跟人談嘮，轉彎抹角地就扯到寧守賢和宋老疙瘩。但幾乎每次都令他失望，人們的回答是一致的，沒聽說這樣兩個人。

唯獨這次有了例外。

他邊吃煎餅邊跟小店掌櫃的天南地北地嘮扯起來。話題自然要轉到守賢和宋老疙瘩上。店掌櫃的祖輩住在梨花塢，是梨花塢的一本活字典。

寧守賢？店掌櫃的陷入沉思，復又搖搖頭。宋老疙瘩？好像有這麼個人，六十多歲，車軸子漢，腦瓜已經謝了頂，大夥都叫他宋禿子，在梨花塢待過，不怎麼本分，沒個人樣，頭幾年聽說在江北鹼廠給人家拉幫套。他年歲大了，還瘸了一條腿，拉不動套股子了，叫那家女人給蹬了。最近流落到梨花塢，還在花子房裡抱蹲哩。

踏破鐵鞋無覓處，得來全不費工夫。一準是宋老疙瘩，長相像，還沒斷了拉幫套的習氣。

他立馬要到花子房去，會會這個宋禿子。

也是該著他們兄弟倆不能見面。守德來到花子房，卻沒有見到守武。原來快到端午節了，新任花子房的筐頭守武要發個財撈一把，就親自出馬，帶領能動彈的花子們到鄉下去搞「蟻幫」乞討。花子房裡的事情就叫小花人照看照看。小花人整天就光顧著吃喝穿戴，哪有心思管這些！剩下的老弱病殘的花子就自己護拉自己，只要每人每天給她交上三分錢房錢就中。守德來到花子房，

花子們告訴他，宋禿子到街裡討要去了。他就離開花子房往回走。走到羅鍋橋，見一個人拄著拐棍，背著褡褳，一瘸一拐地往這邊移動腳步。守德心裡一陣緊張，就加快了步子。他猜測到，這人八成是宋老疙瘩。

這人果真是宋老疙瘩。他穿得破衣囉唆的，渾身髒兮兮的。拔了頂的腦門閃閃發光。他行動遲緩笨拙，黑白眼球界限模糊，黑眼仁也昏漿漿的。誰能相信這就是十年前長白山地區出了名的小能人宋老疙瘩？

你還認識我嗎？守德的聲音透著嚴厲，他極力壓抑著憤懣和仇恨。

宋老疙瘩仰起佈滿皺紋的老臉，迷惘地瞅著他，怯怯的，搖搖頭。

我是寧守德，你怎麼能忘？

宋老疙瘩覷著眼睛，挖掘著記憶，仔仔細細打量著，沉思一會兒，仍搖搖頭：寧守德？哪個寧守德？

守德氣不打一處來，以為他是裝傻沖愣，就高聲嚷道：九股流，冬狗子爺，淘金，狗頭金！

宋老疙瘩的眼睛忽地亮了：你？你就是那個寧老大？他湊近寧守德，仰起臉，仔細認真地端量著。

歲月無情地雕飾著每個人的面容。況且，他與守德在一起僅僅十來天，印象不可能那麼深刻。他心存疑慮，但九股流、冬狗子爺、狗頭金都不會差的。只能是他，不會是另一個人。十多年，他無時無刻不在追趕狗頭金。如今已窮途末路，想不到狗頭金忽又從天而降。在他的心目中，寧老大就是狗頭金。一種巨大的貪婪和狂喜攫住了他的心，同時夾雜著諸多的怨恨、失望和憤怒。

你還我的狗頭金！宋老疙瘩乾澀混濁的眼球射出貪慾和急不可耐的光：你還我的狗頭金！那能買多少房子多少地？我找得你好苦，整整十個年頭。

一滴混濁的淚珠從他眼窩中彈出，沿著佈滿污垢的臉頰、花白的鬍鬚，滴落在已分辨不清顏色的油亮的衣襟上。這淚水似乎含著多少委屈和懊喪。他的體內驀地升騰出一股力量，身子一躥，伸出雙手薅住了守德的襖領子，揪得死死的，生怕跑了似的：你還我的狗頭金！還我的狗頭金！

他似乎是瘋了，囁嚅著，淚水不停地流淌。

我也找了你十年啊！守德一揮手，不費什麼氣力就撥拉掉他的雙手，同時守德的雙手卻抓住了他胸前的破爛衣襟，一拖一抖地喊：我是要給你狗頭金，一定給你！但你一定得把小妹守賢還我。只要見到守賢，我二話不說，整個狗頭金全給你。你說，守賢在哪裡？快交出來，交出來！

他激憤得全身發抖，變聲變調地喊著。

遠處有幾個賣呆的花子聽著他們嚷叫。

宋老疙瘩彷彿從久遠的回憶中醒悟過來。在他的意識中，只有狗頭金，而那個小女孩，似乎是遙遠模糊的往事。

現在，他面臨著同樣是嚴酷的現實，興奮點由守德轉移到寧守賢，寧守賢就是狗頭金。而要交出寧守賢談何容易，比得狗頭金似乎更難。悔不當初，若知道那個小女孩有這麼大的價值，當初說啥也不能那麼做。他人格已喪失殆盡，已經沒有了做人的良心和羞愧，有的只是利害的抵消和加減。

守德從他的目光中讀到難度和恐懼。

宋老疙瘩好似洩了氣的皮球，軟塌下來。

一種恐懼和不祥襲上心頭，寧守德已經意識不到用了多大力氣抓扯著抖動著宋老疙瘩的衣襟。宋老疙瘩跟跟蹌蹌地錯動著腳步，終於支撐不住，跌倒在地。

他像一條癩皮狗，身子不扭不動，寧守德又扯著他的衣領把他拎起來：你說，守賢在哪兒？你把她弄到哪兒去了？你說，你說啊！宋老疙瘩咳出了堵在喉嚨裡的一口黏痰，倒吸了幾口氣，才有氣無力地說：死了。

不，不可能！守德一手拽著他的衣領，一手薅著他的鬍子，伸出大巴掌扇了他兩記耳光，扇得他滿臉開花。宋老疙瘩嗷嗷叫著，哀求著。守德激怒萬分，說：如果真死了，我就摘你的胰子！我掰你的腳趾蓋兒！我廢了你！

守德像一頭憤怒的獅子，此刻他什麼事都做得出。

宋老疙瘩的精神防線徹底崩潰，求生的慾望和僥倖心理驅動著他。他終於

說了實話：我把她賣了。

賣了？守德又氣又急：什麼時候賣的？賣給誰了？那塊鐵鍋碴兒呢？你說，你說！

當年冬，正趕上我手頭緊，就在紅松甸子把她——賣給一夥跑馬戲的。

守德蹲在地上呼呼喘粗氣。他終於冷靜下來。看來，光有狗頭金也贖不回守賢來。馬戲班四處闖江湖，很難抓住影子，況且已經是十年前的事了。而眼前這個無賴，其實是個廢物，他既不能走動，還老眼昏花豬腦子，但他對宋老疙瘩還寄託一線希望：宋禿子，宋老疙瘩，你聽著，我說話算數，你若能把守賢找回來，那塊狗頭金還歸你。

宋老疙瘩貪婪的目光在搜尋著他的全身。他冷笑一聲說：我還沒傻透腔，懷揣著狗頭金四處跑？守德說，狗頭金讓我藏在一個可靠的地方了。只要你還給我守賢，我立馬去取。男子漢大丈夫，絕不食言。

企圖重得狗頭金的慾望鼓脹著宋老疙瘩的心房。他從地上爬起來，覷著守德，巴望著說：這話當真？

當真。守德的咬肌鼓突：攙一丁點兒假，天打五雷轟！

有你這句話就中，我從根巴梢去找，你也去找，只是——

只是什麼？守德很不耐煩，很鄙視眼前這個金錢動物，他明白了宋老疙瘩的心意，就說：就是我找到了，那一半也給你。這回總可以了吧？

中，中！宋老疙瘩磕頭如搗蒜。

還有，那塊鐵鍋碴兒在哪裡？

鐵鍋碴兒？宋老疙瘩一愣神，終於想起來，討好地說：是有那麼塊鐵鍋碴兒，她寶貝疙瘩似的總揣在衣兜裡。問她有啥用項，她愣是不說。

守德點點頭，沒說什麼。宋老疙瘩當然也沒敢再問這塊鐵鍋碴兒的來歷。

臨分手時，守德站在羅鍋橋上，一字一句地說：記住，以冬狗子爺的口袋房子為聯絡地場，我每年冬季去一次。

宋老疙瘩哼哼唧唧答應著。他拾起褡褳和討飯棍，彎下腰拍打著身上的塵

土，步履蹣跚地向花子房走去。

守德望著他的已經彎腰駝背的身影，厭惡地啐了一口痰，眉頭緊蹙，甩開大步，沿著松花江左岸，向下遊走去。

守武的這次「蟻幫」乞討，效果大不如前次。他心裡怪窩火的。他已經學會抽大煙，這就得需要大量的錢，光靠收花子們的那點兒宿費和花子們乞討來的糧米錢財，還不夠塞牙縫子的。小花人的首飾油粉錢也是一筆不小的開支。他滿以為這次的「蟻幫」活動能拽回滿滿登登兩大車貨兒，折變成錢，也夠支撐半年的。沒承想，不走運，沒踩到點子上。原來絞桿頂子的絡子「滾刀肉」先下了手，把幾家大糧戶和商店綁了票，油水已差不多叫他擠乾了。輪到他去擼樹葉子，就沒有多少油水可撈了。這些人家已是死不起活不起，花子們的喜歌唱得再多再好，也打不起他們的精神頭兒，難得叫他們的臉上擠出一絲笑容來。你咒他罵他，你用尋死覓活的辦法去威脅他，他是死豬不怕燙，不為所動。為了贖票，他們賣房子賣地，高利貸錢，家底已經折騰空了，頂多給一升二升糧食就把你開付了。一般的小家小戶，頂多舀一碗米半碗麵給你，沒多大辣氣。不怕乞討的金剛，就怕家底精光，血招兒沒有。守武也告饒了，只好打道回府，心裡卻十分惱恨「滾刀肉」一夥。

回到花子房，卻意外地收到劉保董撒來的帖子。原來劉保董的老娘明天過六十大壽，要慶賀慶賀。地方上有頭臉的人都邀請了。花子王也是地面上的重要人物，能得到請帖，自然是臉上飛金。守武免不了心裡一陣竊喜，這多少減去了些由於這次的「蟻幫」乞討所生發的氣惱和不快。劉保董是縣裡委派的官兒，是地方上勢力人物，他又廣有田產，財大氣粗，妓院「娛心堂」他就出大半個股份，不少人巴結還搆不著簷兒呢，能得到他的請束，當然是件喜興事。回來的恰是時候，要是錯過日子，以後真不好跟劉保董交代。當即備下禮品，準備赴宴，並按花子房的規矩，找來十來個小頭目，仔細佈置安頓一番。

當天晚上，一個小頭目告訴他，十來天前，宋老疙瘩叫一個外來人好頓揍

巴。一個要飯花子被打，並不稀奇。守武只問了一句，打者是誰？現在何處？小頭目說，宋老疙瘩沒細說，好像他們還認識，有點兒過碼，那人已經走了。守武一是正籌備明日花子們如何趕禮的事，二是急於要和小花人溫存，就沒仔細追問，這事就壓下了。

第二天半頭晌，守武頭戴紅纓帽，身披麻袋片，兩手的指頭上戴著四五個金疙瘩，拎著黑驢鞭子，右手提著兩盒八大件果子，搖搖晃晃到劉保董家趕禮了。公共場合，花子王就是這麼個打扮，不倫不類，卻透著威嚴。

早有迎送的儐相接過禮品並向屋裡通報了。不一會兒，頭戴瓜皮帽、身穿長袍馬褂的劉保董笑哈哈地迎了出來。二人互相施禮，寒暄一陣，客套了一番。守武當即把黑驢鞭子掛在大門外的顯眼之處。這有說道，花子們見黑驢鞭子如同得了令旨，事事要循規蹈矩，不敢有違拗和差池。

守武被迎到東暖閣裡。他摘下紅纓帽，扯下麻袋片，露出裡面的對襟緞子馬褂，顯出一派紳士風度。八仙桌早已擺好茶具和煙具。劉保董請他坐在太師椅上，守武不坐，謙讓幾次，才坐在側座的一把太師椅子上。早有小打籂茶獻茶。喝了一杯茶，守武打起呵欠，露出倦意。劉保董馬上吩咐使女伺候筐頭抽菸。他自己去迎接別的客人去了，臨走時一再叮囑，一定要侍候好董爺，抽好、過好癮。守武也不客氣，爬上臥榻，側身躺下。使女遞上煙槍，把已烤好的煙泡給他摁上。他就著煙燈吸，使女用煙簽子給他挑弄著煙泡。他深深地吸了一口，又長長地吁了出去，他感到十分愜意舒暢。

客人基本來全了，慶賀壽誕的儀式也結束了，接著就是開宴。幾位有頭有臉的人物與守武同桌共酌，並不覺得掉價和有失身分。守武應酬自如，不卑不亢。劉保董給守武敬了一杯，自己也滿上，兩人一仰脖，全幹了。劉保董說，今天這場面就仰仗老弟維持了。守武說，這個自然，萬無一失。

與此同時，要給花子們分飯。這是規矩。如果打點不好花子，他們鬧起事來，不但有失大雅，也不吉利。梨花塢的花子，守武已做了部署和安排。外地來趕飯圈子的花子，見了這高懸的黑驢鞭子諒他們也不敢抖毛參翅。通常是花

子王給花子們分飯分菜，今天守武為了拿大擺譜就把這個權力交給了落子頭。

事情偏偏出在這一舉措上。

落子頭在花子房裡雖然地位重要，但總不及花子王顯赫。在分菜分飯時，勺子不可能那麼準。偏偏舀在宋老疙瘩飯罐裡的菜，湯多了些，肉少了幾塊。若是花子王打的，他會不言不語一走了事。可這是個落子頭，有什麼了不起，你只比我大那麼一丁點兒，你憑什麼少給我！況且你是落子頭，我是靠扇的，你也管不著我。於是就嘮叨幾句。落子頭也不是盞省油的燈，他想，筐頭這麼看重我，把這麼大的權力交給我了，我就得當得起這定盤星。宋禿子，你竟敢起刺拆我的台，沒門！於是就不乾不淨回敬幾句。宋老疙瘩豪橫一輩子慣了，現在落在這份上已是不甘心，想不到連這要飯花子也欺負到頭上來了，這口惡氣怎能嚥下！於是更加高聲地回罵起來。罵得花花綠綠，罵得有骨頭有肉，越罵越添彩，越罵越花花。這正是紅白喜事中的一大忌。勸架的、賣呆的，圍攏得水洩不通。這宴席叫宋老疙瘩給攪和了。

劉保董聽外面有吵鬧聲，心裡就發毛，趕忙走出去，見是兩個花子對罵，心裡折了個個兒，又氣又怕，急匆匆趕到東暖閣，先客氣說笑幾句，然後就附在守武耳邊嘀咕幾句。守武立時變了臉色，吃驚地說：竟有這等事？我去看看。

他走出屋門，來到院子裡，見宋老疙瘩正口吐白沫，罵得越發歡實。守武不動聲色，到大門外摘下黑驢鞭子，躡手躡腳走過來，舉起鞭子，沖正罵在興頭上的宋老疙瘩，劈頭蓋臉就掄了幾鞭子。宋老疙瘩被抽得蒙頭轉向，及至轉身看清是花子王守武，這才意識到自己闖了大禍。他挺機靈，立即跪下說，當家的息怒，我宋禿子混球一個。

宋老疙瘩今天的舉動不光傷了東家，還叫守武的臉上掛不住。哪壺不開提哪壺，守武也最擔心發生這類事情。恨從心頭起，惡向膽邊生。宋老疙瘩這句浮皮潦草的道歉認錯話，怎能平息他心中的憤怒！那鞭子掄得更急更狠了。宋老疙瘩倒在地上，疼得翻身打滾。早有幾個人勸說守武，他這才停下鞭子，命

令一個花子把他架回去，晚上再算總賬。守武也是個有頭腦的人，在喜慶宴席上打花子，這本身就有點兒令人尷尬，若是給打死了，那就等於給劉保董惹豁子捅婁子，那還了得。有人勸解，守武也樂得就坡下驢。

事情平息了。宴席照常進行。照舊觥籌交錯，照舊划拳行令，好像剛才什麼事情也沒有發生過。但人們的心裡，總覺得木格脹的，表面還得強顏歡笑，圓下這個場。劉保董老媽的壽誕過得還算可以。

散席送客時劉保董讓小打把早已封好的大紅包交給守武，說是送給花子們的賞錢，又另送給守武一個紅包。守武接了，又披上麻袋片，戴上紅纓帽，拎著黑驢鞭子，客客氣氣地退了席，在花子們的簇擁下，招搖過市，回到花子房去。

回家打開一看，兩個紅包各是小銀洋十元，守武的紅包裡還多了十個煙泡。

當然，這些小銀洋都歸守武所有。自古以來，給花子們的賞錢，只是個虛名，無一例外地都入了花子王的腰包。

守武發了個小財，也露了一次臉，但心裡蛄蛄蛹蛹的，老是翻騰個兒。為啥？宋老疙瘩把今天的好事給攪和了，他吃不住勁兒了，窩著一肚子火，憋了一肚子氣。在回花子房的路上，心裡就打好了譜，要狠狠收拾一下宋老疙瘩。他剛當筐頭不久，要想站穩腳跟，就得下狠碴子。就拿宋老疙瘩開刀，殺一儆百。

回到花子房，就把十來個小頭目喊到正房東屋，又叫人把倒在炕上的正在呻吟的宋老疙瘩拖來。

宋老疙瘩自知難搪這場暴打，乖乖地跪在地上，「梆梆」磕響頭。見宋老疙瘩這等草雞樣，他並沒有一點兒憐憫之心。他要借由頭煞氣。他冷不丁想起昨天晚上一個小頭目說過的宋老疙瘩被打一事，氣就不打一處來。你個熊蛋包，丟我梨花塢花子房的臉面。

再說打人的那人也太不把我這個筐頭放在眼裡，打完了，白不說黑不說地就走了，打狗還得看主人呢。他把惱恨那個人的火氣一併集中到宋老疙瘩身上。

他莊重地給范丹老祖的牌位上了三炷香，又伏地磕了三個頭，把黑驢鞭子供在供桌前，懷抱著一隻老母雞。花子們對花子王的這一個舉動都十分懼怕，個個都屏聲斂氣，屋裡寂靜異常。

宋老疙瘩預感到災難臨頭，跪在地上，匍匐爬行，頭朝守武的腳背磕著，連聲哀告祈求：當家的，饒我這條老命好接著給你效勞，你就免了這場打吧，省得累著氣著你。

宋老疙瘩很會說話，但守武不為所動。

十天前有人打了你？守武突然發問。

是，是，是有這麼檔子事，不過，不過，我也不覺咋疼。宋老疙瘩沒料到他會問這個，沒精神準備，回答得支離破碎，語無倫次。

他為什麼打你？

這個，這個，過去有點兒過碼，這事了結了。宋老疙瘩自有他的想法，企圖大事化小，小事化了。他深知，這見不得人的事一旦敗露，不僅證明他品行惡劣，還涉及那塊他夢寐以求的狗頭金。他日裡夜裡都惦記這塊狗頭金。他越藏藏掖掖，守武越覺得這事蹊蹺，有鬼，就越想弄個水落石出，於是大喝一聲：少給我打馬虎眼遮絡子，說，到底是什麼過碼？

守武已扯過那根黑驢鞭子了。

宋老疙瘩嚇得渾身篩糠，牙幫子打戰，磕頭如雞啄米。他一急之下就說出在九股流與人淘金的事情來。

那人是誰？守武非要刨根問底不可。

就是打我的那人。

我問你打你的那個人是誰？

宋老疙瘩越不想說，守武越發追問得緊。他只好招了：寧老大。

守武的身子一激靈，眼睛立時瞪得好大。姓寧，又是老大，這不能不引起他的注意，於是又問：叫寧什麼？

叫，叫──宋老疙瘩想了好一會兒，終於記起來了：叫寧，守德，對，是叫寧守德。

啊！守武幾乎掩飾不住自己的感情了，就再問：就他一個人？

守武還關心著守賢的命運，而這個情節恰恰是宋老疙瘩最說不出口的。於是他就撒謊說，就他一個人。

你胡說！守武憤怒地舉起鞭子。

宋老疙瘩終於道出了謀殺守德未成、騙走守賢作人質及賣了守賢的全過程。宋老疙瘩在述說這些時，怎麼也沒料到面前這個花子王與守德、守賢有什麼瓜葛，更沒料到他將面臨著滅頂之災。

這時的守武，面孔扭曲變形，激憤得渾身顫抖。畢竟是骨肉親情，他淚如泉湧。

他的內心活動十分複雜，既有復仇的因素，也有白天在劉保董家宋老疙瘩惹禍丟他臉面的因素，哪個輕哪個重，一時他也掂量不准。反正他是震怒了。這複雜的情感變成巨大的仇恨，裹挾著粗粗的黑驢鞭子，向宋老疙瘩的腦袋、身子無情地傾瀉下來。宋老疙瘩「當家的饒命」的聲音越來越弱，越來越細微，終於沒了聲息。這一回守武不是像鞭打獨眼龍那樣鞭打在死狗死豬身上的感覺，而是抽打在不共戴天的頭號敵人的身子上，是那樣解恨，那樣儘興。他享受到復仇後的快樂和滿足。他不覺得乏累，那鞭子呼呼生風，如挾雷裹電，如仇恨的旋風。屋內只有他的機械的抽打聲，那麼單調，那麼乏味。屋內的空氣凝固了，小頭目們都像蠟塑一般定格定位。

這就是那個溫文爾雅的小白臉子嗎？這就是對他們有生殺予奪權力的花子王嗎？

他們被震懾住了，個個瞠目結舌，如同站立著的木乃伊。

地上的宋老疙瘩已經變成一灘血一堆肉。

只是宋老疙瘩到死也不明白，他是犯了哪股風，中了什麼邪。

打死了宋老疙瘩，守武又打起呵欠，有了倦意，他又犯了煙癮。他本應根據宋老疙瘩提供的線索當即去追趕大哥守德，共同去尋找小妹守賢。但他現在脫不開身，花子房裡有好多事情待他去處理。花子房離不開他，他也離不開花子房。他太需要錢了，他得設法多劃拉錢。至於尋找兄妹的事，那隻好留待以後再說了。

劉保董和守武算是軋上關係了，兩個人好得一個吹簫一個捂眼。

這一天，劉保董請守武到家喝酒。喝完了酒，兩人就到東暖閣裡抽菸。過足了癮，兩人就坐在八仙桌前品茶，天南地北地閒嘮。嘮著嘮著就切入了正題，原來劉保董有求於守武。

實話跟你說了吧。沙坨子集的鄉約徐大巴掌跟咱是世仇。放牛溝那五坰平地，本是我爺爺跑馬占荒得來的，徐大巴掌一家是晚來的戶，緊挨著我們的地邊子跑馬占荒，愣把地界搣進我們的地裡，強占去兩坰地。打了多少年的官司了，錢花得像淌水，至今也沒個結果。那傢伙上結官府，下勾鬍子，方圓百里之內，人們都懼怕他三分。順著好吃，橫著難嚥，我嚥不下這口鳥氣。此仇不報非君子！

劉保董說得挺激動，幾乎要淌眼淚。

守武被說得丈二和尚，摸不著頭腦。自己既不是當官的，又不是鬍子，能替他報什麼仇雪什麼恨呢？一時耷拉下腦袋，不知如何是好。

劉保董似乎看透了守武的心思，接著就不緊不慢地說：其實賢弟如有相助之心，不費吹灰之力，就可使愚兄挽回面子，收回丟失的土地，也解了我心頭之恨。這對賢弟來說，只是舉手之勞。誰不知賢弟足智多謀，殺伐決斷自有一套。愚兄心裡是一百個佩服。

劉保董說得情辭懇切，又給守武頂高帽戴，守武就飄飄然暈乎乎，不知自個兒多輕多重了。他一拍胸脯，大包大攬地說：既是這樣，老兄有話只管說，

小弟就是頭拱地也得辦成，咱們是誰跟誰呀.

劉保董一拍大腿說：著，我就知道賢弟能給我這個面子，不會打奔兒！他湊近守武，神祕兮兮地說：賢弟的為人我瞭解，也信得過。有人到我這兒嚼舌根子，說董老歪死得蹊蹺，說是賢弟與小花人合謀害死的——說到這，他「啪」一拍桌子，嚇得守武身子一抖，手裡的茶杯跌落地上，打了個粉碎，那細碎的汗珠就從腦門子上滾落下來。劉保董覷得明白，忙軟聲和語地說：沒啥，沒啥。立即招呼小打來拾掇乾淨，又換上新杯，給守武斟上熱茶。守武還是心神不寧，汗流不止。

劉保董這是拍桌子嚇耗子，想借此要挾住守武，要他老老實實地為自己賣命。

劉保董又撿起剛才的話茬兒，顯得雍容大度的樣子說：他嚼他的舌根子，信不信由我，賢弟的為人，我敢拿腦袋瓜子擔保。

一席話，連敲打帶摩挲，把個守武弄得心驚肉跳，又麻麻酥酥。他俯首帖耳，徹底就範了。於是兩個人又倒在煙榻上，一邊吞雲吐霧，一邊詭秘地咬著舌頭，嘀咕了一陣子。一直到黑燈以後，守武才像個幽靈似的，竄出了劉保董家的大門，急步趕回花子房，關上正房的門，打開劉保董塞給他的紅包，一查點，整整十元小銀洋，還有十個煙泡。他清楚記得，劉保董說過，事成之後，還有更重的獎賞。他把攥緊的拳頭砸在供桌上，自言自語道：就這麼幹了！

不這麼幹他能怎麼幹呢？他知道，他是被劉保董攥到手心裡去了，武大郎服毒——吃也是死，不吃也是死，他只能聽任劉保董的擺佈，他沒有退路。

他顧不得跟小花人溫存，找來十來個小頭目，連宿搭夜合計商量，點燈熬油，一直到大天四亮。行動方案出來了，連每個細節都設計好了。他覺得很有把握。

小頭目退出去，他伸了下懶腰，打個呵欠，他已經沒有睡意了，他自個兒又抽了個大煙泡。

六月初十，是沙坨子集的鄉約徐大巴掌老兒子結婚的日子。趕禮的人很多，周圍各村屯來趕飯圈子的花子也不少。徐大巴掌在沙坨子集是個有頭臉的人物。婚禮辦得很紅火，光肥豬就殺了五口，鼓樂班請了三撥兒。

徐大巴掌這是給老兒子娶媳婦，大事小情，事前都考慮安排得仔細周到。沙陀子集裡有頭有臉的人都撒了帖子，連沙坨子集花子房的筐頭也接到了帖子。這是農村集鎮操辦紅白喜事首先必須考慮到的。

到了這天，客人來了很多。鼓樂喧天，爆竹轟鳴，那熱烈場面自不必細述。本地的花子王也被請進上房，坐在貴客席上。大部分客桌就安放在四合院裡。

開飯時刻到了，客人端起酒盅剛抿了一口，忽聽大門以外傳來了吵鬧聲和打罵聲。徐大巴掌心裡「咯噔」一下，心想別是哪路神仙沒打點好，前來找碴兒鬧事吧。他急忙走出去，但是已經遲了，此時院子裡已經擁滿了人，滿院子裡人喊雞飛狗狂叫。只見百十個破衣爛衫的人滿院裡亂竄，先是追打本地的花子，接著就掀桌子撇碗碟，不管客人還是勞忙的，臉上身上不是沾上了飯渣就是澆上了湯汁。徐大巴掌伸開簸箕似的大手揮動著，吶喊著，試圖阻止這場動亂，不提防一隻盛滿紅燒肉的二大碗飛了過來，不偏不倚，著著實實扣在他的臉上。那肉湯，順著面頰嘴巴，漓漓拉拉滴到馬褂和長袍上。他狼狽不堪，抱頭鼠竄，惶惶然鑽進屋裡，命令管家的快出去問個究竟。

原來正在開席時，忽然竄出來百十個花子，直向徐大巴掌的大院撲去。這幫花子不是吃素的，對本地的花子王掛在大門外的黑驢鞭子不屑一顧，齊大夥地往大門裡湧去。把門的不讓他們進，豈能阻攔得了！花子們的隊伍像洪水般衝進院內。本地的花子早已得到花子王的吩咐，按規矩行事，排隊打飯領菜，現在見這群花子無法無天衝將進來，就老大不高興。先是盤問指責，後是口角辱罵，繼而就動手動棍掄筐甩褡子。這一來，恰恰中了外來花子的奸計。

原來花子們也是聚堆抱團的，內部有嚴密的組織紀律，對外也有一套交際程式和方法。通常是先禮後兵。花子們以討飯為宗旨，本來對打群架不感興

趣，也沒有那個膽量，只是一方不守規矩到另一方地盤乞討時，雙方才發生衝突。對花子們來說，這是涉及生存攸關的大事，發生衝突也可以理解。而有組織的打群架，通常背後都有社會勢力介入，這樣的群架打起來不但規模大，也十分凶狠。問題是沙坨子集的花子們沒有思想準備，而攻擊他們的花子們則是有組織有預謀的。打鬥的結果是，沙坨子集的花子們全線崩潰，慘遭失敗。及至沙坨子集花子房的筐頭出來維持秩序時，為時已晚，局勢已無法收拾。沙坨子集的花子，有的被打倒在地，有的望風逃遁，剩下十幾個體格強壯點的，也是寡不敵眾，只有招架之功，無有還手之力。沙坨子集花子房的筐頭掄起黑驢鞭子一陣亂抽亂掃，不提防自己後背也挨了好幾鞭子，抽得又准又狠，疼得直鑽心，他一見大事不好，就夾起鞭子溜之乎也。

外來的花子是梨花塢的花子。他們在守武帶領下，按照原先的計劃，步步實現著。他們的理由，一是本地花子欺負外地花子；二是主家辦事不公，慢待了外地花子。梨花塢的花子，活兒做得利索，頻頻得手，步步緊逼。先攻擊院裡的客人，繼而攻擊正房、廂房、下處的客人，第三步是攻擊娘家客人。

徐大巴掌的家亂成一鍋粥。徐大巴掌呼天天不應，叫地地不靈。他扯著頭髮，又哭又號，就恨地裡無縫，一頭鑽進去了事。一籌莫展之際，門前的大柴垛著了火，東偏廈、草欄子和夥計房也著了火。

這時，只聽一聲呼哨，外地的花子像一陣風似的無影無蹤。

村人和客人這才不顧一切地去救火。火總算撲滅了。

徐大巴掌氣了個倒仰兒，得了場大病。

老兒子的喜事就這麼給攪和了，攪和得也太慘了。

徐大巴掌不白給，他躺在炕上養病，心裡總在想，這是為什麼？我和這幫花子既無冤又無仇啊！

守武得勝回朝，劉保董報了仇解了恨出了氣，心裡很高興，又給守武塞了個紅包。守武拿回去打開一看，小銀洋五元，連個煙泡都沒有。他叫劉保董給涮了，殺了人只賺下兩隻血手，他跳腳大罵這個損犢子，但第二天見到劉保董

還是賠著笑臉，沒辦法，他有短處在人家手裡攥著。

但守武怎麼也沒有料到，由於他的這一輕舉妄動，給他本人和花子房，帶來了毀滅性的災難。

守武的花子王當得挺滋潤。

守武對小花人越來越厭煩。小花人怎麼會收拾打扮，怎麼會拿情，畢竟是半老徐娘，而守武才二十五六歲。「娛心堂」的生意挺好，木把、獵人、商人、淘金人經常出入，守武見了就眼熱心跳。自打抽上大煙以後，兜裡就存不住錢，朝小花人要，她還賊摳，要一回還買不上一個煙泡，更別指望到煙館裡去過癮了。手上的幾個金疙瘩也都擼下來換了煙泡。這不，眼瞅著就要吊頓了。那些要飯花子，個個毛干爪淨，也擠不出多少油水。

這一天，他沒著沒落地在街上閒溜躂，就遇見了劉保董。劉保董看出他快犯煙癮了，就請他到煙館裡抽了一個泡。過完了癮，他覺得身子舒坦多了，但仍躺在煙榻上沒有起來走人的意思，還南朝北國地神侃。劉保董只好耐著性子聽。侃著侃著，就侃到「娛心堂」，侃到新來的窰姐牙籤上。侃得甜嘴巴舌的，差點淌出涎水。劉保董早就聽出他的意思，是想不花錢，撿便宜。劉保董在「娛心堂」有大半個股份，要說這事也不難辦，一句話的勾當，少收那麼十元八元的，小菜一碟。劉保董從心裡起煩，這小子沒完沒了，給臉往鼻子上抓撓，還想吃高口味。花子王最終歸齊還是花子的頭兒，我叫你當你當，不叫你當你就得靠邊站著遠點扇著。他一抽上大煙，手頭沒了錢，就會沒臉沒皮。這是個無底洞，這樣的人物可招攬不起。

守武也猜出劉保董的心思，但他也有個老豬腰子。我是有短在你手裡掐著，但你劉保董也不是個乾淨物兒。都在黑道上混，我臉都不要了，還怕你個死要面子的？再說，你有家有業有老婆有孩兒，我灶王爺貼在腿肚子上，獨挑一個，靠也靠得起你，我怕個球！這回大鬧沙坨子集你就虧了我，別當我是二傻子好糊弄。於是他就說三七兒，唸雜拌。劉保董立即意識到這小子是條餵不

飽的狼，是個危險人物。從這天開始，他就要醞釀如何把他弄掉，以解心腹之患。但眼下還得應付他，就叫他占點便宜吧。你小子吃一斤得拉十六兩，我是打雁的，絕不能叫雁鵮了眼。他沉思著，權衡成敗利弊，最終還是答應了他，七月十五那天，請他到「娛心堂」去消遣，由他自己挑選中意的窯姐。這事就這麼定了，他跟鴇子言語一聲就中。

守武樂得屁顛屁顛，多少天的奢望終於可望實現了。但他不知道深淺，不識進退，硬把劉保董當知己，還把裝在肚子裡多少天的祕密倒了出來：找個主兒，把小花人賣了。劉保董「呵呵」一聲冷笑，說：中，中，只是過了點口，先別急，得慢慢尋找買主兒，容後再說。心裡卻罵道，你這小子也太黑太毒了。這事我早就考慮過了，賣人的錢也到不了你的名下呀！

他要除掉守武的決心更加堅定了。

七月十五這天傍晚，守武特意打扮修飾了一番，早早地就來到「娛心堂」。看樣子劉保董早就把話遞過去了。老鴇子見了他，一口一個「董爺」叫著，說早就盼他來要要呢。客套一番，老鴇子就直截了當地說：董爺是地面上的人物頭，既是來了一定是住局了，這些姑娘一個賽似一個俊俏，待會兒全招呼過來，你挑個可意的，保準能侍候得董爺滿意。守武說，算是叫你說對了。你也不必全招呼出來，我早就想好了，就點牙籤姑娘。老鴇子略一猶豫，沉思片刻，還是痛快地應下了：中，就是牙籤姑娘了。不過爺得稍候一會兒，牙籤姑娘現在正在接客呢，過不了一個時辰就來陪你玩。這當兒，先叫個姑娘伴你樂樂，嗑瓜子抽洋煙捲兒開個響盤兒都中。爺你就放心開懷地樂吧。連半夜裡館子送來的酒菜錢都不用爺花一個銅子兒。

當下守武就同前來陪伴的窯姐喝茶嗑瓜子兒。那窯姐還唱了兩支小曲子，直聲拉氣，走腔跑調，聽得守武挺心煩。正在這時，老鴇子過來了，是領守武到牙籤屋子裡去的。

守武跟隨老鴇子，走過曲裡拐彎的窄小走廊，在一個門前停下步。老鴇子推開了門，先讓守武進去，自己也擠進了屋，沖一個年輕女子吩咐道：牙籤，

這位就是董爺，是劉保董的好朋友，你好生侍候著，董爺不會虧待你的。那女人低頭垂眉，並不吱聲。老鴇子也不介意，囑咐幾句，向守武丟個眼色，就扭扭達達地退了出去。

牙籤側身坐在炕沿上，低聲說了句「董爺好」，就再也無話。

守武仔細打量著這女子，覺得比鑲在玻璃鏡框內照片上的那人還漂亮標緻，穿戴並不豔麗，粉黛並未濃施，卻有股懾人的魅力。可能是經常觀瞧牙籤的照片的緣故，守武有一種似曾相識之感。他朝前走了幾步，更加仔細地打量著她的面龐她的身段。牙籤這時抬起頭來，睜開秀目，瞅了他一眼。老鴇子吩咐說，今晚上讓她接待花子王，她老大不情願，又不敢違拗。想不到這個花子王這麼年輕這麼漂亮。心裡覺得很是奇怪。她已經心灰意冷，倦怠人生，談不上什麼情和愛，只瞅了一會兒，又垂下眼皮。她秀眉緊蹙，似有無限的幽怨和惆悵。

守武忽然生出憐香惜玉之感，脫口問道：姑娘，你原籍在哪兒？怎麼流落到這裡了？你沒有父母嗎？

牙籤抬起眼睛，認真地瞅了他一會兒，復又低下頭，怯怯地說：爺是來尋歡作樂的，問這些作啥？

守武立即意識到，隨便盤問妓女的籍貫、姓名、家境是妓行的一大忌諱，就閉了口，不再言語。他兀自坐在椅子上，端起桌子上的茶杯，慢慢地品著。

正在此時，外面忽然槍聲大作，喊聲震天，透過窗鏡子可以看見升騰起的濃煙和火光。

牙籤還是那麼木然地坐著。

守武忽地站起來，湊近窗鏡朝外望，整個梨花塢濃煙滾滾，火光燭天，連遠處的花子房也著了火。槍聲爆豆似的炸響，喊殺聲、吵嚷聲、哭叫聲不絕於耳。

出事了，是鬍子還是兵攻進來了，他判斷不清。

老鴇子慌慌張張闖了進來，上氣不接下氣地說：不好了，鬍子來了，「滾刀肉」的綹子攻進來了！說完這話，她又張張狂狂地竄了出去。

妓院裡死一般靜，沒人敢走動和說話。

守武稍微寬心些，土匪是不搶劫妓院的，這兒倒是個安身之處。只是花子房為啥著了火？心裡七上八下的，不落體。可是那槍聲卻越響越近，繼而「娛心堂」四周也響起槍聲和喊聲，並響起「咣咣」的砸門聲。看來土匪是要來砸妓院了。

土匪真的砸了妓院。幾十個土匪衝了進來，指名道姓找董守武。老鴇子比誰都勤快和聽話，顛兒顛兒地帶著土匪頭子來到牙籤的門前。門被踢開了。就著燭光，守武看見一個滿臉橫肉的黑臉大漢站在面前，鼻孔翻捲，兩眼距離很近，滿身的凶氣，滿臉的殺氣。

你就是花子王？黑臉大漢吼道。

我，我──守武嚇得周身發抖：我才幹了不幾天……

不幾天就幹這麼大的勾當！那漢子湊近守武，揮起大手，狠勁兒打了守武幾個耳撾子。守武被打得踉踉蹌蹌，頭暈目眩，兩眼冒金花，栽倒地上。那漢子從地上把他扯起，一隻手薅著他的頭髮，一隻手端著他的下巴頦，說：叫你認識認識「滾刀肉」爺！又回頭沖那幾個土匪喊道：弟兄們，咱卸了劉保董一條膀子，這回就摘下他一隻耳朵，誰叫他耳根子發軟來！

幾個鬍子擁上來，扭扯住守武的四肢和腦袋，生生把他的左耳朵給割了下來。守武疼得嗷嗷叫，搗著淌血的耳根子滿地裡打滾兒。鬍子們踹了他幾腳，揚長而去。守武這才搗著腦袋，跑出牙籤的屋，溜出了妓院。

而牙籤對這一切全然無動於衷。她仍然木木地坐在炕沿上，瞅著外面的火光。

妓院叫鬍子砸了個稀巴爛，又放了一把火，契約、賬目被焚，所有的銀錢及貴重物品全被鬍子掠了去。妓女們被鬍子從各個屋子裡趕了出來，命令她們離開妓院各討方便。黑燈瞎火的，沒個投奔處，妓女們各抱著個包袱，站在火

堆前又哭又叫。火光衝天，人影憧憧，一片混亂景象。

守武跌跌撞撞趕回花子房，見花子房已燒落了架，小花人不知去向，花子們走的走逃的逃，只有幾個癱巴盲目的，圍坐在火堆前哭號著。

這時，街裡的人已分頭出來救火了。鬍子們已經撤離梨花塢。

第二天，守武聽人說：整個梨花塢只有三處被燒被搶，就是花子房、「娛心堂」妓院和劉保董家。劉保董被割下一條膀子，算是留下一條活命，家財被搶掠一空，劉保董的五個團丁全被鬍子繳了械。

事情再明白不過了，是沙坨子集的鄉約徐大巴掌勾結絞桿頂子絡子「滾刀肉」來報仇雪恨了。妓院有劉保董的大半個股份，自然被燒被搶；花子們曾去沙坨子集幫虎吃食，自然也受了連累。

人們都這麼分析判斷。

民國十幾年後，關東大地的花子房陸續解體，花子們四處逸散，各自行動。

守武，這位末代花子房的最後一個花子王自然遜位，變成了一個無業遊民。

五

十年後的八月初十。守德的身影第一個徘徊在柳條邊頹圯的路台前。他才三十出頭，步履就顯得蹣跚搖晃。他先到父親的墳前轉了轉。墳墓沒什麼變化，青磚壘砌的塋門倒塌了，他又重新壘好了塋門。他蹲在那棵古槐下，找準一個方向，用手摳挖著。心兒一陣狂跳，露出了用乾焦的豬尿脬和油布包著的包裹。打開來，狗頭金、銀洋和圓孔銅子兒展露出來。他埋下的東西都在。狂喜過後，又湧上一陣酸楚。這塊狗頭金是準備贖妹妹的，半年以前，他去過九股流，見過冬狗子爺，並沒見到宋老疙瘩的蹤影。他也沒能打聽到那幫走江湖的馬戲班子。這說明，尋找妹妹的事很渺茫。唯一的希望是八月十三爹的十週年忌日她能回來。她若是沒出意外，該是能回來的。他曾囑咐她多少遍，十年

後的八月十三，帶著鐵鍋碴兒，到柳條邊路台前的古槐樹下相聚。

他又走進古廟的山門。得拾掇個地方，弟弟和小妹來了得有個落腳處，得有個生火做飯的地方。穿過大雄寶殿是呂祖廟，還有張天師、孔夫子的塑像。再往後走，有左廡右廊及兩幢三連間的東西廂房。這是當年僧人或道人或儒生的住處。走進東廂房，方磚鋪就的地面上，生長著蒿草、苔蘚。角角落落，有鳥巢和鼠穴。

就要在這兒與弟弟小妹團聚了。只要聚齊了，不怕過不上好日子。因為他積攢下一筆錢，褡褳裡還有新得到的虎骨和老山參。

他找來鏽跡斑斑的鐵鍬和鐝頭，從井裡打來水，和泥，堵鼠洞，堵龜裂的牆縫。

夜裡，就睡在燒得滾燙的土炕上，諦聽著齊鳴的萬籟。那林濤聲，那虎嘯狼嚎聲，顯得那麼瘆人。

八月十一了，還沒有人來。他有些焦慮。就不能提早一兩天？為啥還可丁可卯的？有些怨怪弟弟和妹妹。直到第二天午間，才聽到馬蹄聲和馬鳴聲。他奔出廟門，目光首先投向那棵古槐樹。一個人騎在馬背上，手提韁繩，扯得那馬的頭頸高高仰起，「咴咴」叫著。那人騎著馬繞古槐轉了一圈，這才跳下馬來，站在樹下，仰望樹冠。又在附近轉悠一陣，終於來到那座孤墳前，跪下來就磕頭，右手還不時地揩著淚涕。

一準是一個弟弟回來了。守德撒開腳步，向古槐方向跑去。邊跑邊「兄弟兄弟」地喊著。那人聽見喊聲，站起身，向這邊跑來。兩人相遇了，一個喊「大哥」，一個喊「兄弟」。他們相擁相抱，捶打著，哭泣著。

來人是二弟守文。看來二弟混得不錯，馬背上的褡子鼓鼓囊囊沉沉甸甸的，長布袍，四喜帽子，足蹬方頭煞鞋。樣子沒有太大的改變，所不同的是，給人以威懾、辣狠和冷酷的感覺。大哥已被生活壓彎了腰桿壓扁了心臟，而他，卻是一副天不怕地不怕的樣子。

老三呢？守賢呢？守文還是那樣的急躁脾氣，見了守德，第一句話就這麼

說。

還沒到。守德說這話底氣不足。他神色愀然，機械地拉過二弟手中的馬韁，牽著，邊走邊說：走，先到廟裡歇一會兒。

一直到傍晚，古槐樹下才閃出個瘦弱高挑的身影。守候在山門外的守德、守文不約而同地迎了上去，來人是守武。一副落魄寒酸的樣子，衣服破破爛爛，腰上紮了根破腰帶。剛到秋天，就抱著膀弓著腰，身子似乎在抖動。臉色黯淡，沒有血色。頭戴破氈帽頭，不是端正地戴，而是斜歪扣在頭上，搗住了左邊的耳朵。

守德、守文急步向前，伸出雙臂，攬住了他：是三弟守武吧？守武哭哭咧咧地嚷：是大哥二哥吧？三個人抱頭痛哭。見守武這打扮這神情，兩個哥哥心如刀絞，哭泣的聲音就更大了。哭了一陣，守德拉起跌坐在地上幾乎哭背了氣的守文說：別哭了，咱兄弟相聚，這是喜事，就差小妹一個人了。

一提起小妹，守武像想起了什麼，朝大哥說：小妹還沒有信？守德痛苦地搖搖頭。守武說：大哥，九股流那碼事我全知道了，宋老疙瘩這壞透腔的傢伙叫我給揍死了。

揍死了？守德打了個哏兒，心裡想，那找守賢的希望更沒有了。他急不可耐地問守武，你是怎麼跟他認識的？怎麼打死的他？

守武不願意暴露自己不光彩的花子王歷史，一時又不知如何回答是好，就說：說來話長，三言兩語說不清。大哥二哥，咱總得有個歇腳的地方呀！

一句話把這事岔過去了，也提醒了守德和守文，就領著守武向古廟走去。三人坐在炕上，守武卻勾著腦袋在琢磨事。他在想怎麼把這檔子事編派得圓圓滿滿，不露破綻。

三個人簡單吃了隨身帶來的乾糧，就躺在炕上歇息。這時天已落黑，風已經息了。大森林變得很溫柔很寂靜。有陣陣蟲鳴聲，似乎夾雜著嗚嗚號號悲悲切切的聲音。

三個人都坐了起來，側耳傾聽。

是狐狸聲？守文側棱耳朵。

像有人哭。守武接著說。

是女人在哭。守德傾聽一會兒說：走，咱們看看去。

於是兄弟三人走出廟門。那聲音是從古槐樹方向傳來的。他們向古槐樹走去。

古槐樹下一個女人的身影，勾著肩，雙手掩面，一抖一抖地哭泣著。

是誰？三兄弟幾乎同時喊道。

那女人身子一激靈，拉開要逃走的架式。

是守賢嗎？守德跨前一步喊：我們是你的三個哥哥呀！

只聽那女人「哇」一聲哭叫，頹然傾倒，傷心地慟哭起來。

小妹守賢終於趕來了。

哥兒三個吁了一口氣，懸著的心放下來了。

哭背了氣的守賢躺在炕上足有一個時辰才逐漸緩醒過來。她披頭散髮，衣衫襤褸，連腳上的鞋都磨穿了底走飛了幫。她極度疲憊衰弱。她終於在八月十二的夜晚趕來了。也真難為了她一個弱女子。

四個人枯坐在土炕上，誰都不先吭聲，心裡卻都像翻江倒海似的。

咱們總算是團聚了。還是守德先開了口。話一說出，自個兒禁不住就抽泣起來。繼而，破屋裡傳來一派唏噓悲哭之聲。這樣過了好一會兒，守德用手背抹了把眼淚接著說：咱都別哭，這是喜興事，樂還樂不夠哩。明天就給爹圓墳，下一步就是想想今後的日子怎麼個過法。當著弟弟妹妹的面我不說假話，這些年我攢下點東西。說到這，他從懷中掏出那個油布包，「啪」一聲擲在炕面上，說，狗頭金，有銀洋，還有些值錢物兒，咱夠過了。聽這一說，守文站起身，從地上拎起馬鞍子上的褡子，「撲通」一聲摜在炕上，說，我也鬧了些嘎嘎碼碼的，過日子的勾當，不必犯慮。只有守武和守賢無聲無息的，兩個哥

哥知道他倆沒啥積蓄，難以啟齒，他們沒往心裡去，更無責怪的意思。當哥哥的心疼弟弟妹妹，也理解弟弟妹妹。他們畢竟比自己小，尤其小妹，這些年吃的苦楚可想而知，能活著回來就是萬幸。這時忽聽「咕咚」一聲響，就見老三守武倒在炕上，渾身抽搐痙攣，滿炕打滾，叫聲淒厲。眾人大吃一驚，以為守武得了重病，都慌了手腳。守德趕緊掏出火鐮打著了火，引燃白天拾來的乾明子。屋裡立時亮堂起來。

眾兄弟抱住守武，問他是咋的了。守武就用手指指內衣兜。守德用手向他的內衣探去，掏出一根簡陋的煙槍和三個煙泡。眾人幾乎同時「啊」了一聲，心好像掉進冰窖裡。眼下顧不得其他了，救人要緊，便就著明子火給他烤好煙泡，裝進煙槍裡叫他吸。

守武倒在土炕上，「噝噝」地吸著。站在地下的三個人打著咳聲嘆著氣。守賢又嚶嚶啼哭起來。過足了癮，守武坐了起來，又像好人似的。守德嘆了口氣說：老三，你不要吸這個，咱是窮人家的孩子，咱爹臨走時是咋囑咐的？守武勾著頭，挑著大脖筋，不吭聲。守德心裡忽又升起憐憫難過之情。是呀，他一個半大小子，在世界裡闖，沒個人管束，就走了邪道，也可理解，於是緩和下語氣說：也不打緊，從明天起，就幫你戒煙。咱得走正道做好人啊！他又複述了十年前父親彌留之際留下的三句話：一不偷盜，二不搶劫，三不嫖賭。奇怪的是守文、守武和守賢都耷拉下腦袋，不再言語。

守德從腰中掏出那塊鐵鍋磘兒，放在炕上說，當初有言在先，十年後的今天在這兒對鐵鍋磘兒，我也知道不會出什麼差池，不過還是按規定對一下好。

其他三人都掏出一塊鐵鍋磘兒，在松明搖曳不定的光焰下，四塊鐵鍋磘兒果真嚴絲合縫地對上了。四個人忘卻了剛才那場不快，都面露喜色，互相觀瞧打量著。先是守德吃驚地「啊」了一聲說：三弟，你的左耳朵怎麼了？

原來剛才煙癮發作時，他把氈帽頭甩動掉了，當時是一無燈光，二都手忙腳亂的，誰都沒注意他的耳朵。聽大哥這麼一說，守武趕緊用手捂自己的耳朵，但已經來不及了。守文忽地轉過身，一把扯下他捂耳朵的那隻手，仔細地

看著。他禁不住吸了口冷氣，用可怕的目光盯著守武：你！你──花子王？他舉起巴掌，狠狠地扇了他兩個耳擂子。守武羞愧地低垂著頭，不敢吱聲。守賢麻利地湊上前，就著明子光亮，仔細端詳那沒了耳扇的耳根，又打量守武一眼，就「啊」地尖叫著，雙手摀住眼睛，悲愴地號哭起來。

守文和守武盯著守賢，幾乎是同時地低語著：牙籤？

守武復又抬起頭，覷著眼睛，伸出右手的食指指點著守文，吃驚地嚷叫：你，你，滾刀──

守德瞅瞅守文、守武，再瞅瞅哭得傷心欲絕的守賢，攥緊兩隻手，狠勁砸向自己的腦袋，扯心揪肺地喊道：天哪！

守賢雙手摀著臉，竄出門外，號啕大哭著，衝出了山門，融入了沉沉黑夜之中。

守德喊著「守賢守賢」，追了出去。

守文喊著「守賢守賢」，也追了出去。

只有守武呆若木雞似的坐在那裡，像一根枯木。

外邊是蒼莽的大森林。守德、守文在林海裡撲騰到後半夜，哪裡有守賢的影子？二人垂頭喪氣地回到破廟裡，天也快亮了。不見守武，以為他去尋找守賢，就擔了份心思，怕他麻達山，怕他在林海裡有什麼閃失。直到天大亮了，仍不見守武回來，哥兒倆十分著急，就要接著去找守武和守賢。守德無意中瞥了一眼炕面，不見了油布包和褡子。再出門一撒目，拴在樹下的馬也不見了。守德驚得目瞪口呆，守文氣得攥拳跺達腳。沒說的，一準是守武拿走了所有的東西，騎著馬跑了。

守文暴跳如雷，忽地從腰裡掏出一支匣槍，就要去追趕，發誓要把這個壞了下水的傢伙斃了。

坐在炕沿上的守德，目光深沉呆滯地瞄著守文，搖搖頭，一邊吧嗒著煙袋嘴兒一邊有氣無力地說：算了，由他去吧，去吧。

一夜之間，他又老相了許多。

守文一跳腳，喊道：大哥，你——他蹲在地上，雙手砸著腦袋，痛哭流涕。

哥兒倆商議一陣，決定從兩個方向去找守賢，並約定用兩堆煙火做信號，互相聯繫。

但是守賢卻杳無蹤影。

哥兒倆沒了淚水，互相也不言語。第二天早上，守德一起炕就不見了守文。守文不辭而別，大概又去尋找他的絡子幫了吧？守德是這麼想的。他拾起尚撒在炕上的四塊鐵鍋碴兒，捧在手上，掂量著，注視著，一狠心砸在地上，四塊鐵鍋碴兒就碎成無數個碎渣渣兒。他又哈下腰，一粒粒一塊塊拾起來，用衣襟兜著，移動遲緩的步子，來到父親塋前，用鐵鍬把碎鐵渣兒埋在地下。

他熱淚縱橫，雙唇翕動，咕噥著，咕噥著，那意思只有他自己明白。

從此，破敗的古廟裡就有了一位似僧非僧似道非道似儒非儒的出家人，暮鼓晨鐘聲中，他勤上香勤燒紙，對廟裡供奉的所有的泥塑一律虔誠地跪拜叩首。

最後一個大薩滿

一、尋覓活化石

「你給我找一個薩滿教的活化石吧。」

我呷了一口酒,對同時也呷了一口酒的李澤良說。

他打了一個愣兒,放下酒杯,顯得滿臉迷茫。

我和他是二十世紀五〇年代高中時的同班同學。那時設置高中部的完全中學很少,大都是幾個縣的初中畢業生到市裡就讀高中。我和他就是在吉林市的一所完全中學讀完高中的。高中畢業,我倆同時考入省城重點綜合大學,他讀歷史系,我讀中文系,住在一幢樓,吃在一個大食堂,關係自然密切,可以說是知心朋友。大學畢業,他被分配到長白山下一個古老的縣城文物管理所工作,我被分配到省社科院文研所工作,二十多年,始終保持密切聯繫。他到省城辦事,我照例請他到家喝酒。

「什麼薩滿活化石?」

我讓他先吃口菜,然後才賣關子似的說:「就是活著的薩滿啊!」

「啊,是這個呀。」

他畢竟是學歷史的,對這個問題瞭如指掌。

這屬於宗教學的問題。薩滿教是流佈於北半球的有別於佛教、伊斯蘭教和基督教的世界三大宗教的又一個宗教,但其產生的歷史卻早於三大宗教。關於薩滿教的研究,正出現世界性的熱潮。薩滿教文化是一個世界性的原始宗教文化,國外學術界一致把薩滿教學的研究與探索人類歷史文化之謎結合起來。我本來是搞民間文化的,粉碎「四人幫」之後又對民俗學產生興趣,整天忙於資料的搜求和田野作業,整理資料,著書立說,興味正濃。通過民俗學的研究,就接觸了薩滿教的問題。這也是很自然的事情。民俗學屬於邊緣學科,與文藝學、民族學、宗教學、方志學、歷史學、語言學都有聯繫。我發現薩滿教不僅產生的年代久遠,而且其內涵和外延都十分廣泛和豐富。而我國薩滿教的研究已遠遠落後於世界其他各國。我閱讀了許多國內外這方面的資料。關於薩滿教

的研究，中國並不是空白，古文獻中早有這方面的許多記載，只是尚缺乏系統性，研究方法也封閉落後。我有志於這方面的研究，自然就產生緊迫感。唯一感到缺憾的是找不到薩滿教的神職人員，也就是薩滿。自從建國以後，農村就沒了薩滿的宗教活動，薩滿大都謝世，要找一個活著的薩滿談何容易。我已經找了好幾年了，竟沒見蹤影。我的朋友李澤良在長白山地區工作二十多年，我對他寄予厚望。

這時妻子插話說：「澤良兄，我們這口子走火入魔了，就迷上薩滿教了，連家都不顧了。」

妻子也是我們高中時的同學，對李澤良十分瞭解，他倆也時常調侃逗悶子說笑話。

李澤良這人好較真，這時他陷入沉思狀，良久才說：「我所在的那個縣城滿族人很多，還有錫伯人、恰喀拉人、虎爾哈人、赫哲人，這些民族都信奉薩滿教，我回去給你訪聽訪聽，一定給你當事兒辦。」說到這，他忽又挖苦起我來：「我看你有點兒不務正業了，你就專心致志地搞你的民間文藝，蒐集研究多好，咋又心血來潮來侵犯我的學科領域？」

「可不是咋的，」妻子說，「這不把搞了多年的專業扔掉了！多可惜！」

妻子倒是沒扔掉專業，她一直在一中教語文課，是骨幹教師，市政協委員。

我解釋說：「其實薩滿教學與文學並不矛盾，而且兩者的聯繫太密切了，薩滿教中有的項目本身就是民間文藝學的。」我對李澤良說，「你我合幹，不信拓展不出新局面。」

他揚起刀條似的長臉，連忙擺手告饒：「你饒了我吧，我正在發掘古墓，興趣正濃，忙得不可開交。要幹你自己幹吧。有需要我幫忙的，我一定鼎力相助。」

真夠朋友，我們又碰杯，乾了。

他長得又高又瘦，活像唐·吉訶德，讀高中時同學們就送給他這麼個綽

號。他現在是文物管理所的所長，事業心很強，也是個書呆子，晚上他還要趕乘回縣的火車，我們也就沒有再多談什麼。

我是抱著有一打無一撞的態度跟他閒聊的，也沒抱什麼太大的期望值。想不到竟歪打正著，他回去半個月以後就給我打來電話，他語氣中透著興奮地說：「老兄，告訴你個好消息，找到原始活態文化了！」

這沒頭沒腦的話一時竟把我懵住了。他在電話裡說：「就是你要的薩滿活化石！」我這才醒過腔來，想起我曾求他尋找薩滿的事。我喜出望外，放大了語聲：「在哪兒呀？這可太好了！」

「就在我這個縣，琵琶頂子北邊，爾珠河邊，地名叫旗屯。你什麼時候來？」

「馬上出發！」我抑制不住內心的喜悅和激動，「就這兩天，你可得等著我呀！」

「我的事挺多，不過一定等你，你可得快點呀，別叫我傻等。」

「一定！一定！」

我放下電話，感到心臟狂跳，這真是正瞌睡就有人遞過枕頭來。妻子卻嬌嗔地剜了我一眼，沒說什麼，就打點我啟程必帶的物品去了。

我馬上找出本省地圖，尋找琵琶頂子的方位。琵琶頂子在這個縣的最北端，海拔近一千四百米，爾珠河流入牡丹江，旗屯就在琵琶頂子北麓的爾珠河邊。這就是我要尋找的薩滿教活化石的所在。

二、眸子靈動的女郎

我來到李澤良所在的那個縣城，找到了文物管理所。敲開所長的門，見他正勞形案牘，桌子上堆滿了線裝書和各種資料。

也不必什麼客套和寒暄，他就直奔主題：

「我分身無術，後天去渤海國古墓繼續發掘，省文化廳文博處的領導和博物館的專家已經去了。你今天先到家喝酒，明天我陪你玩一天，後天我就得走

人了。」

　　我有點發急：「你這不是坑我嗎？你一甩袖子走了，把我閃在這兒咋辦？」

　　他打趣道：「你可以自己去嘛。」

　　「我自己可以去，但那又何必求你呢？不是熟人好辦事嗎？你有公事我不勉強你，你可以叫我晚來幾天嘛，等你閒暇時咱再一起下去也可以嘛。」

　　「等？」他顯得很認真，「如今這人說死就死，說糊塗就糊塗，好不容易給你物色個活化石，不說趕緊去搶救，反倒抱怨我，你不知道遠近輕重是咋的？」

　　「有道理！」我不得不佩服他。我曾到各地去采風，經常發生這樣的事，打聽到一些有名氣的故事家、民歌手，等到趕去了，一打聽，那人才過世不久，心裡真是哀婉嘆息。這就是搶救不及時，寶貴的文化遺產就這麼永久地消失了。「那我就自己去吧。我是想咱倆搭個伴兒，說說話，不寂寞，一路上你給我指點迷津……」

　　他又揚起刀條臉，搶白道：「什麼指點迷津？不就是要個嚮導！我能不想到這一層？」

　　說完這話，他就推門出去了，不一會兒就回來了，身後跟著一個女人。

　　「來，給你們介紹一下。」他辦事向來直來直去，他指著我對那女人說，「這是省社科院文研所的于研究員，我的老同學。」他又指著那女人對我說，「這是我們所的索玲同志，出納兼資料員。」

　　我和這位女人握過手，算是認識了。

　　他對我說：「這次就由索玲同志帶你下去，她是本地人，也是滿族人。」不待我表態，他就對索玲說，「就辛苦你一趟了，好在你輕手利帶，無牽無掛，跟于老師下去，也能學到不少知識，當然你要照拂好客人，就勞你駕了。」

　　那個叫索玲的女人嚮嚮快快地答應著。

　　我卻老大不自在，心裡話：你小子真能糟踐我，到你這一畝三分地，就這

麼揉搓我呀！索玲看上去就二十多歲，我是個中年男人，叫我倆進山溝鑽林子，相隨相伴，這叫什麼玩意兒！但又不便當著這個女人的面兒發作，更不能拒絕，只能硬著頭皮，沉默無語。

索玲卻顯得很大方、開朗：「沒的說，我會儘力而為，你就把于老師交給我好了。」

李澤良似乎很滿意也很放心：「那你先回去準備準備，糧票呀差旅費呀都準備好。明天咱三人去牡丹江釣魚，玩耍一天，後天你們就開路！」

「中！」索玲答應著。

他倆一唱一和，事情就這麼捏巴定了。我的臉色一定很難看，索玲說：「于老師，你身體不舒服？」

我趕忙掩飾：「不，沒什麼，坐車有點兒累。」

她這才有些放心的樣子：「于老師，你就先休息一下吧。」又對李澤良說，「李所長，那我走了。」

「車，我安排好了，明早就在這兒見面，可要早點兒啊。」

索玲走了，高跟鞋敲擊地面的聲音很清脆。

她走了，我鼻子差點氣歪了，氣不打一處來，搗了李澤良一拳：「你搞什麼鬼名堂？」

「怎麼了？」他一臉大惑不解的樣子。

「怎麼了？你是真糊塗還是揣著明白裝糊塗？你讓這麼個年輕漂亮的小女子陪我鑽大林子，是什麼意思？想叫我犯錯誤呀！你弟妹若知道了不饒你！」我把我的不滿和盤托出。

他笑了：「這有啥？別自作多情了。再說，你別看她那麼漂亮，心事重著哩，精神創傷還沒痊癒呢，再則說，她也不是那號人，我絕對保證！」

「好說不好聽呀！」我嘟囔著。

「你咋婆婆媽媽的？」看來他心無芥蒂，心里根本就沒裝載我擔心的事，「男子漢，心要大些，還沒等走就想著要跌跤，我能叫你走窟窿橋嗎？那樣我

還能對得起弟妹嗎？關於索玲，我會給你詳細說的。走，到家喝酒！」

他反鎖上門，就領著我往他的家走去。

一路上，我腦子裡總晃動著索玲的影像。我敢說，她的形象可以跟當下我國任何女明星相媲美。一米六五的個頭，細腰豐乳，兩腿頎長，容長臉，臉色有紅似白，元寶形的紅唇微啟，露出潔白整齊的貝齒，尤其那一雙明目，靈動有神，閃射出一股秀氣和靈光來。她不施粉黛，髮型也很隨意，無矯飾，純天成，卻透出一股沁人的氣息和動人的魅力。很難用一句話概括從她身上散發出的韻致和嫵媚。給我的第一印象，這是一個純情的美女。這個明眸善睞的美女在我的心中打下很深很深的烙印，同時就產生了要解讀和索解她的慾念。

三、漁戲牡丹江

我和李澤良來到文物管理所時，索玲已經先期到達。文管所沒有車，是李澤良從縣政府借來的一輛吉普，車就停在門前。我們三人上了車，汽車啟動，沿著鄉村公路，向牡丹江方向駛去。很快就到了牡丹江的江邊。我們下了車，司機把車又開回縣城，並定下下午五點鐘準時來接我們。

這兒是牡丹江的上游，江面不那麼寬闊，江水也不太深。據李澤良說，江裡的魚很多，品種也較全。

我早就知道李澤良是釣魚的能手。每次到省城，他總要帶幾條魚給我，有鰲花、鯿花、細鱗、島子，每條都在二斤以上。他還會做魚。大都是他親自下廚房，魚做好了，我妻子再接手烹炒其他的菜餚。他只會做魚，其他的菜一竅不通。

正是春暖花開季節，氣候宜人，也最適宜垂釣。李澤良帶的漁具很多，大多是毛鉤，還有個空心葫蘆頭。我好生納悶，問他：「這葫蘆頭若用來裝魚，又顯得小了些。」

他笑了，說：「待會兒你就知道了。」

所謂葫蘆頭，就是把一個完整的大葫蘆鑿一個圓孔，摳去裡面的瓤和籽

兒。農村老太太經常用這樣的葫蘆頭裝雞蛋、菜籽。用它來捉魚，我可是聞所未聞。

李澤良也不對我多做解釋，自己立即忙活起來。他把葫蘆頭拿過來，把圓孔朝向陽光，讓我朝裡觀看。我往裡一瞅，只見一道鐵絲環穿過葫蘆壁，鐵絲環上消上活食，多是蚯蚓、小魚、河蝦。圓孔周圍拴上三股二尺多長的細繩，繩端系一塊半斤多重的鐵疙瘩。如此而已。他衝我詭秘地笑了笑，就綰起褲腳下水了。他把葫蘆頭拋入水中，那圓葫蘆在水中滾動幾下，就穩定住了。圓孔朝下，葫蘆漂浮水面。他上岸了。

「這就中了？」我十分好奇，覺得不可思議。

「你瞧好兒吧。」

他讓我和索玲坐在江邊的石頭上，不要走動。他說：「魚的聽覺、觸覺和視覺十分敏感，連輕微的腳步聲魚都會感覺得到，岸上人影晃動它也能見得到，那就不愛咬鉤了。」

他獨自一人在江邊用漁竿甩動著用麻皮兒紮成飛蛾形、染著不同顏色的毛鉤。不同的季節，有不同的飛蛾，毛鉤的顏色也就跟著飛蛾的顏色變化而變化。

為了釣魚，人們的法子都想絕了。他揮動胳膊，就見那毛鉤在水皮兒上飛越跳動，就見一條條魚兒被提溜上來。只一陣工夫，就釣上來十多條魚，最小的也有二斤多重。

魚兒咬鉤的時間過了，他丟下漁竿，坐下來吸菸，我和索玲就到江邊撿魚。有細鱗、鰲花、哲羅、青鱗，還有幾條只有在鏡泊湖裡才產的鏡鯽，條條都在二斤以上。據說這是當年向皇帝晉貢的魚，因產自鏡泊湖而得名。我們把魚裝進網袋裡，結緊了袋口，放進水裡養著。總共有三十多斤。

「你看，看！」李澤良興奮地喊著。

我們朝他手指的方向望去，只見水中的那個葫蘆頭忽然游動起來，先是逆水上行，繼而在水上橫衝直撞，走得時急時徐，或上浮或下沉，或掀起陣陣浪

花。

「這是怎麼回事？」我十分不解。

「魚要吃食，就把腦袋塞進葫蘆頭裡了，塞進去可就拿不出來了，因為魚沒有手，它就只能這麼又蹦又跳的。」

果然，那葫蘆頭像一隻無頭蒼蠅，在水上亂碰亂撞。那魚兒甩動巨尾，激起巨大的浪花。它顯得那麼焦躁惶急。它要扎進水底，但葫蘆頭的浮力太大，總也未能絮下水底，就只能在水面焦急地浮游著。見此情狀，我不禁要笑起來：「人，真是太狡猾了！」

這時，天已晌午，我們要開飯了。帶來的食品有香腸、面包。李澤良說還得吃魚。我們沒帶鍋和作料，如何做魚？索玲畢竟是山裡人，有生活經驗。她拾來一些乾柴，就籠起一堆火。火著得只剩通紅的火炭時，她和李澤良就用和好的稀泥把魚包裹起，就扔進火堆中。不打鱗，也不開膛，就那麼在火中燒烤著。不一會兒，稀泥燒烤乾裂了，他們就扒開火灰，把魚取出來，放在石頭上敲擊。泥巴脫落了，空氣中立即就瀰漫著清新的魚香味兒。

這能好吃嗎？我正遲疑著，就見李澤良和索玲各拾起一條魚，塞進我的手裡。李澤良說：「《禮記·內則》鄭注曰：『以土塗生物，炮而食之。』這是我們老祖先幾千年前發明的吃法，你就嚐嚐吧。」我左右手各攥著一條魚，遲疑著，不知如何下口。只見他倆各拿起一條魚，一隻手很麻利地拽斷魚頭，輕輕一扯，魚的五臟就隨魚頭一起下來了。他們大快朵頤，吃將起來，吃得甜嘴巴舌。我如法炮製，吃了一口，再一品那味道，清香撲鼻，口舌生津。這是我今生今世吃的最好的一頓燒烤鮮魚。

吃完午飯，再看江面，那葫蘆頭浮在水面，紋絲不動。

「別是把魚跑掉了吧？」我有些擔心。

李澤良笑著說：「它累得一絲嚢勁兒也沒有了。」

他找來一根帶倒杈的長桿，走下水，把葫蘆頭勾了過來。葫蘆頭漂到他的跟前，他一手抱起葫蘆頭，一手伸向水下，往上一提，一條大魚就拎出水面。

那魚已是筋疲力盡，動也不動。他把葫蘆頭連同魚一起拖上岸，從葫蘆頭的孔眼裡往出拽魚。費了好大的勁，才把魚頭拽出來。這魚可憐巴巴的，圓睜著眼睛，翕動著腮蓋兒，還活著哩。這是一條重唇魚，有十多斤重。

李澤良抬起手腕，看看手錶，估算一下時間，把葫蘆頭又拋向水中。不過一小時，果然又有一條大魚鑽進葫蘆頭裡。等汽車來接我們時，那葫蘆頭已經紋絲不動地浮在水面上。

李澤良再次下水，抱起葫蘆頭，取出魚。又是一條重唇魚，也是十多斤重。

我們都上了車，汽車往縣城開去。

車內一時很寂靜。許是李澤良太累，不願說話。我卻有些感慨，說：「魚因貪食而咬鉤，這好理解，那這葫蘆頭裡的魚是為啥而喪命？」

索玲說：「也是為了貪食而喪命。」

「你只說對了一半兒，」我擺出深謀遠慮的樣子，「它是鑽進葫蘆頭裡而喪命。」

李澤良半闔著眼皮說：「這不是廢話嗎？都是為了貪食而丟了命。」

我說：「有區別。」

還是索玲反應快：「一葉障目！」

「對了。」我裝作老到的樣子，「人在黑夜裡辨不清方向；人一犯渾就很難找到北。」

我沾沾自喜，覺得這話很有哲理。

奇怪的是他們二人都緘口不語了，索玲的臉色一陣紅一陣白的，顯得很尷尬。我感覺到我觸犯了什麼忌諱，但又不知就裡根由，正想再發揮解釋一通，不料李澤良卻搶白道：

「你們累不累呀！別活得那麼太哲學太理念了，漁趣，就是漁趣，如此而已。」

此後就誰也不再說話。汽車徑直開到李澤良的家門前，我們都下了車。索

玲有點兒拘束席外，可能是與我初次見面吧，執意要回自己的家。李澤良說：

「進屋吧，幫你嫂子忙忙飯食，再合計一下明天下鄉的事情。」

她終於留了下來。

我們都往下搬魚搬漁具。李漢良拎出一條重唇魚對司機說：「這條歸你了。」

司機謙讓著不肯要，李澤良不高興了：「咋的？怕我再求你？」

「不好意思，不好意思。」司機高興地收下魚，開車走了。

四、人生誰能無坎坷

李澤良使出渾身的解數，拿出看家的本領，把魚宴搞得美不勝收，別具風格。鏡鯽湯竟能做得清澈見底，無一點兒乳白色，喝入口中，鮮香爽口，這真是一絕。生拌鯉魚絲，香脆可口，酸甜適中，全沒了生魚的腥羶氣，確實是一道下酒的美肴。至於清燉重唇魚、紅燜鰲花、澆汁鯉魚、乾燒青鱗、清蒸細鱗、生拌魚肚，更是造型美觀，色香味俱佳，絕不亞於京師的名師大廚。

我和索玲、李澤良及其夫人同桌共餐，呼朋引類，情趣無窮。餐桌就擺在院內葡萄架下，雖說是縣城，也會令人油然生出鄉村野趣的感覺。

「有你這般手藝，到省城開個魚館，一定會火爆無比，只是褻瀆了你這位學者。可惜，當下中國缺少的就是學者型的大廚。難怪老兄無論如何不願往省裡調動，原來是牡丹江的魚把你戀住了，是這閒雲野鶴、田園牧歌式的生活把你絆住了。說真的，這等生活情趣實在誘人。到了這等地方，似乎連靈魂都得到了淨化。」我發了這麼一通慨嘆。

李澤良環顧一下院內，顯得神情很滿意，起身舉杯，建議大家乾了這一杯。我們都一仰脖嚥了下去。他又給每人斟滿一杯，說：「知我者于老弟也。老弟只說對了大部分，還有一點老弟就是外行了。即使我放下架子，屈尊到省城裡開魚館，親手掌勺，我也得賠個血本不剩。」

「這是為啥？」我不解。

「我何嘗沒去考察過？長春市就有一家赫哲魚館，開了不到半年就關板了。赫哲人不僅會捕魚，也會做魚。我到過赫哲族地區，他們的生殺魚我吃過，這道生拌鯉魚絲就是從他們那兒學來的。我得承認，沒學到家，只學了點皮毛。他們做的各種魚，尤其清燉和炒魚毛子，我也品嚐過，真是別具風味，天下無出其右。但長春市這家赫哲魚館為什麼就倒閉了呢？」

「為什麼？」我們三人異口同聲地問。

「水土異也。」他賣關子似的喝了一匙鏡鯽湯，「原因很簡單，就是沒有真正的松花江水，沒有活蹦亂跳的剛出水的松花江裡的魚。沒這兩個條件，再高明的廚師，也得臉面丟盡，甘拜下風。所以要吃魚還得到松花江邊牡丹江邊。話扯遠了，來，吃魚，喝酒。」

於是我們就吃魚喝酒。

紅日已經銜山，滿庭青葉在酒杯裡晃動，盤盤魚肴，呈五顏六色，看著就是一種美，真不忍動箸破壞了這種意境。

李澤良猜出我的心理，就起身舉箸，把每盤中整條的魚撕開夾斷，夾到每人面前的盤中。視覺的美剎那間形影皆無，我也只好充當美食家的角色，諸樣品嚐，把酒食魚，春風拂面，此中之美，只能意會，難以言傳。

我們的心情都很好，就開懷暢飲。索玲很有點兒酒量，幾杯酒下肚，額頭和脖頸汗津津的她，解開領下的紐扣，就袒露出小半個酥胸。她很美，喝了酒就更美。就是那麼一剎那，我真的有些心動。她的美打動了我。我沒有什麼非分之想，更無邪惡之念，我只是在客觀地欣賞她，像欣賞一件藝術品，欣賞並不等於就是要占有。我心下在想，造物主真不公平，怎麼就把諸多的美質鐘集於她一身？她此刻雖然也開懷愜意，但眉目間總時時閃露出一種憂感。這一點是瞞不過我這個結過婚又是搞文學的男人的。

她顯然感覺到我在暗覷她分析她猜測她，就變得有些拘泥，目光有些閃爍迷離，但還是大膽地睃了我一眼。這目光很複雜，我一時難於釐定和解讀。我很想探究它。她很有社交經驗，很會掩飾自己，善於化僵持為活躍。她起身敬

了我一杯酒，尷尬的局面總算破解了。她說：「于老師，明天咱就出發，路上的一切全由我負責，我相信我會照顧好你的，當然，你有什麼事也別客氣，儘管提。」

李澤良還未等我答話就搶先道：「我明天也走，咱們行走的方向不同，我往東，你們往北，但願咱們都能獲得豐收。來，乾了這杯。」

這時已是月上柳梢頭，我們也都酒酣耳熱。席散了，索玲先走了。我倆約定明天早晨在汽車站見。李大嫂忙著去洗刷杯盤碗盞，葡萄架下就我和李澤良兩人了。他點燃一支煙，猛吸一口，揚起刀條臉，衝我咳了一聲。我知道他有話要說。

「喂，這個人怎麼樣？」

「哪個人？」

「索玲呀！」

我掂量著詞句，說：「挺好的，年輕，漂亮，開朗，熱情，素質不錯，會來事，人還聰明。」

他點點頭，沉悠一會兒說：「桌面上你們倆眉目傳情的，不，這詞不準──」

我搗了他一拳：「你說的這叫啥呀！」

他也不躲閃，還是按他的思路說下去：「那就是眉來眼去的，不，也不準──」

我急了：「越發離譜了！」

「那就叫行為語言吧。」

這還可以，我未置可否。

「你在研究她，她知道你在研究她，她很不情願，不讓你研究她，是不是這樣？」

「是這麼個邏輯。」我不得不佩服他的邏輯推理。

「知道今天上午在汽車上我為啥拿話岔開你們的談話嗎？」

「是呀，我還正想問你哩。」

「我擔心你再發揮下去，就會往她的傷口裡接著撒鹽。」

「什麼意思？」

「她很不幸，值得同情。」

於是李澤良就說出了索玲的身世。

她父母早逝，年幼失怙，是一個遠房親戚把她撫養大的，讀完中專，就參加了工作，在文化館當會計。「文革」期間進入鬥批改階段，工軍宣隊進駐文化系統辦學習班，主要是清理階級隊伍，抓階級敵人。她家庭和本人都無任何問題，屬於被依靠的積極分子。她人聰明，也很善良，沒做什麼對不起人的事。這時軍宣隊隊長出面給她介紹對象。男方就是工宣隊成員。那人長得又矮又醜，大概連小學都沒讀完，是個木匠。她先是不同意，可是架不住軍宣隊長總是做工作，她就有點兒活心了。她身邊無親人給參考做主，別人更無法給她出主意，在工人階級領導一切的年代裡，誰敢給她出主意啊！她就糊裡糊塗跟工宣隊員結了婚。結婚後才恍然大悟，知道鑄成了大錯。工軍宣隊撤走了，她得跟這個工人正常過日子了，這才發現他大字不識幾個，就會背幾十條毛主席語錄，還丟頭落尾的。他是木匠，就會畫線。做木匠活兒畫線，對人也畫線，劃階級線，口頭講的就是誰是什麼成分什麼出身，再不就是階級鬥爭天天講月月講年年講。這就把她講煩了。先是忍著，後是膩歪，最後實在忍不下去了。他們沒有任何感情可言，實在無法一起生活下去了。她提出離婚，男方不同意，雙方的組織都不批准。她陷入痛苦之中。她要求換換工作環境，要到我這兒來。我同意要她。我也支持她離婚。這不，才離婚不過半年。

李澤良嘆了口氣說：「在婚姻問題上，她迷失了方向，找不到北了，但這能全怨她嗎？在那個政治背景下，她還沒過二十歲，沒什麼人生閱歷，又無人給把舵，出現悲劇婚姻，完全可以理解。」

知道了她的身世，我很理解她。她的婚姻悲劇是那荒謬年代給造成的，她本人沒有過錯。

李澤良囑咐我：「一路上你說話可千萬要掂量掂量，別傷著她。我敢保證，她絕對是個好人。」

「你放心，我會注意的。人生誰能無坎坷？備不住我還會讓她揚起生活的風帆，破浪前行呢。」

我給自己約法三章：決不談婚姻、愛情和家庭的問題。

五、琵琶頂子的故事

我和索玲從縣城乘坐汽車，來到一個叫額穆索羅的鎮子，然後改乘去旗屯的森林小火車。我第一次見到森林小火車，很感新奇。較之大火車，森林小火車什麼都顯得小了些。鐵軌小，兩條鐵軌間的距離也小，火車頭小，車廂小，連車廂裡的雙排座也小。

乘客並不多，我倆選在靠窗的座位坐下。我面朝正前方向，她坐的是倒座兒。車廂內很乾淨，乘務員很熱情，開水供應得很及時。

開出額穆索羅車站，小火車就駛進浩瀚無際的林海中。

鐵路是緣山勢走向鋪建的。右邊是起伏連綿的高山，左邊是潺潺流淌的爾珠河水。越往北行，森林越茂密。見不到陽光，連爾珠河也被森林遮蔽住了。我們彷彿是徜徉在綠色的海水中，連空氣都是綠色的，都變得稠密了，猛吸一口，似乎吸了一腔香醇的蜜汁，覺得渾身是那麼舒暢滋潤。正是山花爛漫的季節，山風把花香吹進車廂裡，一股股馥郁的馨香直打鼻子，直衝肺管子。抬目仰望，就見到了一架矗立天際的高山，高山上也佈滿了樹木花草。見到明亮耀目的地方，那就是簇簇綻放的山花；而蒼茫厚重處，全是碧綠的林海。

我目不暇接，忘情地欣賞這美麗的景色，竟然忽略了索玲的存在。當我意識到這一點時，忙收回目光，歉意地向她笑笑：「對不起，光顧著觀山景了。」

她莞爾，很識體地說：「城裡人冷不丁見到這景緻，都有新奇感。連我這山裡人，每次到這兒，都要流連忘返，樂不思蜀。」

我很欣賞她這幾句話，有文采，是文學語言，看來她也是個文學愛好者，我對她的好感又增加了一層。

「那座大山，這麼高，這麼美！」

我手指右側的高山，讚歎不已。

「那叫琵琶頂子。」

「為什麼叫這麼個名字？難道它長勢像琵琶？」

「不，聽說是源於一則民間故事。」

「民間故事？」這激起我的興味，我是搞民間文藝的，豈能輕易放過，「可以講講嗎？」我近於央求她了。

她理了一下披散的秀髮，沉思一會兒，卻並沒直接講故事，先介紹了一下這裡的自然環境。她說，咱們所在的縣城就是歷史上的古城敖東，是唐朝的屬國渤海國的第一個都城。後來，都城就遷到本縣的木浪古城，叫中京顯德府。我們前行的方向，就是渤海國的第三個都城叫上京龍泉府，也就是現在寧安縣的渤海鎮。以後渤海國又遷都東京龍源府，即現在琿春縣的八面城，最後又遷回上京龍泉府，直到渤海國被契丹滅亡，上京龍泉府被大火焚燬。整個方圓幾百里的地方，就是當時渤海國的政治、經濟、文化的中心。

她不愧是搞文物的，這周遭的文物古蹟，掌故史實，她都能如數家珍，一一道來。原來她不單單做出納工作和資料保管工作，對灰飛煙滅了的海東盛國，也頗有研究。真得另眼看待她了。感嘆之餘，我忽然醒過腔來，她這是顧左右而言他，繞來繞去，她並沒有講述我期盼的那則故事呀！

「那麼，這琵琶頂子跟渤海國有關聯嗎？」

她笑了，笑得很燦爛，很好看，尤其那排列整齊的貝齒，不由得讓你聯想到哪位女明星或哪位嬌美俊秀的女電視主持人。

她終於要講故事了。隨著故事情節的發展變化，證明她不是在賣關子，在顯擺什麼，她剛才講的一切，恰恰是給以後的故事作鋪墊。

故事的題目叫《渤海情恨》。唐朝時候，在當時還被稱作忽汗河的牡丹江

的上游，在還被稱作畢爾騰海的鏡泊湖邊，有個渤海國。渤海國的國王被唐朝皇帝冊封為渤海郡王。沒想到，到了這一代的渤海郡王卻背叛唐朝，要獨立。當時還被稱作望建河的黑龍江兩岸的黑水靺鞨部落的酋長被唐朝賜予李姓，封為雲麾將軍黑水經略使。黑水靺鞨的幾代酋長都傾心向唐，年年都派使臣去長安，朝貢賀祚。而這個渤海郡王竟為此派出兩萬精兵去攻打黑水靺鞨。黑水靺鞨所屬十六個部落被攻陷近半。在大兵壓境之際，黑水靺鞨的酋長召開了部落長會議，決定採取權宜之計，暫時應允向渤海郡王稱臣納貢。渤海郡王這才撤兵。可是事過一年多了，黑水靺鞨竟然派使臣把貢品送給了唐王朝。渤海郡王為此十分惱怒，正打算再次出兵攻打黑水靺鞨。這時，司藏寺的令丞慕阿特利向渤海郡王稟報說，近日他率眾清理王宮府庫時，發現了一個誰也不認得的物件，不知如何處理，特來請示郡王。郡王叫把那物件呈上，他要看個究竟。他看了一陣，也是直搖頭。這物件活像一個長柄蜘蛛，頭頸部繃著四根絲絃。郡王就讓人叫政堂省大內相薩勃味來，讓薩勃味判斷一下此系何物。薩勃味觀瞧一眼說：「郡王，為臣不敢實說。」這薩勃味官居要職，為官清廉，心向唐朝，郡王早就看他不順眼，想找個由頭把他罷免，換上他的意中人慕阿特利。只是礙於他是父王的老臣，遲疑再三，未便下手。他見薩勃味吞吞吐吐的樣子，心裡就老大不高興，鼻子一哼說：「赦你無罪，但說無妨。」

薩勃味這才講起了這個物件的來歷。

原來這是一件樂器，原出中原大國。中原王朝冊封第一代渤海郡王時，渤海國的一個王子去中原學習。他飽學了中原文化，回來時中原王朝的皇帝親賜兩個善彈琵琶的宮女。以後，一個宮女因思親念鄉憂患成疾，離開人世；另一個宮女由當時的太妃做主，嫁給薩勃味的曾祖父。這位宮女徵得當時郡王貴妃的恩准，把她心愛的琵琶帶到薩勃味的家裡。所以至今薩勃味家裡仍保留一把琵琶，跟宮裡的這把琵琶一模一樣。

郡王聽了，覺得好生奇怪，就問：「你們家裡可有會彈琵琶的？」

薩勃味說：「臣子膝下的沙拉干居（女兒）諾婭就會彈。」

於是就傳令，叫諾婭到宮殿裡彈琵琶。

諾婭懷抱琵琶，騎著家養的扶餘馬鹿，穿過紫禁苑，來到宮城門外的五鳳樓，跳下馬鹿，步行到宮殿前的丹墀下面。

郡王見她長得俊俏，心生快意，說：「聽你阿瑪說你會彈琵琶，你就彈下一曲，讓我和眾大臣一飽耳福吧。」

諾婭哪敢違拗，就彈了一曲來自中原的《漢陽春》。

殿上的人都側耳細聽，竟忘記這是在宮殿之上，彷彿置身於草木茂盛、花香馥郁、流水潺潺的林中……

內中有個英俊漂亮的青年，他就是郡王十分喜愛的太子大澤淳。郡王已把他立為副王，待自己百年之後，就要他執掌朝政。

副王大澤淳被諾婭的容貌吸引住了，他邁步走出朝班，來到諾婭身邊，讚不絕口地說：「太好了，你彈得太好了！」

諾婭也被大澤淳的瀟灑風度吸引住了。

大澤淳和諾婭的舉動表情，慕阿特利看在眼裡，急在心上。原來他早就想攀這個高枝，把他的妹妹嫁給大澤淳。他眼珠子一轉，心生一計，就上前奏道：「郡王，我們北國豈能容許中原之聲流播！況且，我國百姓向來就處處事事效仿中原，禁之唯恐不及，如今這女子發中原之聲，抒中原之情，煽惑人心，擾亂視聽，郡王可得防範呀！」

郡王聽了，身子顫慄了一下，心下想：我怎麼就沒想到這一層？於是他就發佈一條命令：「今後凡我臣民概不許彈奏琵琶，更不許彈奏《漢陽春》，違者定重罰不貸！」

索玲剛講到這兒，森林小火車逐漸減速，似乎要靠站了。索玲瞅了一眼窗外，趕忙起身收拾東西，說：「對不起，故事還沒講完，到站了，前邊就是旗屯，我們準備下車吧。」

小火車停穩了，我和索玲先後走下小火車。

六、初見薩滿

我們走出小火車站，走過橫在爾珠河上的木板橋，就到了旗屯。

旗屯生產大隊已接到李澤良打來的電話，早把食宿事宜安排停當。在大隊辦公室看電話的是個名叫虎子的半大小子。他告訴我們，他在大隊看電話，跑腿學舌，掙點工分。原來，他父母早逝，是生產隊把他養活大的。他土生土長，對這裡的情況十分熟悉。他說，這是純滿族村屯，關、馬、佟、索等幾大滿族姓氏都有。這裡的生活習俗還保留古老滿族的特點。

我們見到了大隊長，說明我們的來意。他說：「縣裡來過電話，我們一定積極配合。找人、打聽事全交給虎子去辦，有什麼事就跟他說。需要大隊幫什麼忙也吱一聲。」

我們的工作其實就是採風，物色能講故事唱民歌的人，還要設法叫本屯的薩滿把肚子裡的東西都倒出來。

大隊長聽說我們要採訪薩滿，還嚇了一跳，說：「他有啥可採訪的？」

我說，請他講故事、念神本、唱神歌。

他抬起右手，撓撓頭皮，顯得有些為難：「『文革』中就為這事批鬥他，差點折騰死，他還敢說敢唱嗎？話又說回來，唱的那些玩意兒誰也不懂，有啥意思？」

我費了許多口舌，給他解釋搶救整理傳統民族文化的重要意義。

大隊長苦笑一下說：「更深的意義我也不懂，不過我一定想法叫他張嘴，叫他說叫他唱。」

這可是我最擔心的，我說：「可不能動硬的呀！更不能強迫！他不張口，這是他的自由，咱得尊重他。我想，通過交代政策，通過跟他友好相處，他會打消顧慮，他會張口的。」

大隊長就叫虎子去找薩滿。我說我們還是主動到他家去吧。

大隊長苦澀地笑笑：「他家？那還叫家嗎？連豬窩都不如，連下腳的地方

都沒有呀！」

最後定下，還是叫他來大隊部，先認識認識。不一會兒，虎子回來了，說關天心來了。

原來，這個薩滿的名字叫關天心。

果真就進來一個人。中等身材，腰有點駝，頭髮花白，眼睛不大，滿臉的皺紋，眼角還掛著眵目糊。論穿戴，更是不倫不類。破舊的中山裝領口袖口已磨破，也分辨不出是什麼顏色。褲子的膝蓋部磨出巴掌大的兩個破洞，也不知道拿線縫一縫。光腳丫，沒穿鞋，腳掌腳背長了厚厚的一層皴。這副尊容與我心目中的薩滿怎麼也聯繫不起來，我心目中的薩滿教的神祕的神職人員原來竟是這副樣子！

他進了屋，雙腳並立，兩臂下垂，神情呆板，目光盯著自己的腳尖。

我叫他坐，他就機械地坐在凳子上。我遞煙給他，他不敢接，實在無法拒絕了，接了過去，又不點燃，卻夾在右耳輪上。這樣一來，他的樣子就顯得有些滑稽可笑了。

大隊長先打破僵局說：「省裡來的同志要找你聊聊，採訪你，知道啥你就說啥，不要有顧慮。」

大隊長交代完這幾句話，就出去忙別的去了，屋裡就我們幾個人。他還是標直標直地坐在凳子上。我注意到，他的手臂還輕輕發抖。

索玲打開錄音機，採訪開始了。

錄音帶轉動發出嚓嚓聲，他聽了異常恐懼。那時收錄機還沒普及，他這是第一次見到這玩意兒。他腦門上沁出粒粒汗珠，哀告似的說：「你們就饒了我吧！我什麼問題都交代了，再沒什麼可隱瞞的了。」

索玲撲哧一聲笑了。我也哭笑不得。

我說：「大叔，你老別害怕，現在不是『四人幫』橫行的時候了，我們是來做民間文化搶救工作的。薩滿教是古老的宗教，中國有，外國也有，我們就是搞這方面研究的。這工作很有意義。我們已經落到外國人的後邊了，我們應

當奮起直追⋯⋯」

我講得口吐白沫，他的目光由疑懼而變得柔和些了，似乎也受到了些感動，但還是不開口。

我就主動給他講神話、傳說、故事，我還講薩滿跳家神和跳野神的一些程序。這是我從國內外的書本上知道的。我這是現買現賣。

他的臉上終於綻出點兒笑模樣。我以為這就是成功的開始。根據以往的經驗，還不到火候，現在採訪還為時過早。我把錄音機關掉了，換上薩滿唱神歌的錄音帶，按了開關。他側耳諦聽錄放機裡發出的聲音，立時臉色潮紅，興奮不已。我們邊聽錄音，邊嘮閒嗑。從閒談中得知，他單身一人，從未娶過親。更令我吃驚的是，他的年齡竟比我還小兩個月。他不到四十歲，他還得叫我大哥，五六歲學的薩滿，頂多學兩年就解放了。解放後基本沒有跳神的舉動，「文革」中薩滿跳神被當作「四舊」來批判的。這樣說來，他又能掌握多少薩滿教的知識？我甚至對他不抱太大期望。

我注意到，在我和關天心談話的時候，索玲卻坐得遠遠的，不時地用手捂鼻子。關天心身上發出刺鼻的汗臭味，他可能多日不洗澡不換衣服了。索玲的舉動不禮貌，我不高興，但又無法表露出來。

上午就這樣了。我打算下午到他家去走走，晚上不必派飯，就在他家吃。他顯得很無奈很為難很惶悚。我知道他侷促尷尬的原因：無米無菜，無人做飯，沒油沒鹽。

我說：「不用你準備，一切由我安排。」

他疑疑遲遲地走了，步履蹣跚的。

吃過午飯，我拿錢叫虎子到小賣店買些罐頭、香腸、糕點、果酒、白酒和香菸。虎子買回足足一大花筐的吃喝東西。虎子提著花筐在前引路，我和索玲就跟隨他朝關天心家走去。

關天心家的房子屬老式滿族的海青房，磚牆，草頂，石灰壓脊，關裡人稱這樣的房子為羅漢房。一明兩暗，當間的屋子馬窗很大，嵌著花格。東屋和西

屋的窗櫺都用硬木拼雕成幾何圖案。房前有土砌的圍牆，大門有門樓，門樓木簷下的門楣有四隻用硬木浮雕的蝙蝠圖案。門樓外還有塊上馬石。這一切都說明，關天心的祖父輩們曾經闊綽過。可惜門樓已經破損不堪，已不能遮擋風雨，木雕蝙蝠的彩繪早已脫落，門框歪扭，已沒了門扇。景象破敗，不見了曾經有過的輝煌。

七、做客薩滿家

我們進了屋，關天心有些無所措手足。室內的擺設與室外相比，反差更大。

滿族以西屋為尊南炕為大，他就把我們領進西屋。不見了北炕尋常供奉的神堂，萬字炕上有一張老式板櫃，是刺楸木做的，再就別無餘物了。炕頭上堆著一攤亂棉絮，這可能就是他的行李了。整個屋，用家徒四壁來形容再恰當不過了。

沒有坐的地方，他用袖頭揩拭一下炕沿，叫我們坐。

我說，今天晚飯都準備好了，就在你這兒吃，咱們難得相聚。

他顯得受寵若驚，直門搓著兩隻長滿厚繭的手，無言以對。我撒目一下屋內，竟找不到吃飯的桌子。他馬上領會了我的意思，到東屋搬來一張炕桌，放在炕上。我們都脫鞋上炕，盤腿坐下。虎子想走，這小子還真識點兒眉眼高低，我把他強留下。我們四人就環桌坐下，我和索玲坐在炕裡，虎子和關天心坐在炕沿上。這就開飯了。

關天心滿臉愧疚，又很無奈。我們倒成了主人，一切任由我們安排。

全是冷食，但很豐盛。關天心先是侷促不安，對滿桌子的食品竟很少動筷。我先給每人斟滿酒，建議大家先乾了這杯。我說，能在這深山老林與一位薩滿相會，很高興。

一杯酒下肚，關天心就雙頰微紅，有些興奮。人一興奮往往就愛說話。果然如此。不用發問，他就自報家門：

「我們是薩滿世家，祖上出過十多個大薩滿，在長白山地區都很有名氣。看見我的房子了吧，就是老祖宗留下的。清朝那咱，副都統、章京都到過我們的家。」說到這裡，他黯然神傷，自己端起酒杯，一揚脖全了下去。他醉眼朦朧，眼珠裡似乎有淚點在閃亮。「可惜到我這輩子敗亡了，我抱蹲了，我對不起祖宗啊！」

他很傷心。我安慰他：「三十年河東三十年河西，這哪到哪啊，現在實行改革開放，咱們趕上好年華了，不愁你挺不起腰桿不出成績來。」

他哭嘰嘰地說：「我還能幹什麼？廢人一個，不會種地，只能攬牛攬豬放放，一年也掙不了多少工分。」

說到這，他竟號啕大哭起來。

我這才發現，他並不是麻木不仁，他內心很豐富，他內心有暴風雨。

我們談話時，虎子低頭不語，甩動旋風筷子大吃大嚼。索玲依偎在炕牆上，遠離飯桌，不動筷子。我知道她是嫌關天心太髒。我覺得她太過分，大面上也得過得去才是，關天心也是人，只不過小時候學過二年薩滿，無勞動技能，生活困窘；應當理解他幫助他才對。我就給她夾了一塊菠蘿，礙於我的面子，她還是吃了，像吃藥似的那麼難嚥。

虎子吃飽了，要回大隊辦公室值班，他先走了。

幾杯酒下肚，關天心就打開話匣子，這時候你攔都攔不住他。他說他五歲時得了一場病，是傷寒，差點死了。病好後他就有了神，關氏家族的老薩滿就相中了他，教他講故事，念神本，全是滿語的。他受天神阿布卡赫赫保佑。眾神也來附身，他會鑽冰窟，爬房箔，跑火池子。前幾天天神阿布卡赫赫還對他說過，他的罪遭到頭了，他要轉運了。這不，你們果然就來了。

阿布卡赫赫是滿族宇宙神話中的女神，是光明、生命與秩序的創造者，是諸神中的大神。

他說得神神道道，玄天玄地，真中帶假，假中有真。索玲用手摀住嘴巴，抑制自己別笑出聲來，但卻勾起嘔吐來。她跳起身，蹬上鞋，拉開房門，跑到

外邊，哇哇吐了起來。

這邊關天心卻閉目端坐，口中唸唸有詞。

我問關天心念的是啥，他說，求天神阿布卡赫赫，不要見怪她，叫她平安無事。他很機敏，原來他早就看出索玲嫌棄他。

索玲吐了一陣，回到屋裡，說啥也不上桌，她就坐在我的身後，倚著牆壁，閉目養神。

這兒是山區，燒柴不缺，關天心的南炕燒得滾熱燙手。我已經熱出汗了，他的腦門也汗津津的。這時他才大開胃口，大吃大嚼起來。他尤其愛吃豬肉罐頭和魚罐頭。他舞動筷子，有如疾風掃落葉，四五個魚肉罐頭叫他打掃得乾乾淨淨。

吃飽了喝足了，他意猶未盡，就要講故事。我說我們在這兒要待三四天，有的是時間，他還挺累的，先回憶回憶，做好準備。

他說不必回憶，都裝在腦子裡。拗不過他，只能由他講。索玲打開錄音機，我攤開筆記本。聽了他講的幾則故事，我就抑制不住內心的喜悅和激動。我感覺到，我挖到大山貨了。憑我多年的田野工作經驗，我敢斷定，關天心是一個不可多得的故事家。他的記憶力驚人，他講的故事類型多，語言質樸，地道的長白山方言。快掌燈時分，他就講了十則滿族神話、故事、傳說，都有質量，很珍貴。

天黑了，我說先到此為止，明天繼續進行。

我和索玲回到大隊辦公室。大隊幹部早給我們安排好住處。我和虎子睡一鋪炕，索玲住在隔壁的單間。我到索玲的住處看看，還算潔淨。我對索玲的舉止有些看法，明天還要開展工作，我不能不說幾句。

「你怎麼還吐了？」

「于老師，我算服你了，那飯你怎麼還能嚥得下！滿臉污垢，鼻涕咧瀉的，看了就想吐，更別說他身上那股難聞的怪味了。」

她一點兒也不覺得自己有什麼不妥當的地方。

我說：「幹我們這行，什麼困難都能遇到。這就是田野作業的艱辛。有一次，我到長白山采風，迷失了方向，沒有乾糧，就到河溝裡抓蛤蟆燒著吃，連吃三天，吃得我肚脹腹瀉，差點麻達山死在大林子裡。這算什麼，比這再髒再難下嚥的飯我都能吞得下去。幹這行，就得能服得下辛苦。」

她卻頂撞我：「我是搞文物的，也不想搞民俗學和民間文藝學。」

我對她耐心解釋：「就是搞文物工作也得吃苦呀！發掘文物，也是十分艱苦的工作。再說，咱們運氣好，挖到大山參了。」

我告訴她：「不能輕易放棄關天心。他是不可多得的故事家，又是最後一個薩滿，記憶力這麼驚人，故事講得這麼多這麼好，誰知道他肚子裡還有多少寶藏！薩滿教文化是一種世界性宗教文化，現在已成了世界文化人類學的熱門課題。這是個寶庫，我希望你不僅給我帶帶路，不妨也鑽研一番，再說，你也是滿族人呀！」

可能是這番談話起了作用，從第二天開始，索玲就像換了個人似的，對關天心十分尊重，採錄工作也認真負責。

連續工作了三天，每天都是我出錢在關天心家裡就餐。逐漸地，她能吃得下罐頭和面包，有時還和關天心開上幾句玩笑。她還主動幫助關天心收拾屋子，把鏽跡斑斑的鐵鍋用磚頭蹭淨，又用油煉過，那鍋就變得油亮油亮的了。她把關天心的內衣外衣洗涮乾淨。這樣一來，屋子裡果然就沒有了外味。關天心也發生了變化，知道洗臉剪頭刷牙了。我還把我的外衣送給他一套。他穿上新衣，洗漱過後，還真像個人物，精精神神的，的確比我年輕了些。

她還給關天心拍了照，我和關天心，我、索玲和關天心也都留了合影。

關天心能記得起的故事差不多全講出來了。關於薩滿跳家神（家祭）、放大神（野祭）和祭天神（唸桿子）三大部分的程序細節也都講述得很翔實。他還會用滿語唱關氏和石氏家族的神本。這些錄音，我得帶回省城，請懂滿語的專家譯成漢語。

這一天，關天心多喝了幾杯酒，精神十分亢奮，說話欲很強烈，就講了許

許多多的話，他說：「我們關氏家族的第一個薩滿是鷹神轉化的。我們是天鷹的兒女。開天闢地時世上只有一個女人，她和蛇、蛙、蜥蜴、鷹、刺蝟在一起生活，對這些動物講了九十九天她的來歷，天的來歷，地的來歷和水的來源，後來這些動物就變成了薩滿。我們薩滿是通神的，通天神阿布卡赫赫的，我們就有了動物的技能，能鑽洞穴鑽冰窟，能爬樹，能在樹上飛翔，能走刀山，不怕風不懼雪。」

我知道，他講的是關東少數民族的動物圖騰崇拜，這材料很重要，他當然不可能意識到這一點。果然他第二天醒了酒，一大早就到大隊部敲我的房門。我打開房門，他風風火火闖了進來，劈頭一句就說自己昨晚喝醉了，不知瞎嘞嘞些啥，那全是沒影兒的事，不能當真。他幾乎要痛哭流涕。可見，他還是有恐懼心理，生怕被抓辮子。

我安慰他說：「你講的那些很重要，很有科學價值，對薩滿教學的研究十分重要。以後我還要來向你討教。索玲也會常來訪問你，你可別保守呀！」

他愣怔了一會兒，似乎放下心來，說：「咳，我是被批鬥怕了，可別再惹出啥禍來。」我說：「那一套過時了，現在黨的政策好，萬一出什麼事全由我兜著。」他開懷地笑了：「那倒不必，好漢做事好漢當，有罪我去打。」他還甩起鋼條來了。

我對他說：「工作暫告一段落，以後我還得來。這些故事，回到縣城我得和索玲分門別類，重新整理，爭取出一本書，還得署上你的大名，稿費有你一半兒。」他不知道什麼叫稿費，我給他解釋半天，他才明白，說：「就嘴皮子的勾當還要錢？」

我說，這叫版權，屬於你個人的財產，就像你住的這滿族大院一樣，誰也不許隨便搶占。他還是滿臉的疑惑，還直門搖頭。

我拿出五十元錢給他，說：「這些天，你又唱又說，很辛苦，這是你應得的勞務費。」當時的市價，豬肉每斤才七角錢，稿費標準是每千字五元錢。這筆勞務費不算少。他吃驚非小，雙手往回緊縮，生怕會被燒了燎了似的：「這

怎麼可以？這怎麼可以？嘮幾天嗑就趕上一年的工分錢！我不能要這錢！」我硬塞進他的兜裡，說：「別爭吵了，這是規矩。」

站在一旁的索玲見此情景也很納悶，事後她對我說：「你怎麼給他這麼多錢？」我說：「這還多嗎？這是人才，難得的人才，以後你會明白的。」

是探究心理支使我，我總想登上琵琶頂子，瀏覽一下山上的風光。索玲曾經登上過琵琶頂子，她說：「于老師，那兒的風光太美了，你太應該去領略領略，我可以捨命陪君子。」受她的蠱惑，我決定登琵琶頂子。

告別了關天心，告別了虎子，告別了大隊幹部，準備好面包、香腸和飲料，第二天一大早就從旗屯出發，往琵琶頂子方向走去。

八、動情山水間

附近各村屯及林場的人，不少都登過琵琶頂子，人們已經踩出一條荒徑小路，向琵琶頂子逶迤而去。我們就是順著前人踏過的小路前行的。

這是真正的原始森林。繞樹的枯藤悠悠牽連，橫在路上的腐朽的倒木長滿了蘑菇、木耳和苔蘚。古樹參天，綠翳匝地，見不到藍天白雲。走了約一個時辰，就到了混葉林帶。黃檗、柞樹、椴樹、水曲柳伴著紅松、落葉松、油松、白松，真是另一種奇觀。中國國畫講墨分五色，而這綠可分七色八色。尤其那高大的樟子松，倚天拔地，所有的花草樹木全都簇擁著它。它像矗立綠海之上的一座哥特式建築的尖塔，直衝雲霄，劃破藍天。路邊有好多花草，其中最引人注意的是被當地人稱之為旱荷花的植物。它葉子碩大渾圓，覆在地上，葉面上滾動著如珍珠般的露水珠，熠熠閃爍。

再往前走，就進入針葉林帶，全是紅松、黃花松、黑松、臭松、魚鱗松。樹幹筆直，刺向藍天，樹下卻不長野花野草，老百姓稱這樣的森林為清湯林子。

過了針葉林，就進入灌木叢，間或有牛皮杜鵑出現，這就到了琵琶頂子。

一路上山雀啁啾，時而會聽到虎嘯熊吼。大白天，它們是不傷人的。

索玲的體力極好，是山裡通，登山的速度很快。爬到山頂，我已是氣喘吁吁，渾身無力。

我倆坐在琵琶頂子尖端的一塊石頭上。山風很大，吹亂了我的頭髮，吹起了她粉紅色的裙子。我們就在狂風呼嘯中飽覽大山的美景。東南方是綿綿橫亘著的長白山，顯得氣勢雄偉，神祕莫測。腳下就是老爺嶺、張廣才嶺。這都是關東著名的高山大嶺。在我們的腳下，它們像碩大無朋的沙盤，山勢和流水的走向，歷歷在目。

來到這兒，不能不留個紀念。我起身拿起照相機，拍了幾個方位的鳥瞰照，又叫索玲站在石頭上，給她拍照。她的頭髮很凌亂，裙裾也飄飄欲飛。她的目光迷離，嬌美中露出些幽憂。這很美，我及時地抓拍了這一瞬間。我叫她給我也拍張照。她攝影的技術很熟練，搶了幾個鏡頭後，說：「咱倆合拍一張吧。」我不假思索地說：「好！」

於是我用自動拍照的方法，找好背景和焦距。我倆並肩站在石頭上。這時天空碧藍碧藍的，卻又飄起朵朵雪花，腳下是綠草紅花，遠處是茫茫煙霧，云蒸霞蔚。這景緻搶拍下來，一定很有意境。我倆並肩而立，山風把她的秀髮吹拂到我的臉上，我感到臉頰麻麻酥酥的。山風又把她的裙子吹拂起來，纏到我的腿上，我的體內忽然產生一種異樣的感覺。也就是在這時候，只聽「咔」一聲響，我們的影像已被攝進鏡頭。索玲調理一下相機，我們又拍下一張合影。

照完了相，我倆相對而視。她的目光我讀懂了，我的目光是什麼意思，我就不得而知了。只知她像一隻大蝴蝶向我飛來，我也張開雙臂抱住了她。我倆站在琵琶頂子上，摟抱得緊緊的，兩張炙熱的嘴唇，緊緊貼在一起。吻得很深，很貪婪。我們不約而同地躺在石頭上，摟抱著親吻著滾動著。我感覺她的手在我的下身處靈巧地動作著。她已經很熟練地解開我的褲帶和褲扣。這時我才激靈一下猛醒過來，我才明白我是誰，她是誰，是誰和誰要在這高山大嶺上野合。

「不，不！」我掙脫了她，跳了起來。她不解地盯著我：「你──」

「這不行，」我喘息著，「不能超過這個格兒，不能穿過這個底線！」

我疾快地紮上褲帶，繫上褲扣，躲閃著她，她用雙手迎風梳理一下凌亂的秀髮，我分明見到她眸子上有亮點。我對她表示歉意：「全怪我不好，失去控制，權當咱們什麼事情也沒有發生。」

她幽怨地說：「這可能嗎？事實上已經發生了，你可能後悔了，但我不悔！」

「我們不能這樣做，這傷害了另一個人，也有傷風化。」我解釋著。

「你是否把我當成下作的女人了？」她的表情有些激動。

「不，一點兒也不，在這個環境和氛圍中我不也是失態和出格了嗎？」我囁嚅著。

「我不是失態失控，」她說得毫不掩飾，「當我第一眼見到你時就喜愛上你了，不光是你的風度和氣質，還有你的學識和才華。」

「一見鍾情本身就缺乏愛的基礎。當然了，你喜歡我我感激你，但愛是個說不清道不明的問題。高尚和低俗就隔著一層紙，我是個有責任心的人，所以不能捅破這層薄紙，我不能害了你，更害了另一個人。有的事情就是不能情緒化。」

她張著美麗迷茫的大眼睛瞅著我。她可能是在認真地研究我這個人，這個謎一樣的男人。

我很懊喪。為什麼能發生這一幕呢？我們是在相愛嗎？我心裡的答案是否定的，因為我很愛我的妻子，她的位置不可能由另一個女人來替代。是一男一女在空曠無人、景色宜人的大自然中陡生情愫一時難以把持自己？這種解釋又近於唯心，是為自己的行為辯解。是我本身就意志薄弱，缺乏自制力？我又不願意承認這一點。總之，我無法釐清我的心路歷程和情感軌跡。人與動物的關係，是人從動物進化來的，但人之不同於動物，不僅僅人會用雙手勞動，人會用頭腦思維，更重要的是人在千萬年中形成了道德規範。人必須遵循這種道德秩序和規範，否則人與動物又有多大區分？奇怪的是，當我吧嗒一下嘴時，唇

舌還留有異樣的感覺。我立即譴責我自己，就在這一刻，我忽然想起我同樣漂亮的妻子和聰明可愛的兒子。我流下了懺悔的眼淚。

她替我揩淨臉上的淚水，口氣變得很柔和：「別胡思亂想了，我只是從心底裡愛你，我不想破壞你的家庭。我尊重你的決定，就算剛才什麼也沒有發生好了。一見鍾情並不等於都是沒有感情基礎的，起碼它是個信號、符號和興奮點。咱不糾纏這些了。我得承認，你人品好，是個難得的好丈夫。」

但我沮喪的情緒總也揮之不去。她挽著我的手，瀏覽著這旖旎的風光，好長時間我的情緒才調整過來。

我慶幸自己，終於沒有墮落，而人的墮落只在於毫釐之間。

「于老師，餓了吧？」

我尷尬地說：「有點兒。」

她打開拎兜，攤開食品。我卻沒了食慾，只吃了一點點。

「于老師，我那個故事還沒有講完呢。」

我一愣：「哪個故事？」

「看你丟了魂似的，就是『渤海情恨』呀！」

這勾起我的興趣，說：「快講，我還正想知道故事的結局呢。」

於是她又講起「渤海情恨」來。

九、王子與諾婭的戀情

「那天我講到哪兒了？」索玲問。

「渤海郡王下令，一律不許彈奏琵琶，更不許彈奏《漢陽春》，違者重罰不貸。」那個懸念我記得很清晰。

「對了，那麼我就接著講。」她思忖片刻，神情顯得十分莊重。

從這一天起，大澤淳和諾婭就暗暗相戀了。

有一天，郡王召集群臣，商議出兵黑水靺鞨的事情。大內相薩勃味反對征討黑水靺鞨，主張與中原李唐王朝修好，照常稱臣納貢，而副王大澤淳也同意

薩勃味的意見。

慕阿特利知道王子與諾婭相戀，他十分失望和嫉恨。他要拆散這樁婚姻，於是就乘機進言：「副王正當年富力強，正是建功立業的好時機，切不可貪圖安逸，不思進取。我海東盛國，豈能甘居中原王朝麾下，聽命朝貢？我渤海國疆界寬廣，國力強大，攻下依附於唐王朝的黑水靺鞨易如反掌。這樣一來，望建河兩岸及鯨海、長城一帶均為我囊括，正好獨立稱王，與中原王朝成鼎立之勢。」

這番話正合乎郡王的心意，就對大澤淳說：「你不趁現在建功樹勳，將來怎能承擔攝國大任？吾意已決，不必再議！」就命令大澤淳率兵一萬，攻打黑水靺鞨。大澤淳只能勉強從命。

這一日，他率領隊伍，越過紫禁苑、八寶琉璃井，踏上九孔石橋。諾婭的家就坐落在這裡。他勒馬踟躕，徘徊不前。這時耳邊突然響起琵琶聲。他循聲望去，見諾婭正打開窗扇，一邊朝他點頭致意，一邊疾快地彈撥琵琶。這琴聲，他是這麼熟悉，又是這麼喜愛。他駐足聆聽，不覺日已中天，這才對木樓上的諾婭揮手，帶領兵馬，依依不捨地向北方開去。

但是，戰事很不順利，交戰幾個回合，無心戀戰的渤海國的軍隊，就被打得落花流水，潰不成軍。大澤淳帶領百餘騎乘，倉皇逃回。

郡王十分惱火，把大澤淳訓斥一頓，就把他軟禁在玉璧宮裡。慕阿特利趁機使壞，對郡王說：「副王至今還迷戀那個妖女。聽說出征那天，他倆還用琴音傳情，揮淚哀嘆。美人誤國，不乏其例呀！」

郡王聽信讒言，一怒之下，將薩勃味削職為民，命令諾婭馬上離開京城，並永遠不許返京。

諾婭要離開京城了。她只希望老父薩勃味能答應她三件事：一是她要隨身攜帶心愛的樂件琵琶，二是要騎上心愛的扶餘馬鹿，三是要帶走日夕與她相伴的海東青。薩勃味全都答應了她。

諾婭來到京城的通衢大道上。她穿著猩紅色龍州綢面兒的皮袍，腳踏猩紅

色龍州綢面的木底高跟鞋，圍著紫貂圍脖，通身鮮紅閃亮。到了玉璧宮北牆外，她就彈奏起《漢陽春》來。

聽到琵琶聲，大澤淳猛力推開窗戶，向大牆外望去。果然是她，像一抹朝霞，像一團烈火。諾婭也見到他的身影了，就彈起自己編創的一首新曲。通過這支曲子，她痛述了自己的不幸遭遇，抒發對大澤淳的愛戀之情。她告訴大澤淳，她被逼無奈，將要隻身浪跡江湖，流落深山野嶺。這一切，只有大澤淳能夠聽得懂，理解得深切。他淚流滿面，大聲呼喊：「諾婭，我等著你，我的心永遠不變！」

她依依不捨地離開玉璧宮，向城外走去。一路走，一路琵琶聲不斷。這一天，她來到長白山北面的一座高山下。她爬上了山巔。眼前是降煙起霧的林海，是如波似浪的山峰。她不停地彈撥著琵琶。

她就在這座高山上居住下來。附近噶珊（村落）的人們都來看望她，勸她下山跟他們共同生活。她硬是不同意。她終日站在高山上，遙望中原和京師。人們給她送來鍋盔和肉乾，布匹和獸皮，並給她搭建個撮羅子。她就在這撮羅子裡棲身度日。

一天又一天，一年又一年。這一天來了一位騎著率賓馬的武士，自稱受副王大澤淳委託，前來看望她，還給她帶來一些禮品。諾婭既高興又激動，把來人讓進撮羅子裡。來人告訴她，大澤淳已出了玉璧宮，登基踐位的日子不會太遠了。到那時候，他一定接她回京。來人走了，她打開包袱，裡面全是食品。她多少天飯不思水不想。現在她想吃東西了。她一邊吃一邊笑，還一邊流著眼淚。吃著吃著，突然感到噁心頭暈，腸胃絞痛。她明白了，糕點裡下了毒藥，她中了奸計了。她把琵琶放在身邊，用手摩挲著。又對陪伴她的扶餘馬鹿和白色海東青說：「我不行了，要離開你們了。你們就飛吧走吧。」扶餘馬鹿呦呦悲鳴，海東青仰天嘯叫。她的長長的睫毛上掛著兩大滴晶瑩的淚珠。

原來下毒害死諾婭的罪魁禍首就是慕阿特利。

不久，大澤淳率領一支人馬，來到這座大山的頂端。

原來昏聵的郡王已死，在慕阿特利的操縱下，冊立了年僅十歲的十皇子為郡王，並預謀要殺死大澤淳。忠於大澤淳的一員武將私自放走了大澤淳。他逃出京師，只一個心願，一定要找到諾婭，同她結為連理，共議大事。

　　那隻扶餘馬鹿見到大澤淳，昂首悲鳴，淚流不止；那隻海東青見到大澤淳，張開雙翼，嘎嘎長鳴。附近噶珊的人們聞訊趕來，把諾婭的情況全對大澤淳說了。大澤淳泣不成聲，悲痛欲絕。

　　大澤淳就把諾婭和那把琵琶埋葬在撮羅子前，然後集合人馬，整頓部眾，揮師北上。他要除掉慕阿特利這個奸雄，重振朝綱。

　　從此，這座高山就叫作琵琶頂子，附近葛珊送給諾婭的鍋盔堆積成山，就叫作鍋盔頂子。每當颳風下雨時，人們就會聽到琵琶的聲音，是從琵琶頂子那兒傳出來的。那琴聲是那麼悅耳動聽，又是那麼激越高亢。傳說那琴聲就是諾婭彈奏的。

　　索玲的故事講完了。

　　我眺望北方，那兒煙波浩瀚，溟濛蒼茫，彷彿有旌旗在獵獵狂舞，耳畔也好似響起金戈鐵馬之聲。我仍然沉浸在索玲的故事之中。

　　我是搞民間文藝的，對中國的故事類型也曾專門研究過。我覺得這篇故事有些特色。它表述的是華夏民族求團結求統一的社會主題，謳歌了純潔高尚的愛情，有積極意義。想不到索玲還能講出這麼美好的故事。這篇故事不必加工，稍加潤色就可以發表。

　　索玲聽了很高興：「是嗎？那還要請于老師多加指點。」

　　我覺得僅僅寫成故事猶嫌不夠，還可以考慮寫成電視劇。我鼓勵她再讀些有關渤海國的資料，再研究一些較成功的電視劇文學腳本，掌握電視劇的寫作手法，著手構思寫作。

　　她瞪大了好看的雙目，很感意外，情緒顯得很激動地說：「于老師，真沒想到這麼篇小故事還能得到你這麼高的評價。咱們合作搞好不好？」

我向來不願在基礎較好的業餘作者的作品中署自己的名字。他們大都很真誠，無非是借此可以發表或投拍，我卻覺得這樣做實質是揩作者的油水。編輯就是應當輔導幫助作者，為他人作嫁衣，這是編輯的職業道德。

我說：「我不懂戲，也不會結構電視劇。」我說的這是真心話，我不敢愣充內行，「你先構思，列個提綱，我回省城再找這方面的專家看看。這之前，你先把故事整理出來寄給我，我找省民間文藝研究會的編輯看一下，爭取在《故事》雜誌上發表。還有，關天心講的那些故事你也得抓緊時間整理。」

她點頭應允，露出很感激的神情。她先站起身，伸出手拉我起來，調侃地說：「副王大澤淳，我們該下山了。」我也緊緊拉住她的手，回應說：「諾婭，我們這就下山。」我們倆同聲大笑起來。

我們倆也真就像什麼事也沒發生過那樣，說說笑笑，心無芥蒂。我們從琵琶頂子的西坡下了山，來到爾珠河邊一個叫三公里的小火車站，趕上了下午去額穆索羅的小火車。走出小火車站，見李澤良揚著刀條臉，靠在一輛軍用吉普車前等我們哩。

「打電話給旗屯了，說你們上琵琶頂子了，傍晚能到額穆索羅，就接你們來了。」

我們坐上軍用吉普車，向縣城方向駛去。

「渤海國古墓發掘工作結束了？」我問。

「哪裡，我請了兩天假，接待不好你不得罵我呀！收穫怎麼樣？」

「太大了！」我激動萬分，「這個關薩滿真是個人才，肚子裡淨是乾貨！記憶驚人！我們錄了音，還記了筆記。工作不算完，我還得來。」

「那好，需要我幫什麼忙不？」

「你就把索玲捨出來吧，先把這些故事整理出來，爭取出版，出版社方面由我去跑。」

他很吃驚：「那麼容易？」

那時出一本書很難，他的懷疑不無道理。

「我敢打保票，我畢竟是這方面的專家，不會看走眼的。」

他半真半假地挖苦我：「你真能巧使喚人。我們是文物管理所，你這些事是文聯的份內事，文化館也掛邊兒，你找他們去。」

我急了：「這不得另費一遍手續嗎？再說索玲已經入道了！」

「看把你急的，我能不支持嗎？越過了文聯、文化局不妥吧？」

我說：「現在還剛剛開始，先別扯旗放炮了，待這本書出版了，牽動的面兒更大了，那時再協調也不晚。關於薩滿的神本神歌，薩滿的習俗行為及祭祀儀式，都得費大氣力去搞。你先減輕點索玲的工作量，叫她集中精力把這本故事整理出來就中。」

「行！」他當場拍板，「資料室不用你管，光管收錢花錢不會太累吧？」

我和索玲都很滿意。

我同索玲一起去李澤良家吃一頓便飯。飯後，我和索玲一起抓緊時間貪黑編派完分類、欄目和題目。

我少憩一會兒，就趕到火車站，坐上午夜開往省城的火車。李澤良把我送到站台，在等火車時，他詭秘地朝我眨眨眼：「你小子在琵琶頂子上沒幹什麼出格的事吧？」

我感到臉頰一陣燥熱，搪塞道：「怎麼可能？」我跟他說了謊話，這關係到索玲，我得保護她。

「諒你也不敢！出了啥咕咕鳥，別說弟妹，就是我也不會輕饒了你。」

我的心一陣狂跳。我想我的臉色一定很紅，好在站檯燈光黯淡，他不可能看出破綻。

坐上火車，尋思起他這幾句玩笑話，嘴唇和齒舌還有點兒異樣感覺。我狠狠地拍了一下自己的嘴巴。

十、好戲連台

我回到省城不久，索玲就把《渤海情恨》的故事稿寄來。我瀏覽一下，故

事梗概還可以，只是有的段落的欠口語化，有點兒像小說散文的寫法。我作了些潤色，就送給《故事》雜誌的主編。他看後連聲稱讚，馬上就下稿了。他也說是個電影、電視劇的好材料。我把這消息用電話通知了她。聽她電話中的語氣，我能想像得到，是驚喜，她一迭連聲地說些感激我的話。她說，她的文章第一次變成鉛字，她太激動了。這心情，我可以理解。我還對她說，關於改編成電影、電視劇的事情，先不必著急，先在腦海裡醞釀構思。還有，就是趕緊把關天心講的故事整理出來，越快越好。她爽快地答應了。

大約過了三個月，她就把整理過的稿件寄我了。隨稿還附有在旗屯、琵琶頂子上我、她、關天心和虎子的合影及風光照片。我和她的合影照效果很好。她的油黑的秀髮飄拂在我的左臉頰，她的裙裾掃拂著我的膝部。立時，我的這兩處地方就有些異樣感覺。我立即意識到自己的胡思亂想，內心裡再次譴責自己的不莊重，不守鋪。

我展開稿件，通覽一下目次，見全都是按我開列的編次、類別整理的。她的字寫得很清秀，很工整。她的確有些文采。自從《渤海情恨》發表以後，她可能將修改稿與原稿仔細對照過，終於明白了故事的語言特點和結構特徵。共五十篇故事，二十多萬字。我用了一週的時間，仔細地讀了一遍。我不得不承認，她很有悟性。她掌握了故事的敘事特點，尤其語言特點，而且還符合科學性。整理得比較慎重，沒有胡編濫造。當然也有情節交代照應不清、語言拖杳及病句錯別字等不足之處。我邊看邊用筆勾改過來。我又通讀一遍，覺得這部稿子沉甸甸的，有分量，出版後肯定會產生較好的反響。

我找到在出版社當總編輯的我的大學時的同學，把稿子介紹給他，並說了我的主導意見。他說：「你放心，我會儘快處理的。你是這方面的專家，我相信你的眼力。」

不出半個月，他就打電話叫我去出版社談稿子。我懷著忐忑不安的心情趕去了。這是正常現象，見仁見智，人家畢竟是出版單位，既得考慮社會效益，也得考慮經濟效益。我個人思想壓力很大，一旦通不過，真不好向關天心和索

玲交差，我的大話已經說出去了。

　　老同學見了面就緊緊握住我的手說：「真得感謝你，交給我這麼一部好稿子。我們決定出版，我已安排了責任編輯，爭取三個月內見書，現在已發下征訂單，就是訂數少些我們也出。」

　　我內心的喜悅和激動簡直難以言表。我幾乎發呆了。

　　「喂！」他提示我，「怎麼個署名？」

　　這還真是個新問題。通常出書只署作者名字，而這本書有講述人，還有採錄人和整理者，我也搞不清怎樣處理好。馬上打電話給省民間文藝研究會的《故事》雜誌的主編，徵詢他的意見。他懂得民間文藝作品署名的規定。最後敲定：講述人關天心列在前邊，採錄整理者列在後邊。我有意把索玲放在我的前邊。因為這符合實際，我倆共同蒐集採錄，整理稿是她完成的，我只做些潤色修改的工作。

　　我馬上給索玲打電話，通報了這個好消息。她很長時間沉默無語，我好生奇怪，催她說話，這時才傳來她哽咽抽泣的聲音。她太激動了。她說：「于老師，我知道自己幾斤幾兩，這全是你努力的結果。」我說：「話不能這麼說，如果作品不夠檔次，誰努力也白費，出版作品是有標準的。」我同時告訴她：「勤跑旗屯，抓住關天心不鬆手，除滿族的神話、史詩、故事、傳說要錄音外，還得蒐集記錄風俗習慣、薩滿的野祭、家祭、祭天儀式，薩滿的神歌尤其各個姓氏的祖傳神本都不能放過，要拍照，要蒐集實物。遇到什麼問題可隨時給我打電話，咱們共同商討，我忙完手頭一篇論文，還要到旗屯去。」

　　她高興地答應了。

　　我的老同學說話算數，僅僅八十天，書就出版了。報紙上發了書評，還要搞個發行儀式。書名叫《薩滿講的故事》，訂數竟超過五萬。我的老同學樂出鼻涕泡來了。他說：「我也知道是好東西，就是怕訂數上不來，那我就認賠了，想不到竟賺了一大筆。稿費從優，除去稅費，劃六千元。還得問問你，稿費怎麼個發法？」稿費劃的真不少，當時的稿費標準已漲到每千字十元，也沒

什麼印數版權之說。我尋思一會兒說：「分開發吧，給關天心三千元，索玲兩千元，給我一千元。」

事情就這麼定下了。

誰也沒想到，縣裡知道這個消息後，縣委書記認為這給本縣增了光，是大好事，縣裡要表示一下，縣裡出資，要求發行儀式在縣裡舉辦。

這事很容易就定下了。縣裡還特邀我參加發行儀式。

我把這喜訊告訴妻子。她在一中教高三語文，是骨幹教師。妻子也為我高興。我禁不住激動，就從抽屜裡拿出一沓照片給她看，告訴她哪個是關天心，哪個是虎子，哪個是索玲，哪個是大隊幹部。

妻子是個心細如髮的人。她仔細地瞧看每張照片，當看到我和索玲在琵琶頂子上的合照時，看得非常認真。我的心卻咚咚直跳，生怕她生疑心。她把這張照片放在手掌，似在掂量輕重，說：「這張拍得最好。」

我心中有鬼，為釋她心疑，卻弄了個畫蛇添足：「這是請到山上旅遊的人給拍的。」

妻子白了我一眼：「你還不是撒謊專業戶，你別把我當傻子了，人拍和自動拍照我還分辨不清？」我弄了個大紅臉，她也沒再刨根問底，只是隨便說了一句：「索玲很漂亮，真是深山出俊鳥。不過，有的人上像，有的人不上像，不知她本人長得怎麼樣。」

我急不擇言：「人沒有照片好看。」

妻子又白了我一眼：「你以為我傻呀！幾張照片綜合對照，我可以斷言，她長得很漂亮。」

這個鬼機靈。我討好地說：「她沒有你好看。」

「別給我戴高帽了，」妻子笑了，「我多大歲數了，快成老太婆了。」

我就把索玲的經歷簡單向她介紹一遍。妻子表現出女性的敏感來：「這麼說還是一枝無主的鮮花了，真不知將來花落誰家了。」我只當不介意，與己無關，未置可否。誰知她卻瞪了我一眼：「喂，別裝傻充愣，問你話呢。你倆在

山頂上，一個公子，一個小姐，能安分得了？」

她捅到我的心病上了，我急得語無倫次：「這──這怎麼可──可能？我們有兒子，你──人還那麼好──」

妻子認真審視我一眼：「諒你也不敢，你就是有那個心也沒那個膽兒。」

我如釋重負：「你放心，我有我的道德底線。」

妻子嬌嗔地哼了一聲：「有時候不提防，道德底線也會被擊穿，就可能沿著那條通道滑向無邊的遠方。」

她的話很有哲理，我很動情地說：「你就放心好了，咱們是同班同學，你應該瞭解我才是。」

她卻譏諷地說：「人心難測呀！再說人也會變的。」

她說得不無道理，這也是我經常思索的問題。我時時告誡自己，無論何時何地，也要做道德規範的守望者。我摟抱著她，悄聲說：「咱們現在正在爬坡，是最艱苦的時候。兒子已升入重點高中，等兒子一考上大學，咱們才算卸下脖子上的軛具，可以緩口氣了。」

這一夜，我們夫妻十分溫存、甜蜜。

十一、兩顆新星

滿族民間故事集《薩滿講的故事》出版發行儀式在縣裡召開了。出版社的責編和我們三位講述者、採錄整理人被邀請坐到主席台上，每人胸前還戴朵大紅花。縣政府還獎勵我們每人一千元。縣委書記親自到會講話。他說：「我們縣有史以來第一次公開出版一本書。這是大喜事，是全縣人民的光榮。縣裡非常重視，希望再接再厲，出第二本第三本，多出好書，為搶救和發揚民族文化遺產多做貢獻。」

這事在全縣引起很大轟動。一個被人瞧不上眼的薩滿一夜之間發跡了，前後共有四千元的收入。這可不是小數。還有那個索玲，一夜之間也成了紅人，又出書，又得獎金稿費，人們都對她刮目相看了。

這時的關天心已是今非昔比。參加發行儀式時，穿著西裝革履，頭髮梳得倍兒亮，鬍子刮得淨光，冷眼一看，似乎比我還年輕英俊。我為他們命運的改變而高興，我也為這本書順利出版而欣慰。它的積極意義隨著歲月的流逝必將顯現出來，對此，我是堅信不疑的。

　　不久，省裡召開文學藝術界聯合會代表大會。我被選為代表。不知道關天心和索玲能否參加會議，他們兩人哪怕有一人能參加會也好。我到大會秘書處報到，查找一下他們那個地區代表團人員名單，他倆的名字赫然在目。天公地道，他倆有資格被選為代表，參加這個會議。

　　正式開會的前一天晚上，有人敲我家的門。我打開房門一看，不禁吃了一驚，原來站在門外的竟是他倆——關天心和索玲。

　　「真沒想到能是你們倆。知道你們要來參加會，沒料到竟能找到我的家。」

　　我把他倆讓進屋，急忙喊妻子出來。妻子見了他倆先是一愣，繼而就笑了：「不用你介紹，看我能不能猜對。你是關天心，你是索玲，對不對？」

　　我們四人幾乎同時大笑起來。

　　他們兩人情緒異常興奮，感謝之類的話語總是不離口。我有點急了：「以後再不許提這茬兒。咱們三人合作初見成果，以後合作的時間長著哩。」

　　妻子給他們倒茶，我給關天心敬煙，說說笑笑，很是開心。關天心要小解，找不到廁所。我領他到衛生間，他以為盥洗盆就是小便池，就要往裡撒。我這才明白，他這是第一次到樓房裡。弄不好明天開會能鬧出笑話來，我就詳細告訴他哪裡是大便池、哪是小便池、哪是盥洗盆及如何沖水等。

　　回到客廳又嘮了一陣嗑兒。我說明天上午就開大會，別誤了點兒，咱們明天會上見。

　　他們站起身要走了，卻見關天心從門後拎出個大帆布袋，遞給我說：「山區的特產，我倆的一點兒心意。」

　　我向來擔不得別人的一點兒好處，就有些不悅：「弄這個景兒幹啥？我不

喜歡這套做法。」

索玲忙打圓場：「我們的一點兒心意，你要不給面子，咱以後再怎麼合作？」

我只得收下了。他們下樓去了。我打開帆布袋一看，有黑木耳、猴頭、元蘑和一大包蛤蟆油。這些東西價值不菲，我有些不安。妻子說：「收就收了吧，我瞄過他們的身材了，明天給他們各買一套衣服，不就扯平了？」

這是個妥善的辦法。妻子的心真細呀！

「真堪稱姽嫿女子，」她是在讚賞索玲的嬌美。「我看他倆有那個苗頭。」

「什麼苗頭？」妻子沒頭沒腦的話語，弄得我霧水一頭。

「他倆可能湊到一塊兒。」妻子說。

「這怎麼可能？簡直是滑天下之大稽。關天心大字不識幾個，還是個農民；索玲是中專生，城裡人，國家幹部，又這麼年輕漂亮，相差十萬八千里。」

「不信你就看發展。」妻子似乎不屑與我爭辯，卻轉換了話題，「這個索玲果然漂亮，如果我是個男人，我也會喜歡她的。」

她的弦外之音我聽出來了，這是在點劃我。我有點犯急：「看你又來了，疑神疑鬼的。」

「我一點兒也不擔心，現在你沒戲了。」她是在戲謔我。

「你神經出毛病了吧。」

她只是抿嘴笑。

大會秘書處指派我為聯絡員，我要求到關天心、索玲所在的那個組聽會。秘書處同意了我的請求。大會開過後，就分組討論，我始終與他們在一起，連吃飯也同在一張桌上。

他們兩人彷彿深山老林中升起的兩顆新星，異常引人注目。根本原因就是《薩滿講的故事》一炮打響。這本書在國內民族學界、民俗學界、民間文藝界引起很大轟動，北京的專家學者給予很高的評價。各學會、協會選舉時，關天

心竟破格被選為省民俗學會和省民間文藝研究會的理事，還是臨時辦理入會手續當選的。

大會結束後，他們都回縣了。我送他們上的火車。我把妻子給他倆買的兩套衣裳塞給他們。他們推拒再三，還是不情願地收下了。檢票之前，索玲神神祕祕地捅了我一下說：「我有話想對你說。」

「有什麼話還背人？」我有點納悶兒。

她聲音壓得很低：「我發現個苗頭。」

「什麼苗頭？」

「這些天不少人老是圍著這個薩滿轉，有記者，有作家，還有些不知是幹什麼的人，問這問那的。」

「問就問唄，咱無權干涉。」

「你不說他是個寶嗎？都給挖乾淨了，咱幹什麼？」她很認真。

這的確是個問題，不能不引起注意。我擔心有些急功近利的人，不是用科學的方法去採集、記錄、整理、研究，而是現得利，零打碎敲，搞得面目全非，是非難辨，就像小煤窯一樣亂採亂挖，把好端端的一個礦山搞得稀巴爛。我們三人是有系統有計劃按部就班進行合作的，工程量大，耗費時間也不會少。有的人得到一點兒信息就生發開去，胡編濫造，魚目混珠，這的確會影響我們下一階段的工作。

我感到棘手，一時又想不出妥善的對策。她見我不表態，就說：「快檢票了，我們就要上車了。這事你得往心裡去。我已決定跟他談話，明侃了，除了你我，任誰來採訪也不接待，即使見面了，也不說不唱不表演。」

檢票鈴聲響了。不待我表態，她和關天心已通過檢票口。她返身對我招手，說：「就這麼定了！」

這個索玲，初涉學壇，就要搞資料壟斷，這沒有什麼錯誤，關鍵這不是一般意義上的資料，而是一個大活人，誰能看管住他？

十二、奇異的婚配

他們回去一週以後，關天心給我打來電話，告訴我他被選為縣政協委員。我為他高興，並囑咐他：「你參加過省文代會，知道不少事情，你應該瞭解自身的價值了。這期間，你什麼也別幹，就靜下心來回憶，想薩滿跳神的種種儀式，想神本神歌，還有薩滿舞蹈、滿族民歌及敘事詩。我不久就到旗屯找你，咱們還得合作下去。」他信心十足地說：「你就放心好了，這些東西都裝在我的肚子裡，對誰我也不會輕易說唱，只對你和索玲開放。」

我明白，索玲肯定把話跟他攤開了，真起作用了，這未必不是好事。

有幾個月了，沒有了關天心和索玲的消息。終於有一天，收到索玲寄來的包裹，打開一看，是二十多盒錄音帶和十幾本稿子。她在附言中說：「于老師，這是關天心唱的神本神歌的錄音帶，全是用滿語唱的。關天心懂滿語，大概意思能翻譯出來，但他不大識字，更不會寫，我就按他口述的意思譯過來，又擔心不準確，無原文的神韻，就只好求你請懂滿語的學者給鑑定一下。這些神本神歌有關氏家族的，有石氏家族的，還有我們索氏家族的。他說他還會唱許多長篇敘事詩。他八歲就不當薩滿了，他是從哪兒學來的？尤其是用滿語唱的，他是怎麼學會的滿語？我也蒙了。聽你的回信。」

他只學過兩年薩滿，解放後再未從事過薩滿活動，還不識幾個字，竟會滿語，他是怎麼學來的？會唱關氏家族的神本神歌可以理解，而石氏、索氏的神本神歌他是從哪兒學來的？當年，每個氏族的家薩滿只唱自己氏族的神本神歌，不可能請外姓氏的薩滿唱自己姓氏的神本神歌。聽說滿族有一部民間長詩《烏布西奔媽媽》，我還沒見到過；若能唱好幾部長詩，那可是件蹊蹺事。

我如墮五里霧中。

我研究民間文學、民俗學，也涉獵宗教學，對薩滿教學也略知一二。我是個無神論者，我不相信什麼特異功能，更不相信有什麼神靈鬼怪，但這個關天心身上包裹著的神祕色彩，我百思不得其解。

我找到懂滿文的學者，求他聽聽這些帶子，是否是滿文。他當場用放錄機播出，流淌出來的聲音沙啞而渾厚，伴有鼓聲和腰鈴聲。這位滿學家聽了半個小時，按了開閉關說：「果真是標準的滿語，是關氏家族的神本神歌。」

　　我吃驚非小，就把索玲抄譯的譯文拿給他看。他看了一遍，說：「是這個意思，但缺乏文采，也缺乏滿文原有的韻味。」

　　這一切全是真的，我愕然了。

　　看來要翻譯整理這些稿子，非這位滿學家莫屬了。

　　我說：「這樣做行不？你翻譯過來，我和索玲再加以潤色，增強文學色彩；你再看一遍，直到準確滿意為止。算咱們四個人合作，我跑出版社，爭取出版。即使出版不了，也不能叫你白勞動，我付給你翻譯稿費。」

　　這位滿學家對這部手稿興趣很濃，感情也很深，因為他就是滿族正黃旗人。他當即表示同意，我倆還簽了合同。

　　我正想把這事告訴索玲，恰好李澤良給我打來電話。寒暄過後，他語調低沉地說：「你沒想到吧，你做夢也不會想到的。」

　　他的話讓我摸不著頭腦，我問：「到底是啥事？」

　　「告訴你個好消息，關天心薩滿和索玲結婚了！」

　　「什麼什麼？」我簡直不敢相信自己的耳朵了，「你再說一遍！」

　　他又重複了一遍。

　　「這怎麼可能？」我異常驚詫。

　　「怎麼不可能？還不是你做的好事！」他的口吻顯然有埋怨我的成分。

　　「我告訴她關天心肚子裡有乾貨，他是個大山貨，我們挖到寶了，這不摻假，可我沒叫她跟他結婚呀！再說，她壓根兒就沒有透過一點兒口風呀！」

　　「別鬧心了，存在就是合理的，不管怎麼說，我還是那句話，索玲是個好人，只怕又要找不到北了。」

　　放下電話，我心裡很不是個滋味，我甚至怨恨起索玲來，眼皮子淺，沒見識，拿自己終身大事當兒戲。

妻子已經聽清電話裡的內容，笑著嘲弄我：「怎麼樣？我說什麼來著？」

「我算服你了，你眼睛真毒！」

「我還可以斷定，他們關係長不了。」

我沒吱聲，心裡贊同妻子的觀點。

「還有，」她又賣關子了，「我還敢斷定，」她用左手的食指點著右手大拇指的指蓋兒，「她在你的心裡還有這麼一小疙瘩地方。」

「去，去！沒意思！」

「人家結不結婚關你什麼事？你生的哪門子氣？」她在挖苦我。

我這才發現自己有些失態，難道我內心的角落裡真有那麼一小疙瘩地方被她占據著？這個，連我自己都不敢承認。不過，我得認輸，妻子的眼睛真毒，是高明的心理學家，不愧是二十來年的骨幹教師。

滿學家把神本神歌翻譯出來了。我將索玲的譯文與他的譯文兩廂對照，發現還是這位滿學家高出一籌，翻譯得準確生動。但他畢竟不是搞文學的，我就花了一個多月的時間，逐行逐句反覆推敲，還作了註釋，直至認為滿意了才定稿，定名為《薩滿世界》。

這純屬學術著作，出版社一般不願出這樣的書。我只得硬著頭皮再次去找出版社我那位老同學。他接過稿子，翻弄一陣，面有難色，最後這樣表態：「我細讀一遍，再給你信兒。」

我心中無底，他若不幫忙，其他出版社我更無門路了。果真出不了書，我只好掏腰包付給滿學家的翻譯稿費了。

大約過了一個月，他才給我電話，叫我去出版社談稿子。在去出版社的路上，心中還犯尋思。我們是老同學，他不好意思作為一般作者退稿了事，很可能先客套一陣，甚至請我吃飯，借酒蓋臉，說些出版社的難處之類的話，把我打發了。

事情出我意外，見了我他劈頭一句就是：「這書要出肯定賠錢，但我還是要出，就是因為它有學術價值。一般出版社可能最多印一千冊，我卻要反其道

而行之，印它五千冊，五千冊銷完就有小利。我想把週期拖長點，先存放在庫裡一些，不出三年，估計就能銷完。」

這小子真有經濟頭腦，是大手筆。不少出版社都步履維艱，甚至難以為繼，他這個社卻辦得轟轟烈烈，經濟效益和社會效益取得雙豐收，多次受省出版局的表彰。

《薩滿世界》出版了。起初銷路確實不好。但他不急不躁，按時按數發給我們稿酬。他說：「這屬於學術著作，稿費更得從優。」全書共二十多萬字，稅後稿費給我們一萬元。我總算把墊付的翻譯稿費補回來了。又得了兩千五百元稿費。那五千元由出版社直接發給關天心和索玲了。

這本書的影響逐漸擴大，直至銷往港澳台和日本、歐美各地。有的學者稱之為「活化石之歌」。不過三年，果然售罄。在書攤上偶爾能見到幾本，售價已高出定價的好幾倍。

這一天，索玲不打招呼就闖進我的家。她的提兜裡裝滿了稿件，是《渤海情恨》的手稿。

她胖了點兒，越發顯現出少婦的豐美。

我們好像有了約定，均不談她的婚姻問題。

妻子挺喜歡她，不讓她住旅店，就住在我們家。她和妻子同睡一張床，我就睡在書房裡的沙發上。

她倆嘰嘰喳喳地說啊笑啊，好像有永也說不完的話。我自己在書房裡看她的手稿。可能是寫故事順手了，她對電視劇本的創作還不入道。給人的感覺是只見故事不見人物，也就是文學創作中最忌諱的跑故事梁子。文學創作中注重的是塑造人物，這就要有背景環境的狀描，細節的提煉選擇，還要有人物的刻畫。電影、電視劇屬於綜合性藝術，講究蒙泰奇手法，要有畫面感。這些都有待加強。連我這外行都能看出這些致命弱點，我估計哪位影視導演也不會感興趣。

有一天，吃完晚飯，當著妻子的面兒，我很策略地說了我的觀點。她還是

由衷地接受了我的意見，說先放一放，再多讀些書，重新結構。看得出來，她不甘心只做民間文藝的蒐集整理者，她要在文學創作上顯示一下自己的實力。我不便點破，更不能潑冷水，人各有志，經過磨煉和挫折，她備不住能寫出好電視劇本來。當然文學創作除了生活積累外，還需要悟性和靈氣，她要闖就叫她闖吧。其實，真能在民俗學和民間文藝學上搞出名堂，做出成績，也是不容易的。她忽視自身的優勢和資源，定要往電視劇創作上闖，我總覺得把握不大。事實證明，她以後的又一場悲劇與這個不切實際的舉措有很大關係。她跟著感覺走了，誰也拉不轉。就是離開我的家時，她還是信心十足。

晚上睡覺前，妻子對我說：「索玲懷孕了，要生小薩滿了。」

我說：「我說她咋這麼高興。」

妻子悽楚地笑笑：「將來還不知道怎麼發展呢。」

「能怎麼發展？好好過日子，撫養孩子，如此而已。」

「我總覺得索玲的目光裡有一種苦澀、無奈和失落。」

妻子的感覺真敏銳，這一點我早就發現了，但我能理解。

妻子近些日子日漸消瘦，我叫她去醫院看病，她說帶畢業班太忙，分不開身；正好兒子今年考大學。她說：「送走這批畢業生，兒子考上重點大學，送他入學了，我真得去醫院檢查檢查了。」

其實她一直在瞞著我。她幾個月前就確診為乳腺癌，但她對誰也沒說，原因很簡單，就是為了這個班的學生大都能考上大學，就是怕耽誤了兒子的高考成績。待她這個班大部分學生高高興興考上大學，待兒子終於考入了全國重點大學，她再去醫院檢查時，癌症已到了晚期。她所任教的一中盡了一切努力，花了二三十萬，也沒能挽回她的性命。

我的痛楚無法言表。

妻子病危之際，拉著我的手，有氣無力地說：「兒子爭氣，考上重點大學，以後的事就勞駕你操心費力了，我就是放心不下你，我走了你怎麼辦？」

「你別說了，我跟兒子一起過。」我哽咽著。

「這不現實，不是長久之計，總得找個人做伴，若不太淒涼了。」

「不，誰也不找，誰也不如你好。」

「我看索玲就不錯。」

「你怎麼現在還說這話？她是有夫之婦，馬上就要有孩子了。你是不是還在怨恨我？」我以為她心裡的疑團還沒有解開，還在生我的氣。

「他們長不了。」妻子用失神的目光覷著我，「她心中只有你，只有你，也只有她能代替我。只有把你交給她我才放心。」

這一刻，我心如刀絞。她彌留之際還這樣惦記我。感情是自私的，而她對我這麼慷慨無私。我懺悔，我為自己的行為悔恨，我不能再對她隱瞞了，這等於犯罪。

「我——我對不起你，這一生一世，就一件事我對不起你，我——」我含淚向她懺悔。

她制止了我的話語：「別說了，不就是琵琶頂子上的一次感情衝動嗎？」她笑了，「從見到那張照片時起，從你的眼神中，我就意識到了，我就讀懂了，但我堅信你不會走得太遠，你會懸崖勒馬，你不能沒有我，不能沒有咱們的兒子。再說，索玲那天對我全講了。她不是個壞女人，就是太不成熟了。她向我懺悔，她說你是個自制力很強的男人。我知足。」

她用瘦弱無力的手摩挲著我的頭髮：「頭髮白了不少。」一滴清淚在她的臉頰上滾動。

她就這樣走了，面部沒有太多的痛苦。

這一年我不知道是怎麼度過的，幾乎與關天心、索玲失去了聯繫。

十三、舊情難續

大約過了半年多，索玲又把《渤海情恨》修改稿寄給了我。我認真地讀過一遍，覺得較前稿好多了。我心緒不佳，拿不出準確的看法，就把手稿交給過從較密的一位導演，請他給號號脈，提些準確性的意見。這位導演看後寫出了

具體意見，認為基礎好，框架結構也可以，人物形象也立起來了，注重畫面感，情節也較起伏跌宕，只是現在的文化市場不好把握。現在清宮戲、床上戲及警匪戲賣點看好，有票房價值，而《渤海情恨》劇情較溫，屬正劇，大場面鏡頭又較多，投資就大。作為製片人不能不考慮經濟效益，不賺錢白忙活一陣犯不上，假若賠了錢，這窟窿就不好堵了。他建議先放一下，俟文化市場情況好轉，再相機而行。如果作者能拉來百萬元贊助，他現在就敢投拍。但拉百萬元贊助談何容易！

這位導演的話說得很中肯，我也不能難為人家。我把索玲的手稿複印一套，原稿連同導演的意見一併寄給她。我還給她寫了一封信，讓她先別著急，暫時先放一放，等待機遇，先幹點別的。當然，我沒有把妻子已去世的消息告訴他們。

這些日子，我耽於極度痛苦之中，幾乎沒寫一個字。

轉眼就到了九〇年代初了。這一天，省電視台文藝部一位主任到我家，商談要拍一部《薩滿世界》的電視系列片。他說，省主管文教的領導很重視這本書，電視台想把它立起來，復現已消亡了的薩滿事象，這對搶救民族文化遺產十分重要。省裡考慮撥一部分資金，電視台再湊集一部分，爭取能在半年之內完成，作為國慶獻禮節目。這位主任讓我做策劃人。我考慮一會兒，表示同意。談到報酬時，他表示不論賺賠，我的月工資五千元。這個條件不薄，我表示同意。我說：「《薩滿世界》主要是再現薩滿的神奇世界，不僅要有外景、場景、實物，還要有核心人物，而這個人物只能是關天心，應該如何付給他報酬得敲定。」這位主任考慮一會兒說：「有兩個方案，一是一次性付給，類似演出費；二是他享有版權，類似給歌星出歌帶，按發行量稅後提成。」我說：「一次性給付是多少，你給我個底數，我好跟他談。」這位主任說：「頂多兩萬來元。」

「那麼按發行量稅後提成呢？」

「這就不好說了，發行量大，他可以得十幾萬二十幾萬，若發行量上不

去，可能什麼也得不到，只能給個勞務費，每天給一百元。」

我思忖再三，拿不定主意。一次性給付，頂多不過一個月，就能得兩萬來元，這比較實惠，也穩妥可靠。但假若發行量上去了，尤其銷往國外和港澳台地區，那提成的數字可就大了。這不是我個人的事，得徵求他本人的意見。

於是我決定二次去旗屯。先給關天心打了電話，告訴他我馬上要到他的家，有要事相商。這一次我沒去打擾李澤良，一則事情急迫，再則他也挺忙的，反正行走路線我已熟悉。

下午兩點多一點兒，我就到了旗屯，徑直來到關天心家門前。上馬石還在，門樓已經修葺一新，上面還苫蓋魚鱗青瓦，門楣上的木雕已重新彩繪，顯得鮮活而有生氣。門框已扶正，安上厚厚的門扇，並塗了黑漆。整個看上去給人以莊重之感。百年之前，這座薩滿的大院可能就是這樣。

我敲了敲大門，無人應聲，就喊關天心的名字。這時才聽到屋門啟開的聲音，大門也打開了。站在我面前的竟是索玲。

一年沒見，她沒有多大的改變，只是略顯豐腴了些，似乎更美了，是另一種風韻的美。

「知道你今天要來，」她眼睛一亮，笑了，上下打量著我，接過我的手提拎兜，不待我說什麼，就用一隻手摟著我，「到家吧。」

我就隨她進了屋。拉開房門，她把我讓進西屋。

滿族習俗，一般人不得進西屋。上次我們也進過西屋，但那時空徒四壁，也沒供奉什麼，也就沒那些講究了。如今情況變了，我有些犯躊躇。索玲看出我在猶豫，說：「對你沒那麼多說道。」她又上下瞧著我一會兒，「你顯得老些了。」我心裡話，家裡發生那麼大的事，我能不顯老嗎？我只是苦笑一下，沒說什麼。我撒目一下屋內，窗明几淨，煥然一新，以前的破敗景像已不復存在。萬字炕西牆上方，供著神堂，還有樺皮神匣。我知道神匣裡放著薩滿神器、神幔和神諭。這兒的確是不許外人進入的。索玲把我讓到南炕坐下，說：「關天心對你什麼都可以破例，他不會怪罪的。」我倆就並排坐在炕沿上。

我仔細觀察她，總覺得她不及以前那麼純情歡悅，有些成熟，又有些壓抑，目光也顯得有些空洞。

　　「他去給你弄吃喝去了。菜、肉都買好了，這會兒到河邊買魚去了，想叫你嘗嘗爾珠河裡的鮮魚。」她說的「他」無疑是指關天心而言。

　　「這何必呢？我們這是誰跟誰？」

　　這時東屋裡傳來嬰兒的哭啼聲。她站起身說：「孩子生下都快一年了，你還沒有見到呢。」

　　我說：「看看去。」

　　我就隨她進了東屋。孩子正躺在炕上的褥子上，蹬達小腿在哭叫。看樣子是餓了。她抱著孩子，湊到我身邊，讓我看。孩子又白又胖，臉形酷似索玲，只是眼睛小了些。

　　「就這雙眼睛不著人愛。」她說。

　　「我看怪好看的，叫什麼名字？」

　　「關聰，我起的名兒。」她瞅著孩子，又抬起頭端詳我，說出一句令我很窘迫的話來，「這要是咱倆生的孩子該多好！」

　　這嗑兒叫她嘮散了，我一時竟無話可說。她似乎不在意這些，沒事似的給孩子換尿布，然後就抱起來餵奶。她面對著我，也不管什麼避回，攏起衣襟，呈現在我面前的是一對粉白的乳房。她把一隻乳頭塞進孩子的嘴裡，用另一隻手擺弄另一個乳頭。她的乳房很好看，褐色圓潤的乳頭沁著乳珠。她就用手擠壓乳房。我很尷尬，正想別過臉去，不知她是有意還是無意，忽然將一串兒乳汁射了我一臉。我驚呆了，不知是惱怒還是說點啥好，她卻嘎嘎笑了起來：「你舔舔，甜著哩。」

　　我並沒有舔，我掏出手帕拭著臉上的乳汁。我很惱火，真想發作，但又無法發作。我心裡想：她變了，全變了，簡直到了不要臉的地步。

　　「沒辦法，我就是喜歡你。」她收斂了笑容，眼裡掛著淚花，僵硬而露骨地說了這麼一句話。

「你已是人妻人母了──」我的潛台詞是應守鋪、守本分。

「人妻人母怎麼了？」她的情緒忽又激動起來，「我愛就愛得直白痛快，無遮無攔，不像你，活得那麼理念，活得那麼條條框框，那麼軟弱又那麼虛偽！」

「我怎麼虛偽了，人類總得有道德規範吧！」

「就是說你對我一點兒沒動過情？可我從你跟我的熱吻中，我感覺到了。」

「又提這個了，都過去幾年的事了。」我說話底氣乏力。

「多少年我也不會忘記！愛是不能忘的！」她淚流滿面，鼻翼翕動，滿臉的憂傷和怨懟。

「那你要我怎麼樣？」

「不會要你怎麼樣的，你放心，我不會賴上你，我知道怎麼去保護你的名譽。我只要你說真話！」

「咳！」我長嘆一聲。妻子屍骨未寒，我還哪來的這份閒情逸致？我心灰意冷，什麼恩呀愛呀似乎已遠離了我，但我又不必要對她說這些，果真說了，這個女人不知能做出些什麼傻事來。

正在這時，傳來外面大門的響動聲，可能是關天心回來了。她滿臉淚痕，這要叫關天心見了，他會想些什麼呢？我正擔心著，她卻用手帕揩乾淚水，換上副笑臉，又嘎嘎笑了起來。

房門開了，關天心闖了進來。

十四、做客薩滿家

關天心手中拎著兩條大魚，一條是細鱗魚，另一條是重唇魚，剛出水，活蹦亂跳的。

見了我，他的臉笑成了一朵花。他急忙把魚放進水桶裡，就跟我握手。

「我到河邊取魚，昨天就跟釣魚的人約定好了的，有幾條要幾條，這不，

今天就釣上這幾條，讓你嚐嚐鮮！」他樂不可支地說。

我說：「我是跟你來商議事的，吃飯不是主要的，有什麼吃什麼，農家便飯我最愛吃，何必如此費神勞力？」

「這話于老師可說遠了，」他眯縫著眼笑道，「你第一次來我家，還請我吃飯喝酒，這叫啥事？多咱想起來都覺得心裡愧得慌。如今，托你幫忙，我光景好了，不知怎麼感謝你才好。」

「你這話又說離譜了，」我糾正他，「應該說是托黨的好政策。」

「那是，那是，」他樂得直點頭，「咱今天就是吃飯喝酒，中不？」

「中，就聽你的。」我也很高興。

「你和索玲先嘮著，我這就去忙飯。」

他踱出去了。索玲瞅著他的略駝的背影說：「瞧見了吧，不是當初那寒酸相了。」

「我也沒料到，你當初那麼蔑視他，現在竟成了他的妻子。」

「這是歷史的誤會，我又一次沒找到北。」她淒然一笑，我嗅出一點兒信息來。妻子的眼睛真毒，她果然心理不平衡，又無可奈何。她用埋怨的口氣說：「沒想到，你也說假話。」

「此話怎說？」我感到委屈。

「你不是說他如何如何了不起嗎？」

「是呀！我至今也這麼認為。」我爭辯道。

「你總有一天會明白，他狗屁不是！」

我心裡不舒服。我認為關天心是難得尋覓到的好薩滿，是活態文化的承載者，他記憶好，人也不錯，歷史將證明他的價值。他是宗教文化和民族文化的載體，但他不是研究這種活體文化的學者。學者離不開他，他卻可以離開學者而獨立存在，直到泯滅。這時我突發奇想：他倆在一起，就好像新文化和傳統文化相碰撞，你索玲的失誤在於把學者與學者研究的寶藏等同起來。戀愛結婚是人的感情天平全方位的傾斜，是命運與生命的終生投入，所以應慎之又慎。

你把這次失敗的婚姻歸罪於我，是不公允的。我妻子說的對，你太不成熟。我認為，何止是不成熟，說穿了是感情的盲目投入。我現在不想和你辯論這些，以你現在的人生閱歷和生活準則，我說服不了你。我感到很累，無論精神還是身體。

這時我才認真地環顧一下室內。真是鳥槍換炮，今昔巨變。室內經過裝修，木板天棚重新拋光油漆過，牆壁粉刷過，家用電器樣樣俱全。索玲對此卻無動於衷。我理解她的心情。知識女性有現代意識，有精神追求。她嫁給了不是文盲的文盲，內心的苦悶可想而知。但他們已有了兒子，兩人又有一定的知名度，再想改弦易轍我認為是根本不可能的。輿論的壓力大於夫妻間的凝聚力黏合力，夫妻間的生活只能是乏味而又顯得堂而皇之。輿論往往成就了夫妻，但卻代替不了感情。

我們兩人就這麼面對面地無語靜坐，嬰兒吸吮乳頭的咕咕聲顯得更為清晰。此刻，她內心一定在翻江倒海，我可以猜測得到她在想什麼。

關天心回來了，身後還跟了個年輕小夥子。

「于老師。」小夥子走上前跟我熱情握手！

我仔細端詳，終於認出來了：「虎子！」

虎了笑著答應著。幾年工夫，他已長成大小夥子了。

關天心不無自豪地說：「他成了我的徒弟了。」

虎子謙恭地說：「關老師天天教我唱神歌念神本，還教我跳家神、祭神桿和跳野神。」

他說得自自然然，毫不愧怍，我卻犯了尋思：都二十世紀九〇年代了，竟還產生了個小薩滿。我熱愛薩滿教學，而對新生的小薩滿卻茫然懵懂。我懷疑這是否符合時代潮流。譬如說，我研究中國的民間巫術，而一個巫婆或神漢堂堂正正站在我面前，信誓旦旦，言之鑿鑿，滿口雌黃，無拘無束無愧無怍地作妖施法，我總覺得很彆扭，虎子不是神漢，會唱神歌念神本未必就不是好事。我懂得，薩滿跳神不是一個人的宗教行為，還需要有幫手，即侍神哉力子，也

就是二神，又稱祝神人，就像漢族跳大神的幫辦、幫兵、二大神一樣，還真需要個小薩滿來幫襯。找都難找，我還正愁現培養不趕趟呢，想不到虎子將要被派上用場。我心中暗自高興。

不一會兒，飯菜擺上桌子，有白肉血腸、殺豬燉菜，有清燉重唇魚、紅燒細鱗魚，還有小雞燉蘑菇。關天心說，豬血、腸衣是從屠宰廠買來的，昨天就把血腸灌好了。血腸做成清渾兩種，渾血腸是用豬血灌成的，清血腸是用豬血澄清後上層的血清加雞蛋清攪拌，再加上作料灌成的。兩種血腸都鮮嫩清香，口感極佳。白肉片得薄如白紙，吃起來肥而不膩，異香爽口。那魚也做得滋味特別，絕不遜色於李澤良的手藝。小雞是家養的笨雞，蘑菇是自家採集烘曬的元蘑。關天心的手藝，給我留下永遠也抹不掉的美味記憶。

孩子已經睡了。索玲放下孩子，親自斟酒布菜。她的情緒這會兒又好起來，頻頻舉杯勸酒。我們四個人觥籌交錯，開懷暢飲，歡聲笑語，好不熱鬧。酒香、菜香與歡笑聲，衝出屋宇，散蕩在院外的空中，香了半條街。索玲有酒量，我不敢跟她拼酒。關天心知道深淺，也甘拜下風。只有虎子不知根底，跟她拼起杯來，先乾白酒，後乾啤酒，不到一個小時，虎子就喝得醉眼朦朧，暈天暈地。吃完飯，撤下飯桌，虎子倒在炕上呼呼沉睡起來。索玲卻神態清醒，應對自如。

天已向晚，我們邊談話邊喝茶。我說明來意，他倆都表示同意。涉及具體方案時，關天心說一次性付給兩萬的辦法可行。我也認為這個辦法穩妥可靠，但索玲卻不同意，她主張按發行量稅後提成。

關天心說：「要是發行量上不去，只能得三千元，三千和兩萬哪個多？」

索玲說：「要是發行量上去了，那可能是幾十萬。」

我也拿不準主意，他倆爭執不休，沒有個定奪。關天心說：「咱別爭了，我請天神阿布卡赫赫給指點吧。」

於是他就閉目靜坐，口中唸唸有詞。不一會兒，他就翻起白眼根子，又蹦又跳的，這就是天神附身了。

「我是天神阿布卡赫赫，你們的事我都清楚，就照我說的辦：一次性收兩萬，萬無一失！人不可太貪，太貪就要雞飛蛋打！」

不一會兒，關天心又恢復了正常，跟好人似的，他問：「天神阿布卡赫赫是怎麼說的？」我沒法回答，因為我根本不相信這一套。想不到索玲卻說：「天神阿布卡赫赫說了，按發行量稅後提成，大不過得它三千兩千，人不可太貪，太貪就要雞飛蛋打！」

我憋不住要笑，關天心卻瞪著小眼珠子發呆：「天神是這麼說的？」

「就是這麼說的，于老師，你可以作證。」她朝我直眨眼。我先是不作正面回答，索玲卻剜了我一眼，我被逼到牆角，不能沒個態度，只好隨聲附和說，天神是這麼說的。

關天心臉色蒼白，口唇哆嗦，可以看得出，他是老大不情願，但也無法可施，只好無奈地說：「那就照天神說的辦吧。」

這場戲就這麼收場了，方案也就這麼定了。

下面要研究的事很多。肯定會來不少人，要作些準備。我說場面要大些，要隆重些，把薩滿的所有活動一次性搞完，如跳家神、放大神、祭天神、續家譜、豐收祭等，都要搞全了。這就涉及薩滿服裝、神器、鼓、腰鈴、銅鏡，還有索羅桿子、桿子上的錫斗，要殺多少豬、場地、時間等。最後定下，在初冬舉行，場地就設在關天心家院子裡，以關姓家族之名跳家神、祭天神、續家譜，以全屯之名跳野神。關氏家族的神樹就在屯前山坡上，還完好無損。準備殺二十口無雜毛的黑豬，還有彩紙、黏谷、達紫香（即年息香）等，都一一落實。這些都由關天心兩口子操辦。關天心說神器神服他都有。索玲驚奇地問：「在哪裡，我怎麼沒見到？」關天心笑而不答，顯得胸有成竹，神祕地指一下天棚。原來這些東西並沒有損毀。「文革」中，那麼批鬥他，侮辱他，打他罵他，他受了那麼多的罪，沒吐半個字，竟把這些東西保存下來。單從這一點說，他就有功。

「這麼些年了，能不能蟲蛀腐爛了？到時候可別抓瞎呀！」我提醒他。

他說：「不可能，我去年還上去看過。」

為保險起見，他搬過梯子，上了天棚，不一會兒就拎下個大麻袋。打開一看，果真是薩滿的服飾和神器。我雖然搞了幾年薩滿教學的研究，可從來沒見過薩滿服飾。我仔細地檢視著，關天心就給我一一作介紹。薩滿服是用鹿皮做的，前開襟，像蒙古族人穿的長袍，有四個皮扣，脖領上還綴著東珠。胸前有兩塊布拼的方格，上繡云頭卷花、山花、魚、鹿、飛禽的圖案。前胸掛有兩列銅鏡，每排各三個；後背有一大兩小三個銅鏡，這是驅妖的法器，護身的法寶。兩邊還有數個小銅鈴，是用以闢邪的。馬蹄袖口上釘有日、月、星辰的皮製圖案。後腰綴著兩尺長的飄帶。鐵製圓形帽架上有鐵皮帽托兒，上面綴著彩布，帽前簷有串珠流蘇。這就是神帽。我仔細觀察神帽：神帽上有大小不一的三個小銅鏡，加上襯裡、珠簾、綵帶有二十斤重。帽頂上還鑲著一隻製作精巧的小銅鷹。這說明鷹是關家薩滿信奉的首神。鼓鞭是用筋套狍子的爪子皮製成的。神鼓是單面鼓，類似抓鼓，中間有鐵環，還有神杖及占卜用的獸骨等。那神鼓用手指一彈，還咚咚作響。

我很高興，最大的難題解決了。

索玲卻直眉愣眼，直門吃驚，嚷道：「好啊，這麼大的事你還瞞著我！」

關天心只是抿嘴笑。

這神服神器太重要了。我叮囑索玲，一定要一件一件給我拍照下來，太有價值了。索玲爽朗地答應了。

事情就這麼定下來了。

第二天，我和關天心、索玲分頭到村（大隊已改成村委會）、鄉政府，說了省裡的意見。不用他們花一分錢，還能提高村、鄉的知名度，他們都拍雙手贊成，並表示要大力支持。

和他們兩口子告別，我下午趕到縣城，找到李澤良，說了這事。李澤良聽了很高興，也很支持。他帶領我分頭見了縣委書記和縣長。縣領導本來對這項工作就很重視很支持，聽說省裡要在這裡舉辦這麼大的一項活動，更是喜出望

外，並表示，縣裡還要在人力、物力及財力上給予支持。

事情辦得很順利很圓滿。

晚上，我住在李澤良的家。他又熱情款待了我。飯桌上我對他兩口子說了關天心、索玲兩口子接待我的情況。李澤良嘆了口氣說：「當時她鬼迷心竅，誰的話也不聽，非嫁他不可，還打出你的招牌。你說，這不又是椿鬧心的事！還不是一葉障目！」

「那——她的工作？」我試探著問。

「先請產假，以後可以考慮停薪留職。公職得給她保留，往後事情說不準還往哪兒發展呢。」

我懸著的心放下來了，連聲說：「這就好，這就好！」

回到省城，我又跑省民俗學會、省民間文藝家協會、省音樂家協會，爭取他們的支持。這些協會都認為這是件好事，也是他們分內事，一定派人參加會議，站腳助威，並在財力上給予支持。我又跑省民委，省民委不但派人與會，還資助兩萬元。又跑新聞單位，請他們派記者參加會議，給予報導和宣傳。省電視台文藝部搭建個班子，立即著手工作，並擬定於十二月中旬到旗屯開機拍攝。

十五、喧騰的旗屯

十二月十三日，人們陸續到達旗屯。打前戰的人已把食宿、錄像等事宜安排妥帖。省市有關媒體也派人參加會議。一時間，這個大森林中的旗屯，真的喧嘩熱鬧起來了。

這次的薩滿跳神活動其實就是復現古老的宗教儀式，純屬學術行為。不用說，導演、文字撰稿及攝像等都圍繞關天心轉。第一天，是關姓家族的家祭，也就是跳白臉神、領牲、殺豬、擺件子、打黏糕、換索（即柳枝祭）、跳餑餑神祭、跳肉神祭、背燈、祭祖等儀式都在這一天進行。第二天是祭天，俗稱唸桿子，主要是以索羅桿子為中心的祭天活動。第三天是野祭，主要以神樹為中

心的祭野神活動。關天心是所有這些活動的核心人物，主要幫手就是他的徒弟虎子。

關天心身穿薩滿服，邊扭腰鈴邊擊鼓，整個身子氤氳在達紫香的煙霧中。這達紫香又叫年息香、芸香，是五月初五采來的報春花的葉和花曬乾後用藥碾子研成末並用籮篩過的粉末。撒在香盤裡，點燃後，就濃香撲鼻。這是虎子親手採集製作的。同時還點燃了線香（稱漢香）。神本神歌全用滿語唸唱，其間穿插一些薩滿的宗教動作。關天心大顯身手，大出風頭。他一會兒攀上高高的大樹的頂端，一會兒爬行在房梁房箔上，一會兒赤身鑽進冰窟裡，一會兒又赤腳登刀梯、跑火池子，一會兒又口吐蛙蛇於地……或翩翩起舞作鷹飛狀，或臥地扭身蜿蜒前行如蛇行走，或騰身飛躍如猛虎下山。

有半個世紀了，人們又一次見到了薩滿的跳神活動，旗屯及外來的人都大開眼界，大飽眼福。

而索玲對此並不是太熱心，她似乎洞察了一切，有時迫不得已大面上幹點營生，也只是盡一下地主之誼而已。

尤其關姓家祭續家譜時，做的那白肉血腸，味道真是到家了，比起關天心招待我時吃的那頓似乎味道更好。院子裡支上兩口大鍋，一鍋煮豬肉，一鍋煮心肝肚和血腸，鍋頭（廚師）腳踏鍋台，蜷起左腿，左腿上放著個小菜墩，用片刀片那白肉血腸。白肉薄如白紙，對陽光一照，連脈絡都看得清清楚楚。那血腸切開後，呈碗狀，油亮油亮。關氏家族近百口人，加上從外地趕來續譜的各枝各系，有一百五十多口，他們坐在桌子四周，吃大白片肉，吃血腸，吃得嘴丫子直淌油。索羅桿上的錫斗裡，放上豬腸豬血及五穀雜糧，是祭烏鴉的。

第三天的野祭，還夾雜跳邪神、還願、燒太平香、燒官香（即大夥出錢跳神的稱謂），項目多，內容豐富，把跳神活動推向高峰。用白紙蘸上豬血，塗到神樹上。在神樹附近擺上一垛木柈子。天黑時，點燃木柈，木柈噼啪燃起，火光衝天，燒紅了半邊天。這其實是祭火神，是信仰火圖騰的表現，只是摻進了娛人娛神的成分。全旗屯的人和所有來賓，都起身舞蹈。滿族人愛跳莽式空

齊舞，來賓也學著跳。舞在最前邊的就是關天心和虎子。關天心身著薩滿神服，手執神棒，像是在驅鬼迎神。最後他倆光腳跳進火池子裡，連跑了五趟。我細看他們的腳，竟沒有燙傷。我大惑不解。後來我在一本科普雜誌看到一則說明，才恍然大悟。原來人的皮膚表層有一層自衛膜，有這層膜保護，接觸上千度熱體不超過半秒鐘，是不會傷人的。他們一步跑一米，還不到半秒鐘，自然不會被燙傷。但這卻迷惑了許多人。

跳完了舞，所有的人就坐在鋪著塑料布的空地上，用筷子夾起白肉血腸，蘸著鹽面，吃了起來。任何人都可以入席，包括過路的人。吃喝完畢，剩下的肉不許帶回村，就地挖個坑埋掉。

三天的祭祀結束，二十口肥豬全部吃光。

我們回到省城，就開始製作《薩滿世界》電視紀錄片。解說詞是我撰寫的。我們以極快的速度製作完畢，就開始了發行工作。沒想到，三集紀錄片，銷路很好。購買者除各家電視台外，更多的是全國各地從事民俗學、民族學、宗教學、文學、美術、音樂、舞蹈的單位和專家學者。國外及港澳台地區購買的也不少。不出半年，第一批製作的帶子就全部銷完。電視台賺了一大筆。按協議，關天心稅後淨得六十多萬元。接著又出第二批帶子，關天心又得了幾十萬元的報酬。

這是誰也不曾想到的。關天心樂得合不攏嘴，自言自語：「多虧天神阿布卡赫赫保佑！」

這三集電視紀錄片，在國際上也得到專家學者們的肯定和讚揚。加拿大一位學者專程來中國，找到關天心，硬要買他那套薩滿神服，遞價六萬美元。關天心說，這套神服有三百來年歷史，賣不得，果真賣了，天神阿布卡赫赫會降罪的。幾百年來，我們關家出了十多位大薩滿，他們死後，不僅抓了新的薩滿，還闖了香堂，報了號，他們已歸長白山為神了，這套薩滿神服就是他們留下的。我也要用它闖香堂報號，也要歸長白山成神。他說得神祕兮兮，我半懂不懂，但還是看得出來，他是虔信不疑的，他相信他會去長白山成神，也要成

為大薩滿。

我當時串聯發起參與單位時，竟然忘了省舞蹈家協會。及至《薩滿世界》電視紀錄片出版後，省舞蹈家協會的專家看了，大為欣喜，認為這是原始宗教舞蹈，很有學術價值，應專拍一部薩滿舞蹈。他們找到我，讓我出面搭橋，玉成此事。他們的經費有限，又不是出於商業目的，拍完後就存檔，供專家學者研究用。那意思很清楚，一是搶救遺產，二是希望關天心少要點兒報酬。

為此，我又趕到旗屯，見了關天心，說明來意。關天心很給我面子，說：「不要什麼酬金，我不缺錢，叫他們來錄制吧。」

我把關天心的意思轉達給省舞蹈家協會。舞蹈家協會除了表達感激之情外，為了隆重起見，又請示中國舞蹈家協會。中國舞協也很重視此事，打算與省舞協合搞，並表示多少也得給關天心點酬金。

事情就這麼定下了。

他們不知在哪家電視台請了位攝像師，由我帶隊，來到旗屯。

關天心積極配合，還負責接待工作。他真夠意思。

他會跳熊、虎、蛇、鷹四種舞蹈。這是純粹的原始舞蹈，不是據說是神醫華佗創作流傳下的什麼五禽戲。這其實是原始人歡娛本圖騰的民間舞蹈，竟然能傳承到現在，的確十分珍貴。

用了七天時間，就全部錄制完畢。中國舞協和省舞協對工作成果很滿意。他們的經費很緊張，竟然付給關天心四萬元。關天心說：「我答應過于老師，做貢獻，不收錢。」兩家舞協的人說：「這是寶貴的文化遺產，給四萬我們都覺得太少了，還這麼熱情地接待了我們，鬧騰六七天，再不收下這錢，我們就走不出你的家門了。」

一個拒收，一個硬給，雙方僵持不下。舞協的人讓我出面協調。我考慮雙方都有誠意，關天心還是收下為好。我就動員關天心：「領下這份情意，就收下吧，但你得去把稅交上。」關天心這才不情願地收了錢。

我們在旗屯的工作本來已經圓滿結束，但卻橫生出個枝節來，這很讓我放

心不下。舞協請來的那位攝像師年紀約三十來歲，長得一表人才，就是好說浪言大話，舉止也輕佻了些。我們都忙於工作，累得頭昏腦漲，沒注意他和索玲不知怎麼就拉上了關係。事情發展很快，僅僅六七天，關係就十分密切了。他倆經常在一起，喁喁私語。我擔心出婁子，就拿話敲打索玲：「這小白臉子，我和他可是素昧平生啊。」我的言外之意很清楚，別和陌生人搞得那麼熱乎，這年頭什麼鳥人都有，得長個心眼。

索玲滿臉緋紅，嬌嗔道：「吃醋了？」

「這從何說起，我只是告誡你。」

「你若真吃醋了我還高興哩，既然如此，也就不用你告誡了。」她顯得不以為然，「我這麼大的人了，什麼都看得透透的。沒別的，還不是為那個電視劇的事！」

「哪個電視劇？」我一時被她弄蒙了。

「看你這記性！你就沒把我的事放在心上！就是《渤海情恨》！」她的口氣不無驕傲。

「他看過本子了？」

「看過了，他說很好，可以投拍。他有個鐵哥們是電視製片人，他說問題不大，經費沒問題，或者我再投資一部分，發行量肯定會看好。」

「這──」我一時沒了主意。我知道，投拍一部電視劇可不那麼簡單，沒大把握，誰也不會拿錢打水漂。

「慎重點為好，至於你自己往裡投資，更應慎而又慎。」我很為她擔心。

「你是個膽小鬼，多咱也難闖出局面來。」她意識到這話說得重了，想挽回，就換了個話題說，「于老師，我們現在是百萬元戶了，不愁缺錢花了。你想用錢，就說一聲。」她從抽屜裡找出幾杳子錢，「你不是有幾本書出不來嗎？拿去先把書出了，什麼時候有錢再還。」

她送錢給我是真心的，但我心裡不自在，我說：「能出就出，不能出就不出，往裡搭錢，有點兒犯不上。」

「你就是不合潮流，現在時興個人印刷出書，你就條條框框多！關天心早就有這個意思，不好開口，才叫我跟你說說，你果然就不領情。」

「你們的情我領了，這事以後再說吧。」

我發現我和她已有了距離，她似乎在對我掩飾著什麼。

十六、薩滿託孤

這期間我除了忙於薩滿教學的研究外，又對關東圖騰學有了興趣。關東是多民族地區，民間保留許多圖騰殘留物和殘留意識。我整天泡在省市圖書館裡，查閱資料，或到關東各地從事田野作業。初稿已經完成，我那位在出版社當總編輯的老同學看過，表示可以出版。我喘了一口氣，為這本書整整用了兩年的時間啊。在這兩年中，我疏於跟關天心兩口子的聯繫。現在書已脫稿，即將付梓，我的心情也平靜下來，這才想起要和他們聯繫一下，瞭解一下他們的近況。

正在此時，關天心卻突然闖進我的家裡。

他來得突然，又來得奇異。他是領著兒子關聰來的。關聰已經三週歲了，除眼睛略小些外，臉型越發像索玲了。關天心還背了個大編織袋子，袋子鼓鼓囊囊的，不知裡面都裝了些啥。

我一個人，很少生火做飯，常吃飯店。正是飯時，我就把他倆領到樓下的飯店就餐。他不喝酒了，吃得也很少。關聰還認生，不敢靠近我。吃飯時他也很少言語，顯得精神不振，情緒低落。他言談中一字不提索玲。通過觀察分析，我得出結論，他倆的關係可能出現危機。他不說，我也不便發問。這頓飯吃得索然無味。吃完飯我們就上樓了。他似乎有什麼發現，問：「怎麼不見夫人？」

這勾起我的心病，眼淚奪眶而出：「她，已經走了三年了。」

「什麼？」他吃驚非小，掐著指頭算計著，「那麼是在拍《薩滿世界》之前走的？」

我點點頭，算是答覆他。

他一時急了，眼含淚水，埋怨道：「為啥不告訴我們？你太不夠朋友了！」

「她得的是癌症，誰也救不了她的命。況且都挺忙的，即使告訴了你們，也只能空添憂愁，有什麼苦我自己嚼巴嚼巴嚥下去算了。」

他臉色蒼灰，唏噓慨嘆良久，情緒激動地說：「于老師，你這人太好了，我沒看走眼，我最相信的就是你了！」

他的話是帶著真情實感說出來的，但與我的話風馬牛不相及，他的這番慨嘆是借題發揮，他肯定另有苦衷。

良久，他又問：「就一個人過？不打算再找一個？」

「我已心灰意冷，根本沒這個想法。」

他沉思不語，神色黯然。我分析，他肯定有什麼心事。

我說：「我這兒挺寬敞的，你爺倆白天辦事，晚上就在這兒住吧。」

我的意思很清楚：你這次省城之行，要辦什麼事吧？

他並沒有解開我內心的懸念，卻親熱地說：「我本來就沒打算出去住旅店。我要在你這兒住幾天，還要跟你住一個屋，讓關聰跟你熟悉熟悉。」

我如入五里霧中，心中作了種種猜測，就是理不出個頭緒。

晚上睡覺時，他睡一張小床，卻把關聰塞在大床上，叫關聰與我睡在一起。這個關天心，竟做出於情於理都不通的反常事情。

孩子睡著了。我沒睡，他肯定也沒睡，這從他不斷翻身折餅及嘆息中就可以推斷出。

「喂！」他終於開口了，「沒睡吧？」

「沒有。」

「你一定想知道我這次來省城的目的。」

「猜不出。」其實我急切地想得到答案。

「我近來身體欠佳，到縣醫院看過了，不太放心，想到省醫院檢查一下，

還有，想告訴你我和索玲的關係。」

他終於說出了我十分關心的問題，我的第一個判斷是他們可能離異了。

「她走了，都快一年了。」他說得很平靜。

「走了」就是「死亡」的意思，難道索玲她──我坐了起來，打開電燈。關聰正在憨睡，燈光刺眼，他挓挲開小手，搗住了臉，又睡了過去。

我瞅著也坐了起來的關天心，他已淚流滿面。

「是什麼時候走的？得的什麼病？」

他愣住了，好一會兒才反應過來：「你聽錯了，不是那意思，她出走了。」

「去哪兒了？」我十分不解。

「不知道。」沉默片刻，他又說，「記得拍薩滿舞的那個攝像師嗎？」

「記得記得。」

「她就是跟他走了，一走就無音信，都半年多了，她好狠心，連孩子都不管了。」

這太出乎我的意料了，事情竟發展到這一步。

「那個小白臉子答應給她拍那部電視劇，什麼《渤海情恨》，臨走時還背著我帶走五十來萬元。」

我還清楚地記得，當時他倆親親密密地廝混一起時，我還曾拿話敲打過她，我們之間還發生過不愉快的爭論，想不到到底還是往我擔心的方向發展下去了。同時，我也感到愧疚，對不起關天心，假若不拍那個薩滿舞，舞協也就不會弄來那麼個惡魔，也就不會有這檔子事發生。

「都怪我，」我向他認錯，「是我把那個小白臉子引來的，那個《渤海情恨》電視劇也是我鼓勵她寫的。我對不起你呀！」

「你別這麼說，這事跟你沒有關係。沒這個小白臉子，還會有另一個小白臉子。關鍵一點，她根本就沒把我當一道菜，她對我一點兒夫妻之情都沒有了。」

這是真話。他以後的日子可怎麼過呢？我為他憂心難過。

我們再沒說什麼，就這麼枯坐，幾乎一宿沒睡。

第二天一早，他要去醫院看病。我要帶他去，因為醫院裡我有熟人，他說什麼也不同意，卻把關聰交給我帶。這孩子很乖，關天心出去了，他竟然沒哭沒鬧。我帶他去動物園看動物，到兒童樂園去玩。我帶他去開碰碰車，坐水上遊艇，打電子遊藝槍……一天下來，他竟然跟我十分熟悉了。

關天心看了七天病，我帶他玩了七整天。

到第八天中午，關天心回來了，情緒低落，打不起精神，但又強作笑顏，逗孩子玩。

吃完晚飯，關聰早早睡下了。我和關天心坐在沙發上喝茶。從他的神情分析，他似乎有話要說。

「檢查過了，沒什麼大病，你放心好了。」

我為他高興，連聲說：「這就好，這就好。」

但他仍提不起神來。

「可是阿布卡赫赫天神要我回去了。」他又半瘋半癲地胡言亂語了，「是的，讓我乘雄鷹上天堂。我們薩滿都這樣，都要上天，天命不可違。」

他前後言語就有破綻，既然如此，還來看哪份子病呢？

於是他又給我講了個《神仙頂子》的故事。

神仙頂子在中俄邊界的中國一側，當年八國聯軍進攻北京時，沙俄的軍隊趁機攻入中國境內。中國人在一個大薩滿和穆昆達（部落長）領導下，勇敢反抗沙俄侵略軍。經過殊死戰鬥，中國人敗退下來。就是在神仙頂子那兒，大薩滿英勇犧牲了。沙俄侵略軍把他的屍體扔進火中焚燒。大薩滿被燒成一堆白骨，但那顆心就是燒不死，還在跳動。這時，從天空飛來一隻神鷹衝入大火中，叼起那顆心臟，飛上高空。那顆心臟還是紅紅的，不停地跳動，並發出聲音來：「打羅沙鬼子！打羅沙鬼子！」

這是一則多麼美好而悲壯的故事啊！但關天心卻作了這樣的解釋：「薩滿

的靈魂是不會死的，他的心總是與天神阿布卡赫赫通著的。我們關姓家族的祖先就是鷹神，是從東海飛來的神鷹，我也是不會死的。」

他說得神神道道，彷彿真就是那麼巴宗的事。我也不便去反駁他，我關心的是他到底還要說些什麼。

這時他打開了編織袋，拿出二十多盒錄音帶，交給我說：「這是我錄制的長詩，全是滿語的，有《烏布西奔媽媽》《伊瑪堪》《蟒古斯》《瑪納斯》，還有《格薩爾》的片斷，都交給你，你找人翻譯，你再加以整理，能出版更好，版權歸你，稿費歸你。」

這五部長詩有滿族的、赫族的、蒙古族的、柯爾克孜族的、藏族的，都是有國際影響的民間長篇敘事詩，這是當代比較學科研究的極為重要的文本，有極高的學術價值。

「這怎麼行？」對他的慷慨饋贈我表示感謝，但我不能接受，「即使出版，也應按以前的規定辦，你至少享受一半的版權和稿酬。」

「不，我不缺錢，錢對我已經沒有用了，全歸你了。」他把話說得很死。「還有，關聰是沒娘的孩子，我也帶不好，只有交給你我才放心。你帶他教育他，將來把他培養成人我就滿足了。我知道你一個人有難處，但可以請保姆請家教，我給你留下五十萬，拜託了。」

他說得很傷感，淚光瑩瑩的。

「到底發生了什麼事？你含一半露一半，把我搞蒙了。」

「什麼事也沒有，我就是信得過你了，把兒子交給你了。」他邊說邊從編織袋裡往外掏東西，待掏出來後，我看明白了，是那套薩滿神服，還有神器。「這神服，外國人遞過價，六萬多美元，我沒賣，就交給你了。你研究薩滿教學，對你有用，交給你我放心，你隨便處理，賣掉也中。」

「東西和錢無所謂，我答應你，我一定盡最大可能，像帶自己的孩子一樣，把關聰帶大教育好，但你一定要給我個明白，到底出什麼事了？」說到這，我有些情緒化了，「你我朋友一場，有什麼事就照直說了，別這麼繞來繞

去，掖著藏著的，叫我摸不著頭腦。」

他苦笑了一下，笑得很淒涼：「我不是說過了嗎？什麼事也沒有發生。現在人們都捨得往孩子身上投資，我就是希望將來關聰能出息個人，能成才。」

他不說實話，有事瞞著我，我對他不滿意：「還有什麼囑咐，都說出來！」

他伸出右手，扳動五指，作掐算狀，說：「今天是農曆五月初十，再有十天，也就是農曆五月二十，我就要上天了，天神阿布卡赫赫就是這樣命令的，這是神諭！」

他又發神經了，我根本不信，純屬一派胡言。我以為他神經出毛病了。對他的要求，我全都應承下來，不過，有個疑問我不能不提出來：「你剛才說的那些長詩，除《烏布西奔媽媽》外，其餘的全是赫哲族、蒙古族、柯爾克孜族和藏族的，你怎麼會唱？而且是用滿語唱的，而你才學了兩年薩滿，才六七歲，這太不可理解了。」

他驕傲地笑了：「這是天神教給我的，要不怎麼叫薩滿呢？薩滿是人，又是神，是溝通人神的使者。《格薩爾》太長，天神祇教我那麼幾段。」

他又滔滔不絕地說下去，說得我目瞪口呆，腦袋發脹。

「記住了，農曆五月二十日聽電話，就帶關聰去旗屯看我，跟我告別！還有，我上天之後，住宅就給虎子看守居住，等關聰長大了，任他處置，送給虎子也中。這些我都有遺囑。」

第二天一大早，他就起身去火車站了。他不讓我叫醒關聰，怕他哭。他俯下身，臉貼著關聰的嫩白的小臉，我分明看見他眼窩中掉下串串淚珠。他就這麼匆匆地走了，帶著一連串的謎團和懸念走的。

關聰醒來後不見了父親，哭了起來。我花好大的氣力才哄好他，又帶他去公園、兒童遊藝中心去玩。只五六天，他就不找關天心了，跟我親親密密的，一步也離不開我了。

十七、神祕的老薩滿

農曆五月二十日晚，旗屯果然來了電話，是虎子打給我的。他告訴我，關大薩滿上天了，讓我明天帶關聰回旗屯最後看他阿瑪一眼。

這到底應該怎麼解釋？我又懷疑虎子的話是否真實。不過，關天心離開我時留下囑託，我不能不照辦。

第二天，我帶領關聰趕到了旗屯。關天心果然在五月二十日晚去世了。屍體就停放在外屋地臨時搭成的板床上。他臉蒙著白布。望著他的遺體，我想像他一定走得很安詳。待我掀開白布一看，出乎我的意料，他臉色青紫，口鼻還往出沁著血絲。我不懂醫，但總覺得他死得很痛苦。天神阿布卡赫赫請他上天，他應高興快樂才是呀！

關聰見了板床上躺著的關天心，又哭又叫，淚水漣漣，是恐懼還是想念？誰也弄不清。我抱過關聰，他趴伏在我的懷裡。我心如刀絞般疼痛。這一刻，我怨恨起索玲來。

關天心的確留下了遺囑，交給村委會保管的，還經過公證。我看了遺囑。交給我的錢款、薩滿神服神器、版權及由我代養關聰等事都寫得清清楚楚；還有一筆存款，共二十萬，留給索玲，她生活確實無著時，可以支配使用；住宅交虎子看管居住，關聰長大後任其處置。

原始活體文化的載體關天心薩滿就這麼走了，留給世人的是神祕、疑惑、難解和諸多猜測。

按滿族早年喪葬習俗，他的骨灰裝進骨什罈子裡，就埋在關姓家族的祖塋地裡。

發喪完關天心，我就帶領關聰回省城了。生活又趨於平靜。我總不能老是在家裡看孩子，就雇了位有經驗的保姆，白天由保姆看護，晚上由我帶。我基本不出差也不下基層了。關聰逐漸適應這兒的生活了。

有一天，我突然接到一筆大額匯款單，四十萬，匯款單裡的附言是這麼寫

的：「知道關聰由你代養，此款係撫養費，餘言信告。」匯款人是索玲，匯款地址是蘭州市的一個郵政局。沒有具體地址，也沒有電話號碼。我看著匯款單直髮呆，不知怎麼跟她聯繫。我只有焦急地等她的信息了。過了半月時間，果然收到了她的信，厚厚一沓子。信是這麼寫的：

　　于老師，用一句對不起的話謝你顯然分量太輕了。當我得知關天心去世並事先將孩子交給你撫養時，我既放心落意又感激不盡。大恩不言謝，只有來生來世報答你了。

　　我經常在思索我自己，我到底是不是個壞女人。已是人妻人母的我，竟然又瘋狂一次，浪漫一次，又一次迷失方向。真後悔當時沒聽從你的點撥和告誡，聽信了這小子的甜言蜜語。當我醒悟過來時，已為時過晚。什麼電視製片人，什麼可以開機投拍，全是說謊！當我撲奔他時才發現，他已是有妻室子女的人。他是在騙情騙錢，社會原來這麼複雜。好在你的話對我還起了作用，我有所戒備，錢財沒有大的損失；但對我精神上的打擊太大了，這精神的創口處至今還在流血作痛。我不知道何時才能痊癒。

　　我不是為自己的錯誤行為作辯解，我和關天心實在處不下去了，更談不上感情。我和他的關係越來越緊張，他的言行舉止我越來越無法容忍。關鍵的一點，他也是個騙子，是另一類的騙子，連你他都騙。我離開他，我決不後悔！錯就錯在我又邁錯了一步。

　　你可能還在迷信他、器重他、尊崇他。其實他狗屁不是。他之所以能迷惑許多人，就是因為他把自己打扮成神，就是因為他會裝神弄鬼。只有我最瞭解他，我不能不對你兜出他的老底兒。

　　不可否認，他記憶力驚人，或者說算是個記憶大師罷，他還掌握一些魔術本領，有一定功夫，舍此，他什麼都不是。他僅學了兩年薩滿，那時他才七歲。他怎麼學會的滿語？他怎麼會說唱神本神歌？他怎麼會唱那麼多的少數民族的民間長詩？他怎麼學會的薩滿神術？這都是謎團。就是這些令世人不解的

謎團，他才贏得不少人的崇拜和讚賞，其中也包括你和我。

說穿了，其實很簡單，原來在他的背後，有一位神祕的老薩滿。

解放初，關天心無依無靠，生活無著無落。為了活命，十來歲的他就攬豬攬牛牧放。就是在琵琶頂子北麓的大林子裡，有一天他無意中發現了一個窩棚，他走進這個地土倉子，見到一位鬚眉雪白的老者。他就和這位老者搭上話。這老者是位走南闖北的老薩滿。他種著一畝地，養著幾隻雞一口豬，過著與世隔絕的日子。沒錢花了，就採點藥材到集上賣了，換點衣裳和油鹽。關天心和這位老薩滿逐漸成了朋友。是薩滿這一職務把他倆聯繫在一起，也可以說是他鄉遇故知了。關天心經常幫老人買東西幹零活。這位老薩滿當時已經七十多歲了。他才是寶藏，才是大山貨，才是民族文化的保留人。他見多識廣，記憶力驚人。他走遍長白山和大小興安嶺，他到過內蒙古、新疆和西藏。他經過許多名薩滿和蒙古「博」的指點教導，他不僅掌握了高超的薩滿神術，還精通滿語、蒙古語和藏語。他會唱說多個姓氏家族的神本神歌，會講大量的滿族神話，會唱滿族、柯爾克孜族、赫哲族、蒙古族和藏族的民間敘事長詩，會跳虎舞、鷹舞、熊舞和蛇舞。關天心就是從他那兒學來的薩滿技能即神術。老薩滿挺欣賞他的記憶力和聰明才智，把一切全傳授給他了。關天心刻苦學習，堅持不輟，一學就將近十年。老薩滿死了，他也把老薩滿的知識和技能全都學到了手。這事竟瞞過了全旗屯的人。這些事是關天心親口告訴我的。他還領我到琵琶頂子北麓山下看過老薩滿居住的窩棚的殘跡。是他埋葬的老薩滿，他年年都去老薩滿的墳頭添土燒紙，他還領著我去老薩滿的墳前磕過頭。關天心不是五歲時得過病無師自通學成了薩滿，更不是阿布卡赫赫天神降身說法。可他現在仍然瞞著所有的人，也包括你——他的恩人。他還想把年輕的虎子培養成小薩滿，到處唬人騙人。我勸他公開自己的身世經歷，讓世人瞭解真相，這對學術研究非常有利，不僅不會丟失威信，還會贏得更多人的尊重。但他就是不聽。說什麼這有悖於薩滿的遺訓，會遭天神阿布卡赫赫的嚴懲的，他說什麼也不肯摘下戴在頭上的炫人眼目的光環。我承認他身上蘊藏著許多寶貴的文化財富，

但那是從老薩滿那兒傳承下來的。他從來未曾因為湮沒老薩滿的功績而懺悔過。你想想，我一個有文化的新型女性，怎麼能和這樣的固執的殭屍生活在一起？真是個悲劇啊！我當初怎麼就沒想到這一層！

這就是大薩滿關天心的其人其事。

我現在居無定址，在社會上遊蕩，不為別的，就是想靜靜心，反思一下過去走過的路。請你相信，我不會變壞的，對社會對人生有清醒深刻認識的女人是不容易變壞的。再說我還要為我的兒子，為李所長，為你這樣的老師光光彩彩、體體面面地活著。我還眷戀文管所的那份工作。我對薩滿教學越來越有興趣了。我想專心致志地搞這方面的研究，我具備這方面的優勢和條件，這還要感激關天心。只要肯努力，不圖虛名，踏實工作，「不信東風喚不回」，我相信我會出成果的。我會經常給你打電話、寫信，備不住哪一天我會突然闖進你的視野中的，給你一份驚喜。拜託了，于老師，像善待我一樣好好待我的兒子，我將不勝感激。

問嫂夫人好，拖累她了，很過意不去。

緊握你們的手！

索玲

看來，她還不知道我家中發生的巨變——妻子已經作古了。

十八、回音壁

農曆五月二十日，是關天心頭一個週年忌，我帶領關聰去他的墳頭給他燒紙叩頭。我們是五月十九日到達旗屯關天心的老宅的。虎子接待了我們。虎子早已準備好黃表紙、金銀箔和達紫香的香末，還備辦了酒席，虎子對他的老師可謂畢恭畢敬、忠心耿耿了。

在乘坐從額穆索羅開往旗屯的森林小火車上，我聽到不少的人在議論，說旗屯的關薩滿上天之後，還經常顯靈，晚上他的老宅經常傳出薩滿擊鼓、甩動

腰鈴和唸神歌的聲音；有的人甚至到關天心的老宅前燒香叩頭，祈求他保佑祛災；還有去求藥的，說是經過禱告，裝水的碗裡竟然有藥末出現，病人服下，真就藥到病除。說得有鼻子有眼的，說得神乎其神。我心存疑惑，認為這不知是誰搞的名堂。

這天夜裡，我和關聰就睡在關天心的老宅的西屋，西牆供著神堂，我不怕什麼神靈鬼怪。

睡到半夜，忽聽南炕的山牆處，傳來咚咚的鼓聲和嘩啦啦的腰鈴聲，還伴有關天心誦唸神歌的聲音。我一時發蒙，感到毛骨悚然。我一虎身坐了起來，喊睡在東屋的虎子。喊了好一陣，虎子才慌慌急急從外面推門進來。他打開了電燈。

「于老師，是你在喊我？」

我指一下南炕牆壁說：「聽到聲音沒？」

這時什麼聲音也沒有了，旗屯又變得寂靜無聲了。

「噢，」他神祕地說，「你是說老薩滿跳神的聲音？這是經常的事。」

「你不害怕？」

「怕什麼？」他狡黠地笑著，「他是我的老師，我是他的學生，老師還能把學生怎麼著？」

我懷疑這碼事與虎子有關。我要探個究竟。

「虎子，」我直截了當地說，「你別跟我玩輪子了。關天心有神無神我還不知道？你能唬得了我？」我見他滿臉緋紅，就有意詐他道：「有些事你未必知道，索玲可全告訴我了。」

他惶悚地低頭不語。

「關天心對你不薄，你感恩戴德，這可以理解，但你不能宣揚唯心論，搞迷信活動呀！你畢竟年輕，受黨的教育多年，得考慮後果，也得考慮自己的前途呀！」

他仍然低頭不語，但我明顯聽到他急促的呼吸聲。

「你如實說清情況，你知我知，這一頁就算翻過去了；假若執迷不悟，事兒鬧大扯了，可不好收場啊！」

「你指的是什麼情況？」可以看得出，他感到了壓力。

「我問你，關天心死之前得了病你知道不？」

我這樣說是有根據的。關天心去省城看完病，情緒低落，又是託孤又是留遺囑的。這事埋在我心裡很長時間了，我一直懷疑他患了重病。

「你都知道了？」他小心翼翼地問。

「唔。」我答得很模糊。

「是血癌要了他的命！」他終於吐露了真言。「是從省城回來後他告訴我的。起先在縣醫院也是這麼診斷的。他說他再沒多少天活頭了，也遭不起這罪，更不能叫人瞧不起，薩滿有天神阿布卡赫赫保佑，怎能得了絕症？」

「所以就──」我以一種曉知一切的口吻說。

他點點頭，算是承認了。

「五月十九日那天有什麼舉動？」

我有意省略主語，沒確指是他還是關天心。

「叫我上山採毒蘑菇。」

「哪一種毒蘑？」

「蹬腿蘑。」他囁嚅著。

我恍然大悟，終於明白他死後面部的中毒表象。

「你採了多少？」

「十來塊。」

蹬腿蘑又名燈檯子，學名豹斑毒傘，毒性極大，誤食中毒，必死無疑。關天心把「上天」之日定在農曆五月二十日是有周密考慮的。農曆五月中旬，長白山的蘑菇都出齊了，很容易採集到毒蘑。他竟來了個「安樂死」，可惜死得並不安樂。這人很怪，就是臨死之前，也要製造出神祕的氣氛來。

「你可知道，這是人命關天的大事啊！」我的語氣很嚴厲。

「他叫我採，我不知是幹啥用的，沒想到第二天他就死了，這才知道他是吃了毒蘑菇死的，是他自己願意這麼死的。」他為自己辯解，還真有一定的道理，但說話的底氣不足，他心虛害怕了。

「他已經死了，有誰能證明，是他叫你去採的毒蘑？」

「沒人能證明。」他耷拉下腦袋。

「那剛才這鼓聲、腰鈴聲是咋回事？只要你說清楚，從此洗手不幹了，就算脫掉干係，我真擔心你會陷進去。」

聽我這麼說，他撲通一聲跪在地上，涕淚交加：「于老師，全是關老師死前囑咐我這麼做的呀！」

我把他扶起來，替他揩淨涕淚，安撫他說：「只要你說清楚了，我敢向你擔保，這事就算了結了。」

他走到窗旁，移開靠牆的立櫃，就見牆壁釘著一尺見方的一塊膠合板。起開膠合板，露出牆壁上龕形凹槽，凹槽裡放著一台小型錄放機，有根軟線穿過牆壁，開關就安在牆外的房簷下。

原來如此。關天心啊關天心，你死後也要弄出點景兒來，製造點懸念和神祕氣氛來。你到底是為了什麼？是臉面？是名聲？你是個極為複雜的人物，讓我怎麼評價你呢？

我叫虎子把錄放機連同軟線全部拆卸掉，並囑咐他，再可別幹這愚蠢的勾當了。

關天心的週年忌辦得很隆重，很多人上香燒紙，擺供叩頭。祭奠完畢，我和關聰又回到關天心老宅西屋，這天晚上，睡了一夜安穩覺。

第二天，離開旗屯，來到縣城，自然就住在李澤良的家裡。吃完晚飯，關聰在書房裡玩耍，我就對他說了關天心託孤及索玲匯款寄信的事。他又揚起刀條臉，沉默有頃，說：「關天心上天了，弟妹也走了，你不能總是要單篇過日子，我看你可以考慮索玲。」

他說得很認真，我沉默不語。我總覺得很難邁出這一步，這心理障礙像一

座大山一樣橫亙在我的面前。他一定猜出我的心理狀態，就採取迂迴戰術說：「我敢保證，她就是結過五次婚，我也不認為她是個壞女人。假若她找到一個如意郎君，我相信她會成為賢妻良母。文管所還保留她的公職，她任何時候都可以回來上班。」

他瞧著我，我瞧著他，不說話，又心照不宣。我心中忽然產生一個奇怪的念頭：如此說來，豈不是關天心死的是時候，我妻子走得恰到好處？那麼，我是什麼人？豈不太凶殘太無恥了嗎？我毫無保留地說出我的內心活動。他聽了哈哈大笑：「這念頭真奇怪！你腦袋有病了，再不就是迂腐至極，冥頑不化。這個話題，就此打住，你睡不著覺時，自己再去琢磨琢磨吧。」

第二天，我告別了李澤良，帶領關聰，回到省城。在火車上，我的心裡很不平靜，既責怪關天心，又有些可憐他，還有些思念甚至感懷他。他畢竟對保存、傳播關東原始宗教文化做出過貢獻，雖然這是他主觀上未曾深刻意識到的。

又過了大約兩個月，一天晚上，我看完電視，安排關聰睡下了，忽然電話鈴聲響了起來。我接過電話，對方卻不說話，只能聽到微弱的喘氣聲。

「說話呀！」我以為是誰跟我開玩笑，正要掛上電話，話筒裡卻傳來一個女人聲音：「于老師！」

「索玲！」我立刻就分辨出她的聲音。「你在哪兒打的電話？」一邊問一邊看電話顯示器，電話竟是在本市打的，跟我的電話是同一區號。

她咯咯笑了起來：「就在你身邊。我不是說過嗎，沒準哪一天我會闖進你的視野中的。」

「你知道嗎？關天心去世了。」我壓低了聲音，心底湧上了一陣酸楚。

「知道，我還知道你帶著關聰去給他燒週年。」她突又帶著情緒說，「我知道嫂夫人走了，就是在拍攝《薩滿世界》之前走的，而你竟隻字未提！」

她的話有埋怨意味。我又問：「你到底在哪裡打電話？」

「遠在天邊，近在眼前。」她可能已知道我被她繞迷糊了，又說，「你樓

前的一排紅樓。」

「什麼什麼？就在前排紅樓？」

「你注意看，哪扇窗裡的電燈閉三下亮三下，就是我的家。」

我緊盯著前排紅樓，只見三樓的一扇窗，燈光閉三下亮三下。接著又開了燈，拉開窗簾，拉開塑鋼窗。她身著粉色睡衣，站立窗前，向我招手，還是那麼婀娜多姿，還是那麼妖嬈嬌美。

我倆都手握電話的話筒，講起話來。兩幢樓距離也就三十多米，我能很清晰地看清楚她，連同眉眼和表情。

「你是什麼時候搬來的？」

「都半年多了。」

「太不可思議了，怎麼一點蛛絲馬跡都沒發現？」

「我在暗處，你在明處，我把你看得一清二楚，什麼時候領關聰出去，什麼時候領他回來，什麼時候喂他飯，什麼時候哄他睡……」說到這，她淚光閃閃，抽泣哽咽。

「你真是鬼機靈，來吧——」我要打破這令人悲傷的局面。

「這就去，到你的身邊。」

我知道這「身邊」二字意味著什麼。

「來吧，我等著你，我怪——」我迴避了「身邊」二字，本想說「怪想念」，忽又變成「怪惦念」。

她閉了燈，關上窗戶，拉嚴了窗簾。

不一會兒，對講門的鈴聲響了。我激動地放下話筒，給她開了電控門。

高跟鞋敲擊樓梯的響脆聲，是那麼清晰悅耳，又是那麼親切熟悉。我屏住呼吸，心裡又有些忐忑不安，等著她敲響房門的那一刻。

太陽的眼淚

黃金是野蠻的金屬。哪裡有黃金，哪裡就有貪慾、凶殺、賣淫、詐騙、掠奪、搶劫……它不是如印第安人說的「太陽的汗珠」，而是太陽的眼淚。

——凱恩斯

一、有朋自遠方來

有朋自遠方來，不亦樂乎。此刻我的心境真真如孔老夫子所云。眼看著陽台上的日本元祿時代的彩瓷花盆裡的一叢蘭花，聞著那沁人肺腑的馨香，心裡如同流蜜，思緒也如同那高遠的藍天，和那藍天上飄曳著的一縷縷白雲，那麼安適、恬淡、幽遠……

四十多個寒暑，我常常面對著這盆蘭花，發出「驛外斷橋邊，寂寞開無主」的慨嘆。澤地蘭小姐，你的造訪，既使我感到意外，又使我覺得這是意料中的事情。這一天終於來臨了，這盆蘭花終於要見到它的主人了。

這是一盆世上少見的珍品，花瓣金邊縞素，花香濃郁撲鼻，甚至能醉暈了蜜蜂和蛺蝶。一些國內外知名養蘭專家，曾慕名來我家觀賞過，一致交口稱讚，嘖嘖豔羨之聲不斷，都認為是稀世珍寶。他們還給它命名為「金邊素心雙飛燕」。對這些養蘭愛蘭的摯友我深感愧，他們不好意思張口討要，我也沒送給他們一株，哪怕是一個芽苞。我並沒拜倒在孔方兄腳下，如果出售，一葉千金也會有人搶購的。每逢分蘖出芽時，我都把多餘的根芽痛心毀掉，絕不外傳。四十多年來，總是讓花盆中保持這麼二十株。我是忍痛這麼做的，為了那一份友情，我必須這麼做。彩瓷日本花盆，可以與明代的時大彬宜興紫砂壺媲美，一樣馳名。四十多年來，我竟保管得完好無損。睹物思人，睹物憶友，心情久久不能平靜。這花盆，這蘭花，寄託著我無限情愫。多少年來，冥冥中我就有一種預感，這蘭花，這花盆，定會重見它的主人。澤地正男，雖然你遠隔重洋，但你的音容笑貌，還歷歷在目，恍如昨日。你的孫女澤地蘭，多麼像你的太太，那樣溫柔俊秀，多麼像你那樣，敦厚誠摯。

這蘭花不久將離我而去，遠渡重洋，安身於日本，但我並不感到悵惘寂

寞。在有生之年，終於完成了一項使命，了卻一個心願，使它完璧歸趙，我感到愜意和輕鬆。

這時門鈴響了，來客人了。小孫女去開了門，經過詢問回答，客人徑直來到會客廳。他一身公安幹警打扮，平頂大蓋帽上的國徽，熠熠放明。眉毛、鬢角花白，大而亮的眸子炯炯有神。眉宇間的神氣，腮邊蕩起的笑靨，我又覺得那麼稔熟、親切。

他伸過手來，緊緊地握著我的手。

「不認識了？」他狡黠地眨眨眼，調侃地笑著。

「面熟。」我有些尷尬。

他摘下帽子，用手指捊捊頭髮，面容變得很莊重，目光平和地瞧著我。

「趙應揚！」我終於認出他來，同時在他的肩頭上敲了一拳，「你不是在公安廳當副廳長嗎？什麼風把你吹來了？」

我忙著給他遞煙倒茶。他很隨和，坐在沙發上和我寒暄著。但我分明觀察出，他眉宇間隱隱流露出焦躁和慌急。這瞞不了我，因為我太瞭解他太熟悉他了。

在動亂年月，我們倆曾一同被掛牌批鬥過，一起蹲牛棚，一起被驅趕到農村走「五七」道路。兩人感情很深，兩家處得也很好。先後回到省城後，各忙各的工作，來往幾乎斷絕。

此刻，他邊品著茶邊說：「我直來直去，簡短截說吧，咱倆的體己嗑以後再嘮。我是為公事而來的。」

「為公事而來？」我暗自納罕。這些年我接待過不少國內外養蘭專家，接待過很多有關東北抗聯史及地方黨史的專家學者，還接待過一些作家藝術家。我也寫過不少這方面的文章，但很少與公檢法的同志有什麼聯繫。

「老兄，幫幫忙吧。」他把我從沉思中喚醒。我看著他那焦急的目光，也立刻意識到他這次來訪的緊迫和重要。

「我剛從長白山回來，現在是一分鐘也不能耽擱了。」

於是他就給我講述了一個棘手的問題。

二、響水澗下的奇事

平原地帶酷熱難當時，長白山區卻是空氣濕潤、涼爽宜人，是避暑的好地方。每當夏季來臨時，國內外旅遊者紛至沓來。當然這也給當地公安保衛機關增加了負荷。傷亡事故時有發生，旅遊機構和公安機關已經把事故的發生減小到最小的程度。公安廳趙副廳長所講述的案件，既無人身傷亡，又無財產損失。不，還是有財產損失的，但不是旅遊者本人，而是旅遊者給當地承包專業戶造成了不小的經濟損失。可是糾紛雙方都通情達理，問題似乎不難解決。事情是這樣的：

在遠離天池瀑布一個叫響水澗的地方，有個叫吳老疙瘩的農民，承包了一個漫汀放養蛤蟆。長白山的蛤蟆譽美天下，形體大，肉味鮮美，是遊客嘉賓餐桌上不可多得的美肴。尤其是母蛤蟆，腹部的油塊是高級營養滋補品，價格昂貴，在國際市場上也是搶手貨。吳老疙瘩在響水澗漫汀裡放養約十萬隻蛤蟆，其中三年以上的約有兩萬隻。一天夜裡，有兩個外國遊客不知出於什麼原因，來到響水澗漫汀前，乘吳老疙瘩在地窩棚裡睡覺時，挖開了堤壩，把漫汀裡的水放空了，漫汀裡的蛤蟆全部跑走，經濟損失約五六萬元。這兩個外國遊客，一個是日本人，男，二十五歲，叫藤田信光，是到長白山來旅遊的；一個是韓國人，女，二十六歲，叫全粉玉，是到延邊來探親的。所幸吳老疙瘩當場捉住了這兩個人，送交當地公安機關。當地公安機關經過調查詢問，已形成了文字材料。藤田信光和全粉玉二人承認是誤入林海深處，來到響水澗，見到漫汀堤壩和遮在堤壩上的塑料薄膜，出於探奇和玩笑，就挖開了堤壩。他們願意承擔一切經濟損失，並且答應可以當場兌現。吳老疙瘩本人也無異議。因為這屬於涉外事件，當地公安機關用電話請示省廳，是否可以就此了結此案。省廳領導立即研究這個問題，覺得有些問題還需要進一步核查瞭解。譬如第一，一個日本人和一個韓國人何以同時來到中國的長白山地區？第二，從天池瀑布到響水

澗約五十華里，需翻越懸岩陡壁，還要穿過一片原始森林。他們這是為了什麼？第三，挖掘漫汀堤壩的理由不充足，事情是否有更複雜的背景？於是決定，派出以副廳長趙應揚為組長的調查組，處理這一問題。

趙應揚一行立即坐飛機到達長白山區，風風火火趕往響水澗現場，並向吳老疙瘩取了證實材料。旋即又到長白山下的紫雲峰賓館，分別見到了藤田信光和全粉玉。二人神情怡然，態度友好坦誠。他們分別住在兩個高間裡，生活有專人照顧。他們也寫了書面材料。頗應一提的是，在紫雲峰賓館還住著一位日本人，名叫澤地蘭。據服務員介紹，在走廊上她與剛剛來到賓館的藤田信光相遇，一見面時都很驚訝。原來他們早已相識，而且用日語互相吵嚷起來。據我國的翻譯人員說，澤地蘭譴責藤田信光是卑鄙小人。藤田信光態度要謙和些，作瞭解釋，並指責澤地蘭踐踏他純真的感情，他在痛苦之餘只能另覓新歡，現在與全粉玉只是相處而已；明顯有安撫的意思，不希望在中國把事情鬧大。原來澤地蘭也被牽扯到這個事件中去了。趙副廳長一行又詢問了澤地蘭，也形成了文字材料。

不必細說，澤地蘭是我的客人，我也被攪和到這個問題裡去了。我真有些懊喪。澤地蘭是我的日本好友澤地正男的孫女。澤地正男已是耄耋之年，行動多有不便，得悉我的下落後，與我多次書信往來，這次讓孫女澤地蘭代他到中國來，了卻他多年的一樁心事，送還了他珍藏多年的一張圖，天日昭昭，真情可鑒。澤地蘭順便去長白山旅遊，這是經過我的同意，她不日還要回到我家，再轉機回到日本。我還要把侍養四十多年的那盆「金邊素心雙飛燕」交給她，讓她帶給他爺爺澤地正男先生。真是橫生枝節，她怎麼又與那個藤田信光有那麼一段糾葛？這一切是有意還是無意？是巧合還是偶然？

趙副廳長看出我情緒的變化，就欠身笑道：「你別破車多攬載，瞎猜亂尋思。我們詢問過澤地蘭小姐了，她講述了他們一家與你們家的關係。對澤地蘭我們沒什麼懷疑。現在，迫在眉睫的是，這個事件如何了結？對全粉玉、藤田信光我們是否應當放行？他們護照上標明的回國日期只有兩天了，不能再拖

延。我是來向你討教的。你在長白山地區戰鬥多年，對那裡的自然環境、歷史變遷和人情習俗十分瞭解。我估計你能幫上忙。正好從他們二人身上還找到兩張圖──」

「兩張圖？」我一激靈站了起來，「兩張什麼圖？」

趙副廳長拉開隨身帶來的公文包，掏出一個檔案袋，放在我的面前說：「你看一遍吧，省廳要在明天十二點以前拿出結論性意見。老兄，請多幫忙。」

於是我就扯開檔案袋上的拉線，逐一披閱起袋內的每份材料來。

三、詩話結深情

澤地蘭的文字材料：

我叫澤地蘭，女，二十歲，日本國東京都人。我是代表祖父澤地正男到中國來探望朋友的。我在省城找到了祖父的朋友顏洪道爺爺。祖父和顏爺爺是四十年前的好友。祖父曾為顏爺爺提供許多方便，援助中國人民的抗日戰爭，給抗聯購買運送醫藥和軍需物品。這都是我這次到中國後顏爺爺親口對我講的。後來顏爺爺轉移了，走之前曾與祖父告別，把一張機密地圖交給祖父代為保管。二次世界大戰日本戰敗後，祖父歷經艱難，輾轉回到日本。他什麼都沒帶，只把那張地圖帶回日本。因為顏爺爺一走就音信皆無，受人之託，無法轉遞，為保險起見，只好帶走。祖父並不知道這張圖紙有什麼用場。四十多年，他們互相不通音信。四年前，祖父發表了一篇回憶錄，談到顏爺爺和那張莫名其妙的圖。這篇文章發表之後，在國內外引起很大反響，收到了不少詢問、讚揚的信函，當然也有軍國主義分子的攻擊恐嚇信件。這一篇文章起到了投石問路的作用。不久就收到了來自中國的顏爺爺的信。祖父和顏爺爺竟然都健在，這是一大幸事。祖父激動得徹夜難眠。他們都是八十高齡的人了，行動不太方便，只能鴻雁傳書，抒發思慕懷念之情。那張地圖，祖父保存四十多年，言必信行必果嘛，我這次來除了代表祖父探望顏爺爺一家外，就是把這張圖親手交

給顏爺爺。在省城，顏爺爺一家熱情款待了我。我要到長白山玩玩，他還托外事部門的工作人員做嚮導。這就是我來長白山住在紫雲峰賓館的前後經過。

至於說藤田信光，我很蔑視他。我可以坦誠地把我內心的隱秘寫出來。就是在祖父的那篇回憶文章發表不久，我與他邂逅。我們戀愛過，但去年春天就分道揚鑣了。具體什麼原因我毋需多說，反正我認為他是個卑鄙的小人。關於他的情況我知道一些。他的祖父在中國東北待過，還死在長白山地區。他父親叫藤田一郎，五十八歲，經商。那個女人我沒見過。對於她我一無所知。

我不日就回長春。我一定讓祖父也到長春來，看看顏爺爺。

日本國國民澤地蘭

昭和六十三年（1988 年）八月二十日

我認為澤地蘭的材料真實可靠，只是太簡略了一些。這不怪她，因為這些事情她沒經歷過，不可能說得太具體。這封信喚醒了我沉睡的記憶。我的面前晃動著澤地正男的面影，疊印出他那個充滿溫馨與書香氣息的日本小屋。我手頭就有澤地正男的近照。他同我一樣，耄耋垂暮，鬢眉銀白，絲毫找不到當年的影像。但讀了澤地蘭的這份材料，四十多年前的人和事，又在腦中活泛起來。說起我和他的相識相處，還有一段傳奇故事呢。

那是九一八事變後的第四年，作為聯絡員，我從東北人民革命軍第一軍司令部所在地磐石縣的玻璃河套來到了吉林市。我受東北人民革命軍第一軍軍長楊靖宇將軍之命，到吉林市搞一批西藥和宣傳用的油墨蠟紙。大宗購買這些物品勢必要引起鬼子漢奸的懷疑，再說也無法轉運出去。正好中共吉林市支部負責人老李同志又去哈爾濱滿洲省委開會去了。這批物資部隊急等要用。我沒著沒落，很是焦急，在站前廣場踽踽獨行，就是想不出好辦法來。正在這時，我見火車站出口處聚了一群人，有的在交頭接耳，有的在比比畫畫，有的在議論什麼。長期的地下工作養成的職業習慣和敏感，不由我不首先想到敵情，擔心發生什麼不測事情。我趨步向前，也成了圍觀者的一員。原來是一個西裝革履

的人，用手指著掛在鐵柵欄上的一塊黑板，請來往行人給解答一首古詩。這個人看來不過三十歲，中等身材，容長臉，眉毛很濃很黑，眼睛不大，但很有神。他態度謙恭，慈眉善目。我是清華大學文學院的畢業生，博覽過古典詩詞歌賦，尤其更酷愛古詩。我湊到黑板近前，讀了上面的詩句，原來是一手詠雞冠花的詩，其中有兩句頗為費解，有幾個人胡亂解釋一通，那個西裝革履聽了，緊皺眉頭，不甚滿意。這兩句詩是這樣寫的：「未解五更人報曉，爭向南國一枝開」。其中的「人報曉」是有典可尋的。唐詩有「絳幘雞人報曉籌」之句，說的是古時皇宮是由人扮成雞，頭戴紫紅頭巾，天亮前用竹投壺而報曉的故事。這個典故弄明白了，這兩句詩也就容易解釋清楚了。不知出於什麼心態，我竟忘記自己的身分和內心的憂愁，把「人報曉」這個典故說了出來。他的眼睛立時一亮，連連頷首稱讚：「解得好，解得好！」他熱情地拉著我的手，一定要我到他家去做客。我推辭再三，拗不過他，再說也難以拂他的誠意，就跟隨他走了。他的家在松花江岸邊名古屋旅社附近，是一幢建築考究的日本小房。走進院內，拉開紙糊拉門，地上就鋪著榻榻米。怎麼，我走進日本人家中？難道這位西裝革履是日本人？

這時，西裝革履忽然說了一句日語，隨之又一道紙糊拉門被拉開了，一位窈窕娉婷的日本少婦立在門限。她看上去只有二十多歲，略施粉黛，著紫地白色箭頭圖案的和服，衣領上的百合花家徽十分醒目，尤其背上的御鼓太結精緻玲瓏，色調柔和，簡直就是一件絕好的藝術品。

毫無疑問，我是走到日本人家中了。我腦子一片空白，少頃，才有些清醒，怪怨自己太孟浪太唐突，原因很簡單：我一個抗日的共產黨員，無端地闖進日本人家中，事態如何發展，是個未知數。但我心中似乎還有底數，今天這事似乎很偶然，我的言行也絲毫未露出破綻。想到這，我就變得從容自然些了。

他們夫妻說了一通日語後，西裝革履的妻子朝我鞠躬問候，隨後便去廚房忙活去了。

西裝革履請我跽坐在榻榻米上，給我獻茶。我邊喝茶邊撒目室內的擺設。這個屋可能是西裝革履的書房，靠牆立滿了一排排書架，書架上擺滿了各種書籍，有平裝的，精裝的，還有線裝的，有漢語日語的，還有英語俄語的。南窗檯上擺著一盆蘭花。此刻有幾朵金邊素心蘭還粲然開放，屋子裡瀰漫著濃郁香氣。

看來這位西裝革履是個飽學之士，莘莘學子了。

西裝革履顯得很隨便，跟我談起他的經歷。原來他叫澤地正男，在日本文部省一個研究部門供職，曾就讀於日本人在上海創辦的同文書院，他的古代漢語和現代漢語功底很深。他博覽群書，學識淵博，但主要是研究東北亞民族史的，對日本的蝦夷族，對朝鮮族，對我國的鄂倫春族、鄂溫克族、赫哲族、達斡爾族、恰喀拉族、滿族、錫伯族、蒙古族等族的族源、流遷、宗教、語言、習俗等的研究，都有較深的造詣。通過交談，我覺得跟他的距離縮短了一些。他迴避談論政治，也沒什麼大和民族優越感。我對他說，我畢業於清華大學文學院，事變後家中變故迭起，就回到東北，找個地方當教師，同時還經商，賺錢餬口而已。我的這些話有真有假，有虛有實。他聽了，無限感慨地嘆了口氣，沉默一會兒，又顧左右而言他。他稱道我的學識，又極為認真地問我教學情況，如班級學生人數，學生學習情況等等。我隨便編派一通。他翹起拇指，連聲說好。看起來他對教師還是很為尊崇的。這時，澤地正男的夫人打開紙糊拉門，手托擺滿食品的方盤走了進來。澤地正男邀我入席吃飯。飯菜很簡單，純粹的日本風味。有生魚片、鹹魚片、海帶卷、烤蛤蠣，喝的是日本清酒。主食是紅白相間的日本小餑餑。酒酣耳熱之際，澤地正男詩興大發，當場賦詩贈我。詩是這樣寫的：「春風時雨教澤長／半百同胞在一堂／孜孜殷殷爭豔麗／滿門桃李有餘香。」這裡的「半百同胞」就是專指我說的學生。他一定讓我步原韻和他一首。我知道這是他有意在測試我。步原韻即五原韻，難度很大。但我必須和上，因為我此時忽然悟徹到，這位澤地正男興許能幫我的忙，交個日本朋友有啥不好！我沉吟有頃，這樣和他：「壽饌烹茶情太長／瑤章荷贈在君

堂／梅花作句蘭為韻／滿紙能熏班馬香。」他大加激賞，連連稱頌。此時窗外刮來一股微風，那金邊素心蘭花微微顫抖，室內的馨香氣味更加濃郁了。室雅蘭香，把酒吟詩，別是一番情趣。我們的興致都很好。

就這麼簡單，我們成了朋友。臨別時，他告訴我要經常來玩，有什麼事要他辦，他不會拒絕的，也不會令我失望的。我思之再三，成破利害在此一舉了，楊靖宇將軍交給我的任務，我一定要按時完成。於是我對他說：「我做了筆買賣，賺頭不小，得辦一批貨，還得運出去。」他目光深沉地瞅瞅我，問：「什麼貨？」我把貨單遞給他。他簡單地瀏覽一遍，意味深長地笑了笑：「跟那邊做的交易？」他說的「那邊」就是指的抗日隊伍。我的心咚咚直跳，我甚至意識到我是遇到魔鬼了。但是事已至此，再無退路，即使他真的是魔鬼，我滿不過一死了之；況且我還有退路，為了賺錢，做兩頭的買賣，也不是說不通的。於是我肯定地點點頭：「是的。」

他爽聲地笑了：「顏洪道君，我欣賞你的坦誠。好吧，我一定辦成這事。」

我懷著忐忑不安的心情離開了澤地正男的住處。在回磐石縣的路上，我時時提防，處處小心，生怕後邊跟著尾巴。到明城車站取貨時，我也是抱定一死的決心的。事後一想這全是不必要的戒備。澤地正男很講信譽，辦事很認真，一切都辦得天衣無縫。我沒遇到什麼麻煩，所有的物品都安安全全地運到玻璃河套東北人民革命軍司令部裡了。

澤地正男君，我的朋友，我感謝你，中國人民感謝你。

後來，我又數次求他辦事，他都沒拒絕。有一次他的目光游移深邃，盯了我許久許久，意味深長地說：「顏洪道君，我理解你們。唉，世界為什麼要是這個樣子呢？」

他嘆了口氣，陷入深深悵惘之中。

我們的距離拉近了。我拉著他的手。我流淚了。他的眼窩裡也蓄滿了淚水。

四、長白山的「馬來之虎」

藤田信光的說明材料：

我叫藤田信光，日本國國民。我是研究經濟學的，我同我的女朋友全粉玉到中國的東北長白山，純粹是為了旅遊。我同澤地蘭小姐過去很熟，而且關係很好，用你們中國的時髦語言說，就是訂過婚。但後來吹了，這不奇怪。這次在紫雲峰賓館偶然相遇，我是從漢城轉道香港到北京的，她的行走路線我就不得而知了。至於我和全粉玉，關係很好，我愛她，我們不久就要結婚。婚前到長白山旅遊觀光，很有意思。至於挖開響水澗下田雞養殖場的堤壩，我很悔恨。沒什麼動機，好奇，惡作劇，我想看看響水澗的水是怎麼流淌的，漫汀是怎樣乾涸的，蛤蟆是怎麼蹦蹦跳跳逃走的，挺有意思。給吳老伯造成了經濟損失，我願意賠償，五萬元六萬元都可以，我的簽證有效期還有兩天，我請求貴國政府允許我按時離境。還有，我身上的這張圖，是我隨便畫的，就是響水澗的地形圖。畫著玩玩嘛。請不要誤會，也請不要懷疑我要幹什麼，我自信我是中國人民的好朋友。如果由於我這個隨心所欲的舉動使中國朋友感到不愉快的話，我深感懊悔。我向中國朋友道歉，實在對不起。

日本國國民藤田信光

昭和六十三年（1988 年）八月二十日

日本國刑警組織應我國刑警組織的請求所提供的關於藤田信光的自然情況調查材料：

藤田信光，男，二十五歲，鹿兒島縣人。在東京都亞光電器總公司銀座子公司供職。京都大學畢業。專修經濟學。曾與澤地蘭過從密切。不久前去韓國的漢城、大邱、大田、濟州島經商、旅遊。他與全粉玉的關係，東京警視廳毫

無所知。查其父藤田一郎系亞光電器總公司銀座子公司經理。其祖父藤田由紀夫，年輕時曾到過台灣、呂宋島及中國的東北，係當時台灣都督府及關東都督府的書記員。後棄職去中國東北的東滿、南滿經商，死在中國的長白山地區。藤田一郎及藤田信光父子未發現有任何凶殺、詐騙、暴力等行為。

日本國東京警視廳（電文）

昭和六十三年（1988 年）八月二十日

　　藤田信光的材料雖說寫得很輕鬆，甚至流露出嬉皮士的味道，但疑點很多，由此我想起許多許多事情。我檢視了裝在檔案袋中的由他身上獲取的那張地圖，不禁吃驚非小。我太熟悉這張圖了。澤地蘭千里迢迢送給我的那張圖，是地地道道的真品。我找了出來，兩相對照，發現兩者的圖形、比例都一模一樣。澤地蘭的原圖是用墨筆畫在一塊白布上的，而這張圖是比照原圖臨摹的。原圖是四十多年前我親手繪製的，現在雖然陳舊得顏色已經變黃，但我一眼就認得出來。藤田信光的那張圖是怎麼來的？他們二人曾經相戀相愛過，復又決裂，這又是為什麼？

　　藤田信光的祖父藤田由紀夫，我想起來了，這是儲存在我記憶倉庫裡的重要人物。對這個人物，我曾專門做過調查研究。近些年來，國內外不少紀實文學披露不少逸聞趣事，其中包括「山下將軍財寶」之說。山下奉文陸軍大將是第二次世界大戰時日本第十四方面軍司令官，號稱「馬來之虎」，第二次世界大戰後，作為戰犯被絞死在馬尼拉。根據美國、菲律賓和日本的檔案記載，山下奉文藏寶確有其事。這位日本東南亞戰區司令在占領東南亞期間，拚命搜刮民間財寶，意欲回日本時向天皇進貢。太平洋的戰勢急轉直下，日軍敗局已定，山下奉文遂下令將黃金珠寶藏入地下，或沉入大海。負責掘地藏寶的菲律賓人均被槍殺，不留活口，藏寶圖分別有若干份，交給親信儘可能攜返日本，菲律賓前總統馬科斯早在一九七五年就委託美國「國際金屬公司」到菲律賓尋寶。但直到他瞑目之前，對藏寶之說也莫衷一是，時而承認，時而否認。「山

下將軍財寶」牽動多少人的心弦，沸沸揚揚，鬧騰幾十年，毫無結果，有的人寧信其有，不信其無，有的人寧信其多，不信其少。寫作出版過《追捕》《犬笛》的日本超級暢銷小說家西村壽行的力作《荒野復仇》（原名《化石的荒野》）所反映的也是「山下將軍財寶」之謎的內容。圍繞這筆價值數千億美元的山下奉文寶藏，各國間諜機構，別有用心的探險隊，一大批政客流氓，黑社會組織，政府要員，都紛紛出籠，進行著你死我活的拚搏殘殺。

關於「山下奉文財寶」我只是從大量資料中瞭解一些。可能確有其事，也可能是子虛烏有。但藤田由紀夫其人其事，卻不容懷疑。我把他稱為「長白山的『馬來之虎』」，一個不帶刀槍的職業掠奪家。他的一生，是冒險家的野獸般劫掠的一生。

這個藤田由紀夫是個頗有來頭的神祕人物。他年輕時就追隨侵華老手後藤新平。他擔任後藤新平的書記員多年，其實是後藤新平的影子、心腹、智囊。後藤新平是策劃併力行割讓我國台灣的主謀者，並當上了台灣都督府民政長官，二十世紀初，又就任滿鐵總裁。滿鐵是日本帝國主義對我國實行經濟掠奪、政治顛覆、軍事侵略、文化滲透及大搞特務間諜活動的大本營。就這樣，藤田由紀夫跟隨後藤新平走遍了東南亞，又走遍了東北亞。這個傢伙在政治、經濟、軍事上都沒什麼顯赫建樹，但卻十分貪婪。他有個夙願，一心要成為世界巨富，但不是通過辦企業做生意，而是通過對珠寶文物的巧取豪奪以達到發財的目的。他這樣想，也這樣身體力行地去幹了。在台灣，通過漁民之手他意外地奪取了一隻菲律賓白齒瑪瑙貝。這種貝最珍貴，產於菲律賓海外馬克坦島等海域。至今世界一共才發現三隻，當時卻是唯一的一隻，可稱為價值連城的瑰寶。他又從走私商人手中奪取了印度牛黃、西藏的黑色猴棗，從安南商人手中攫取了許多狗寶和馬寶。這些珍奇藥物在當時也是一筆數目可觀的財富。他還得到一些鑽石、寶石。

來到設在大連的滿鐵株式會社，他沉寂一個時期，不久又向後藤新平提出辭呈，攜帶家口和掠奪來的金銀細軟，到長白山一帶搞所謂的木材經營。他巧

取豪奪的伎倆在這裡得到了充分的展示和發揮。在牡丹江，他從一個採珠人手中得到兩顆夜明珠，足有雞蛋黃那麼大。這兩顆夜明珠，晝夜放射綠光。尤其在晚間，那亮光更是璀璨耀眼。這也是兩個價值連城的瑰寶。

關東大地的江河之中，自古以來就盛產珍珠，稱為東珠。靺鞨及渤海國時代產的珍珠稱為紫珠、黑珠，十分名貴。據說清東陵被盜時，慈禧鳳冠上最大的一顆東珠形如雞卵，重達二百克，價值一千萬兩白銀，可以同英國女皇王冠上的鑽石媲美。可以想像得出，藤田由紀夫奪得這兩顆夜明珠，該是何等名貴了。當時東邊外的土皇帝，樺甸的淘金王韓邊外已經破敗，把金礦全兌給了日本人。藤田由紀夫近水樓台先得月，通過「大同株式會社」的層層關節，鑄成一個盛裝珠寶的金盒，光黃金就用了一千兩。他還把重十斤的自然金塊也竊為己有。可見斂財能手的胃口有多麼大！

藤田由紀夫掠奪的金銀珠寶已經塞滿了箱籠笥匣，本可以打道回府，過他的人間天上的神仙日子。但他的慾壑是難以填滿的。東北的虎皮虎骨他垂涎已久。他要弄一隻頭牌東北虎帶回日本去。這錯誤的一步把他的人生賭博全盤輸掉了，還搭上了身家性命。這時，東北人民的抗日鬥爭發展迅速，勢如破竹，給日寇以慘重打擊。由我黨領導的東北人民革命軍改編為東北抗日聯軍，楊靖宇同志任東北抗聯第一路軍總指揮，轉戰在千里的長白山莽莽林海之中。一九三九年三月十一日夜，楊靖宇將軍率領一支抗聯隊伍，迂迴到樺甸縣木其河木場，對「滿洲株式會社北海木業組合」開辦的木場發動突然襲擊，迅速殲滅三百多偽森林警察隊，藤田由紀夫就是在這次戰鬥中被飛彈打死的，他搜刮來的那些金銀珠寶全成了抗聯的戰利品。楊靖宇將軍率領部隊又迅即對樺甸、敦化交界處的大蒲柴河發動奇襲，全殲防守圍子的偽軍和偽警察，繳獲許多槍枝、彈藥和軍需品，還繳獲一隻被打死的頭牌東北虎。據偽警察署長交代，這是給「北海木業組合」的藤田由紀夫捕殺的，藤田要趁冰凍時運回日本。東北虎打到了，還沒來得及送出，藤田由紀夫——這只「長白山的『馬來之虎』」同這隻東北虎一樣，一命嗚呼了。據說藤田的妻子不久就帶著兒子回到了日本國。

繳獲的「長白山『馬來之虎』」的財寶自始至終經我一手處理，這就牽涉到澤地正男的孫女澤地蘭送還給我的那張圖。

藤田信光是藤田由紀夫的孫子，他手中為什麼會有這張圖的複製品？他來長白山的目的何在？這些珠寶當年就埋藏在響水澗的石洞裡的呀！

於是我自然要聯想到那個韓國女人全粉玉。

五、血染藏寶圖

全粉玉的說明材料：

我叫全粉玉，韓國國民，二十七歲，住濟州島，職業為「濟州海女」。我的家境並不富有，但我很幸運，藤田信光君愛上了我，我們不久就要結婚。這次到中國來主要是觀光旅遊，此外還想尋找親戚，是我的姨媽，但沒能找到。我身上帶的那張圖，隨便畫的，沒什麼意義，更沒什麼目的。我一個弱女子能幹什麼呢？我想盡早離開中國回國，我要操辦結婚的事情。我和藤田君的相識純屬偶然。他到濟州島旅遊，作為「海女」的我，要靠自己的肺活量，使用原始工具下水捕撈。雖然收入比一般工人多些，但幹不多久就會坐病，耳膜疼痛。藤田君對我們這行很感興趣，他很同情我，可憐我。我很感激他，我從心裡愛他。經常接觸，我們就有了感情。我們的感情很深。我就要做新嫁娘了，請儘快放行，讓我們早日回國。

大韓民國國民全粉玉

1988 年 8 月 20 日

看得出，這個從事著被稱為「海女」「美人魚」職業的全粉玉，對藤田信光一往情深，沉浸在愛的痴迷之中。但我總覺得她的說明材料太單薄，她在我頭腦中的印象是模糊的迷離的。及至看見從她身上獲取的那張圖以後，我倒吸一口涼氣。不能小覷這個女人！我熟悉這張圖。這個全粉玉同樣有著極為複雜

的背景。於是我想到了那個千古罪人全光。他與全粉玉是否有血緣關係？這張圖，這一家人，是怎樣流落到濟州島的？

我不能不回憶起全光其人。

全光在東北抗聯一路軍內是個知名度很高的人物，在滿洲省委內也是個有資歷的人物。當初，在東北的朝鮮共產黨員分 ML 派、漢城派、火曜派、上海派、伊爾庫茨克派等派系，鬥爭很激烈。全光屬於上海派。後來共產國際決定，撤銷這些派系，基於一國一黨的原則，決定在東北的朝鮮共產黨員加入中國共產黨。全光，作為中國的朝鮮族人參加了中國共產黨，還擔任過中共滿洲省委民族委員的職務。他在瀋陽市時，在滿洲省委內與楊靖宇同志曾有一面之識，後來楊靖宇去撫順任特支書記，搞工運，被捕判刑，在瀋陽監獄監押，而全光卻被省委派往磐石縣任中心縣委書記。九一八事變後，楊靖宇作為省委軍委書記到南滿巡視工作。磐石縣的由中共領導的南滿游擊隊，由於全光的指導錯誤，已接近崩潰邊緣。全光忽左忽右，一會兒搞蘇維埃土地革命，一會兒又與土匪、山林隊沆瀣一氣，把人民革命武裝降低到土匪的水準上，也報起山頭字號來。士兵的情緒低落，部隊的戰鬥力很弱。楊靖宇在樺甸的蜂蜜頂子找上了這支隊伍，進行整頓，批評了全光的錯誤，將隊伍重行改編。這支隊伍又聚合起來，並得以迅速發展，變成東北人民革命軍第一軍，也就是東北抗聯一路軍的前身。全光被撤銷中心縣委書記和游擊隊領導的職務。隨著隊伍的發展壯大，他又被任命為一路軍後勤部長。全光表面上接受批評，但心裡是耿耿於懷，對楊靖宇將軍更是不服氣。對楊靖宇的指示，他陽奉陰違，甚至背後捅刀子。抗聯隊伍發現了敵人打進了奸細特務，全光借抗聯肅清日偽奸細之機，大搞肅清民生團運動，一時錯殺許多無辜的同志。楊靖宇將軍及時發現並制止了這個錯誤，嚴肅批評了全光。但全光並沒就此罷休。他掌握一些被服、彈藥和糧食，卻硬說這些東西讓日偽搶去了。楊靖宇將軍不得不率部去長白山南麓搞給養，不幸犧牲，全光卻蹲在安全地帶，大吃肥喝。楊靖宇犧牲不久，全光就投降了日寇，他本人發了財，在安圖縣開了幾家大買賣，這些資金，有來自日

本人的獎賞，還有抗聯留下的物資和金錢。「九‧三」光復後，全光搖身一變，又成了國民黨維持會的成員，對已放下武裝的日本軍警和日本平民，大開殺戒，大肆搶掠。但僅僅幾天，形勢發生急遽變化，由共產黨領導的楊靖宇支隊和李紅光支隊解放了長白山地區，逮捕了全光，這個雙手沾滿人民鮮血的叛徒被處以死刑。

這就是全光的醜惡歷史。

全光和「長白山的『馬來之虎』」藤田由紀夫財寶有聯繫。那隻寶盒和東北虎，楊靖宇將軍決定保存下來，待抗戰勝利後交給國家。寶盒打開後，發現了珍珠、鑽石、自然金塊、貴重藥材，還有一個色彩絢爛的巨型齒貝。當時無法估算這些東西的價值。戰士們把虎皮扒下，剔出虎骨，裝進缸裡，上面扣上一個大瓷盆，寶盒連同瓷缸用蜂蠟密封好。楊靖宇將軍讓後勤部的姜京鎬同志帶領戰士，把這個寶盒和這口瓷缸祕密埋藏起來。姜京鎬還繪製一張方位圖，向楊靖宇將軍作了匯報。楊靖宇將軍指示姜京鎬把這張圖保管好，以便日後尋找挖掘。

姜京鎬是個朝鮮族戰士，曾跟我一起搞過地下交通工作。我們倆配合得很好，從沒出過什麼紕漏。我們倆也是很要好的朋友。他以後調到後勤部工作，我們倆的單線聯繫更頻繁了。有一天，我從敵戰區搞來一批藥品，在聯絡點上交給了姜京鎬。姜京鎬眼睛紅腫，像是剛剛哭過。我疑惑不解。就是在這天他告訴我，楊靖宇將軍犧牲了。我們倆抱頭大哭一場。

現在回想起來，姜京鎬同志很精明，也很敏感。他破例地違犯交通紀律，交給我一張用白布描畫的圖。

我不解地問：「這是什麼？」

他悶哧半天才說：「埋藏寶盒和虎骨的圖。」

我十分詫異：「交給我幹啥？」

他眉頭緊蹙，一臉憂感：「你保管吧，以後交給組織，別落入壞人手中，千萬別叫鬼子搶去！」他說得很激動，也很傷感。

「你保管不是一樣嗎？」我還是丈二金剛——摸不著頭腦，「是組織這樣決定的？」

　　他搖搖頭，憋咻半天才說：「我自己定的。」

　　「這怎麼成？亂彈琴！」

　　我心裡有點兒埋怨他：姜京鎬同志，你從事地下工作多年，難道起碼的規矩都不懂？但我抬眼打量他時，發現他眼窩滾動著淚花。他一定有什麼委屈事，他一定憋屈得很難受。我拉住住的手，語聲低緩地說：「小姜，咱倆是知心朋友，是共過患難的戰友，有什麼事你就跟我說吧。」

　　他哭了，抽抽噎噎的。我們倆相處四五年了，還是第一次見到他哭，他是個剛強的硬漢子。

　　原來全光已經把魔爪伸向了他。就是在今天，全光問他：「藏寶圖在你那兒？」他支支吾吾應了一聲，心裡直翻個兒。楊靖宇將軍犧牲了，還有魏拯民同志接任一路軍的總指揮，你全光憑什麼過問？姜京鎬很機靈，沒告訴他這張地圖就縫在棉襖裡，而是胡謅了個地點。他把圖交給我，並叮囑我說：「全光這小子忒狠毒，可能要對我下毒手，圖交給你保管妥靠。」

　　他的擔心不是沒有根據的，全光的表現我知道一些，況且楊靖宇將軍屍骨未寒，他急於要藏寶圖，是何用心？不能不防。但小姜沒了圖，全光能饒他嗎？我說出我的擔心。他卻一挺腰板說：「只要藏寶圖不落到敵人手裡，我個人即使犧牲了也值得。」我尋思一會兒，想了個兩全其美的辦法：把這張圖描下來，我按圖找到那些東西，再轉移個地方。全光衝他要圖，他就交圖，反正這張圖已經沒什麼用途了。全光要是按圖找不到東西，就說可能讓鬼子給搜走了。如果全光沒有個人目的，等革命勝利時，把東西交給國家，全光也不會責怪的。

　　但我們錯誤估計了形勢，原因就是我們太善良了。事後才知道，全光把那張圖拿到手，就宣佈姜京鎬是「民生團」分子，當場就把姜京鎬槍殺了，不久全光就投降了日寇。他知道日本人只是利用他而已，不可能信任他，他還發覺

他時時處處被監視。他不敢貿然去取那些珍寶，但那些珍寶遲早還是他的，他自信勝券在手，只是個時間問題。日寇投降後，他還沒來得及去按圖取寶，就被我軍處決了。他那張毫無價值的藏寶圖哪裡去了呢？

全粉玉的這張圖我見過，我臨摹過，我很熟悉，沒錯。今天我又見到這張圖，浮想聯翩，這一段往事又從記憶的深處跳了出來。

我眼含淚水，失聲痛哭。我想起楊靖宇將軍，我想起姜京鎬烈士。

我摩挲著這張圖，凝睇著這張圖，這張浸著烈士鮮血的圖！

六、兩張圖的來龍去脈

看完了趙副廳長帶來的材料，我邊思考邊回憶，精神是那樣集中，竟忘記了室內還有位客人——趙應揚同志。我更意識到，這事得抓緊，一刻也不能耽擱。我心中有數，但又不急於把包袱抖摟開，我找出了澤地蘭帶來的那張圖，與檔案袋中藤田信光的那張圖一起放在寫字檯上，對他說：「老兄，請你過目。」

趙副廳長站起身來，走到寫字檯前，瞅著這兩張圖。霎時間他就「啊」地驚叫了一聲，說：「怪，奇怪！竟一模一樣。」他用右手食指點點澤地蘭帶的那張圖，「這個是原件，而這個是複製品。老兄——」

他眼盯盯地瞅著我，試圖從我的面部表情上尋找出答案。大概我面部的表情太複雜太玄妙，他無法讀懂。於是我就向他講了這兩張圖的來龍去脈。

當年，我把姜京鎬交給我的那張圖臨摹下來，按照圖示，果真找到了那個寶盒和那口瓷缸。我用山裡人背東西的大背筐把這些東西背起來，轉移到長白山西麓的一個叫響水澗的地方。響水澗其實是一個瀑布。瀑布不太寬，但落差較大。冬天，瀑布結冰，當地人稱作冰湖，只在春夏秋三季才有瀑布轟轟作響。在響水澗水簾後邊，有一個不太深的石洞，洞口不易被人察覺。這是一個十分隱蔽的所在。我就把東西埋藏在石洞裡，我環顧四周，為的是加強形象記憶，以便日後尋找方便，但林海無邊，將來一旦尋找起來，也不是那麼容易

的。於是我就在白布上用墨筆畫了一張水簾澗藏寶圖，標明方位和邊界四至。這就是澤地蘭捎來的這張圖。那時部隊化整為零，分散活動。魏拯民總指揮也犧牲了。剩餘的部隊有的仍堅持戰鬥，有的根據上級的指示紛紛過江，進入蘇聯境內。這張圖帶在我身上我總覺得不保險，一旦我犧牲了，石洞裡的那些東西不就成了永久的祕密了嗎？我堅信這些東西對祖國對人民會有大用處的，不能讓它永久沉睡在山洞裡。得找個妥靠的人保管。於是我就想到了澤地正男，那個正直而善良的日本學者。

我化裝成商人模樣的人，又一次來到澤地正男先生的家中。他們一家還是那樣熱情地款待我。這已經成了習慣了，每逢我來，澤地先生都要問我有什麼事需要辦。我說出要辦的事，他淺淺一笑，就默默無聲地去辦，準能辦得令人滿意。今天他又問我了，我淒然一笑說：「我可能要遠走，不知什麼時候能回來。」他顯得很沉穩，沒有吃驚和留戀的表情。他看了我一眼，語氣平和地問：「去城南還是江北？」「城南」就是指長城以南，那兒有八路軍；「江北」就是指黑龍江以北，到蘇聯去。看起來他對我的內情早已了然，我不禁吃了一驚：「你怎麼知道？」他又淺淺一笑：「咱們是朋友，相處這麼久，還能分析不出來？你是個好人，有愛國之心，只能往江北城南去。」他很坦誠，也很侃快。我沒說什麼，只報以含蓄的一笑。他長嘆一聲說：「世界為什麼要是這樣呢？」

他提的問題很對，在殘殺和掠奪面前，中國人民就只能拿起刀槍去戰鬥。這個道理澤地先生不會不明白，不然的話，他為什麼幫助我辦了那麼多的事情！

我說：「有一樣東西帶著不方便，也不安全，思之再三，還是放在你這裡保險。」他幾乎是不假思索地說：「可以。」我把那張圖交給他，他看也沒看，也沒問這張圖的用場，就把圖收了起來。我見他對這張圖似乎沒那麼看重，又補充一句：「這圖很重要，以後我會來取的，麻煩你了，很對不起，請你妥善保管，除我以外，任何人都不能給他看。」他神情很莊重：「我當然懂得它的

重要性。顏君，請放心，我一定會妥善保管的，言必信，行必果嘛。日後，只能交給你。」

不久，我就過了黑龍江，到了蘇聯境內，在由中國抗聯指戰員組成的東方旅內，天天學習文化，學習軍事技術，有時過江偷襲日偽軍。我回國後就被編入東北民主聯軍，作收降、繳械和肅清匪特的工作。

一九四六年我回到吉林市，在原名古屋旅社附近去尋找那幢日本小房。小房找到了，但已換了主人。新房主是一個老鐵路工人，是澤地先生的鄰居，我過去到澤地先生家時，見到過這人。他認出是我，不禁吃了一驚，說：「唉，你可回來了。」他把我讓到屋裡，熱情接待了我。他告訴我澤地先生一家是一九四五年冬天回日本的。澤地先生經常對著這位老工人念叨我。他回國前把「金邊素心雙飛燕」蘭花和彩瓷花盆交給這位老工人，再三叮囑，一旦見到我，一定把這盆花交給我，並囑我多多保重云云。

我心情很沉悶。不用問，他是作為戰敗國居留民被遣返回國的。這盆蘭花可是他心愛之物。他很愛蘭花，他之所以喜愛我的那首步原韻唱和詩，同詠蘭也有關係。他對我說，這盆蘭花是一個朋友在東南亞給他捎來的，是珍品，這花盆是日本元祿時代的，也是稀世之珍。在我國早有養蘭之雅，孔子稱蘭為「王者之香」，歷代素有「國香」「祖香」「天下第一奇香」之說。在日本也是如此，澤地先生視蘭如同生命，這盆蘭花他愛若掌上明珠，卻慨然贈送給我。我忽然產生掠人之美的愧疚之感。我又一想，他把這盆蘭花饋贈給我，除了表示深情厚誼之外，還有沒有別的因素？我所關心的那張圖能否埋在花盆裡？

我告別了這位老工人，把蘭花抱回機關。我把花土倒出來，在蘭花的根部果然發現用油布包裹著的一個小瓷瓶，打開瓶塞，真就發現了一個布團。我渾身一陣震顫，啊，藏寶圖又回到人民手中了。打開布團一看，不是那張圖，而是一封信。信是這樣寫的：

顏君大鑒：

　　不知你能否收到這盆蘭花。諸多感慨不及細述。那件東西我一直保管著。我要回國了，按你所囑，我不能交給任何人。我只好帶回日本國，以後一定能送回來。這盆蘭花留給你，權作紀念，睹物思人，多多保重。我相信我們還會再見面的。

澤地正男

　　他回國了，帶著那張圖，留下一盆馨香透骨的「金邊素心雙飛燕」。

　　聽了我的講述，趙副廳長似乎有所感悟，冷不丁一拍巴掌，激動地站了起來：「這麼說藤田信光和全粉玉是奔響水澗裡的珠寶來的了。」

　　我說：「不能排除這個嫌疑。」

　　趙副廳長不愧是搞公安工作的，能切中要害，一語中的：「這三張圖就是最好的證據！他們難不住我們了，他們觸犯了中國的法律，可以馬上實施隔離審查。」

　　我何嘗不這樣想。這個被金錢蛀空了靈魂的家族成員，這個被太陽的眼淚浸黑了靈魂的「長白山的『馬來之虎』」的後裔還在做著他們的祖先未曾做完的黃金夢，還要進行一番劫掠黃金珠寶的拚搏和較量，竟敢盜竊詐騙屬於中國的財寶。中國的法律對這樣的傢伙是不會寬容和手軟的。

　　「那是屬於公檢法的事情了。」我說，「不過我倒想賣賣老，豁出這副老骨頭架子，到響水澗去看看，再見識見識這兩位年輕的盜賊。還有，我得把我的尊貴的客人接回來。」

　　趙副廳長掩飾不住內心的喜悅說：「太好了，老兄，我早有這個想法了，就是不好意思開口，不敢勞你的大駕。這麼說咱們明天啟程，坐飛機去。」

　　他當即打了長途電話，讓當地公安機關對藤田信光和全粉玉以觸犯中國法律罪予以隔離審查。

　　我也抓緊時間做好去長白山的準備工作。

七、「美人魚」的自供狀

我們乘坐從省城飛往長白山的飛機，在機場降落後，又馬不停蹄地乘車來到響水澗田雞養殖場。田雞承包戶吳老疙瘩在地窩棚接待了我們。他五十多歲，人很質樸厚道。他顯得很坦然，又流露出疑慮和擔憂。他的面部表現掩飾不住內心的喜悅。因禍得福，他馬上就可以得到六萬元的賠償金，扣去投資底墊錢、稅金和承包費，他可以淨賺四萬元。多虧老外幫了倒忙，他怎能不喜？但他不明白，本來是周瑜打黃蓋的事，一家願打，一家願挨，警方為啥還調查瞭解個沒完沒了，可千萬別橫生枝節把六萬元泡了湯，打了水漂呀！他講述的內容，沒什麼異樣。可以看出他的急切心理：別折騰了，這事就快了結吧。

我和趙副廳長交換一下眼色，都覺得他這是杞人憂天。藤田信光和全粉玉當然要賠償經濟損失，而我們所關心的焦點卻不是這個。

我們提出要看一下田雞場，吳老疙瘩就帶領我們爬上堤壩，跳下漫汀，這就是田雞場。漫汀內的水已經乾涸，響水澗石砬子還是那麼雄奇瑰麗。它倚天拔地，以高屋建瓴之勢，撒下一片碎瓊亂玉，旋即幻化成一派五彩紛呈的彩虹，那麼旖旎妖嬈。那飛流直下的瀑布匯成的響水澗河潺潺流淌著，從溢洪口注入了滾滾的松花江裡。我太熟悉這個地方了，山還是那山，林還是那林，五十多年來，那個藏寶的所在，已經蒙上了歷史的厚厚的煙塵。

我們一行穿上水靴和雨衣，穿過第四道水簾，來到了那個石洞前。早先堵塞的石洞門的石塊已經搬開，露出剛剛翻動的痕跡。洞口和洞內的地面，留下了一男一女的鞋印。隨行的偵緝人員拍了照，用膠泥複製了這一男一女的足跡印模。洞內還藏著幾十隻田雞，趴臥地上，瞪著亮亮的小眼睛，驚恐地盯著我們這些不速之客。除此洞內再空無餘物。

趙副廳長一臉狐疑，用驚訝的目光看著我。我暗自好笑，還不能把藏在肚子裡的祕密告訴他。我從離家那一刻就做了安排，要爆炸個新聞，讓人們瞠目結舌，包括趙應揚這位老兄。

我們告別了吳老疙瘩，離開響水澗，乘車前往紫雲峰賓館。

在紫雲峰賓館的一個小會客室裡，我們同全粉玉面對面地交鋒了。先從全粉玉入手，以此為契機，鞭辟入裡，讓鬼蜮大曝光，這是趙副廳長的主意。

全粉玉，這個短襖長裙打扮的韓國婦女，和她的實際年齡完全相符，濃施脂粉，衣著華麗，與澤地蘭相比，簡直判若雲泥。藤田信光捨棄了澤地蘭而俯就於她，單就表象看，簡直無法理解。但此時恐怕只有我和趙副廳長能理解其中的玄妙。全粉玉面容憔悴，眼圈紅腫，似乎剛剛哭過。見了我們，她有些惺悚與恐懼。我不認為她是一個如何狡猾、如何難以對付的壞人，在那張圖和足跡膠泥印模這兩個確鑿證據面前她本來就挺不直溜的腰脊變得更加彎弓了。她終於在中國法律面前低下頭來，說出了這出鬧劇中她扮演的角色的那部分供詞。

她供認不諱，她的祖父就是全光。全光被我軍處決後，她的祖母就帶領著唯一的兒子和這張圖逃走了。全光早就告訴了她這張圖的重要性。趁日軍戰敗的混亂時機，她越過鴨綠江，到了朝鮮北部。她明白朝鮮的北半部不是她安身的處所，於是就趁還未劃定三八線的又一個混亂時機來到了韓國。她先到漢城，又到大田，最後來到朝鮮的最南端的島嶼濟州島。她的兒子結婚了，她也去世了。以後她的兒子又去世了，就留下了獨生女兒，這就是全粉玉。生活的坎坷和淒苦，沒有壓垮她，支撐她的就是祖父、父親留給她的這張圖。她充滿自信，有了這張圖，在適當機會，她有一天定會成為百萬富翁的，成為希臘女船王式的女人。她缺乏少女應具備的東西──外形美。這也無關緊要，只要有了錢，醜的也可以變成美的。她是在希望和夢幻中打發歲月的。正因為這樣，即使她淪為社會低層的苦難深重的「美人魚」──「海女」，她的精神支柱也沒有傾斜和彎曲。她像希臘神話中亞馬遜族女戰士那樣，用原始工具潛入海底，捕撈海膽、章魚、鮑魚，這其實也是招徠外國遊客的下賤女人。

但是，在她還沒變成百萬富翁之前，愛之神箭就射中了她。這就是她心中的白馬王子藤田信光。這個日本大亨之子，來到了被古老的中國地圖和日本地

圖稱之為「女兒島」的濟州島，徜徉、遊覽、逡巡。他的瀟灑風度和慷慨大度使「海女」們頓生傾慕之心。但他撇開了那麼多的傾慕者，獨獨把丘比特神箭射向她，射向這位貌不出眾語不驚人的灰姑娘。他攜帶她去濟州島的香格里拉五星級飯店。她彷彿一下子從人間飛到了天上，開了眼界，飽了眼福。五星級飯店的院內簡直就是個大花園，那造型各異的植物雕塑，那線狀、弧狀、柱狀、細銀絲狀的各樣噴泉，那圓形和半圓形的玻璃建築，各層樓廳內的樹木、藤蘿以及自動扶梯兩壁的自然仿真的石山流水，那高級套間裡的樓中樓閣樓內亭台水榭、游泳池、健身房，那橫貫大廳的水族牆及牆內的在紅白珊瑚和碧綠海草中游弋覓食的各種色彩斑斕的熱帶魚……這一切的一切，令她著迷，使她頭暈目眩、眼花繚亂。她先是驚訝、困惑，繼而是興奮、激動，再而是陶醉忘情。她對自己的身姿容顏要重新鑑定了。她對著鏡子前後左右反覆多次地照看，要尋找出她身上能使男人著迷的所在。最後她給自己作了評估，綜合起來看，她具備了能令男人心向神往的魅力和魔力，風度和氣質。可見人是很難準確地認識自己評價自己的。由眼前的白馬王子她想到了那筆價值連城的財寶。幸福鼓蕩著她的心，她要一口嚥下愛之甜果，也要一口吐出愛之紅心。她向他吐露了埋在心底的隱秘。奇怪的是他聽了之後，並不怎麼感興趣。他是在欲擒故縱，而她卻對他崇拜得無以復加。是呀，他是個大亨之子，這筆財富不會勾起他多大的興味。但是有一天，他像隨便想起什麼似的，想要看看那張圖。她給他看了。他還要留下細看。這時祖母和父親彌留之際的影像在眼前映現了，他們的殷殷叮囑又在耳畔響起：「這是一筆巨大的財富，對誰也不能說，這藏寶圖絕不能輕易示人，更不必說送給人了。」她似乎有點提防，他是個日本人，取走了財寶，一旦變了心走脫了，我豈不是雞飛蛋打。但白馬王子的吸引力太強烈了，她抵禦不了，她愛他，離不開他，她已經把她的一切都給了他，她一定要跟他結婚，他說等把那些財寶取出來後，再結婚也不晚。於是他們二人就以來中國旅遊的名義，來到了長白山。

他們幾經周折，吃了不少辛苦，按圖找到了那個地方，結果一無所獲。她

頹喪，她失望，她痛苦得幾乎要發瘋，而藤田信光不知從哪兒又弄來一張圖，他們又跋山涉水來到了響水澗。掘開堤壩，放走漫汀裡的水，找到那個石洞，又是一無所獲……

聽到這兒，趙副廳長連連搖頭，問：「一無所獲？」

「是的，確實是一無所獲。」全粉玉說得很肯定。

我心中自然有數，但也有個疑點：即使這些財寶找到了，又怎麼能帶出我國？怎能逃脫我國海關稽查人員的眼睛？我提出了這個問題。全粉玉猶豫再三，還是說出來了他們的陰謀。原來藤田信光已經安排好人了，駕一艘機帆船，在鴨綠江出海口薪島的西邊，冒充捕撈飼養對蝦餌料墨蛤的漁民在中朝兩國水域交界處策應。按約定的日子，到黃海邊大孤山前邊的大灣子接應他們。珍寶送上船，他倆再通過正常途徑，按正常手續回國。至於駕駛這艘機帆船的是何許人，她一無所知。

這個沉溺於黃金美夢的「海女」說完了這一切後，就癱仰在沙發上，臉色蒼白，嘴唇紺紫。她是在為永遠失去這筆財富而痛心疾首，還是因為觸犯了中國的法律將要受到制裁而恐懼而難過？

這個可憐的女人啊！她怎麼也不會想到，愛情也會有陰謀和欺騙。

八、陰謀與愛情

站在我們面前的藤田信光是一個衣著入時、風度瀟灑的小夥子。掐著鑽石別針的金利來領帶給他這套東京銀座高級呢料服裝店製作的西服增加了無與倫比的舒展、和諧、美觀和大方。此時，他那份說明材料上流露出來的那種嬉皮士式的油氣已蕩然無存，代之以誠篤、禮貌和文質彬彬，同時又給人以精明強幹和知識淵博的感覺。很難設想，這樣一個人會與掠美竊寶和欺詐詭譎相聯繫。

在詢問過程中，他沒有擺脫一切犯罪者的規律性。首先是積極防禦，制定周密的防禦計劃，以圖取得最大的防禦效果。但在人證物證面前，他只能鎩羽

伏首，特別是三張地圖和全粉玉的供詞打得他蒙頭轉向，措手不及。他沒料到澤地蘭會在這時到中國來，同時還帶來了那張圖。他沒想到中國當局會如此看重響水澗田雞養殖場事件。原來他以為賠償六萬元就一了百了，自認晦氣，從此死了尋寶這條心。但事情鬧大了，省公安廳長親臨指揮，還有那七八十歲的白髮老人，問話句句咬木，他實在無法招架和應付。

在這些證據面前，他終於說出了藤田家族近百年的預謀和隱蔽活動。

他是藤田由紀夫的孫子。這個軍國主義分子和職業掠奪家被東北抗聯的飛彈打死了。但他的陰魂沒散。他的妻子帶著十歲的兒子藤田一郎含淚回日本國了。這個寶盒牽動著藤田家族每個人的心。半個世紀來，他們日裡夢裡都想奪回這些珠寶。許多日本人、美國人、菲律賓人在做「山下將軍財寶」之夢，藤田一家卻在做著「長白山『馬來之虎』」財寶之夢。祖母瞑目之際，還一再唸叨這個寶盒。為此，他們父子先後花去四十多年的時間，翻閱有關東北抗聯一路軍的資料，走訪無數個當年侵略中國東北的關東軍及憲政成員。但事情並不順利，四十多年竟沒捕捉到任何蛛絲馬跡。近年來，偶然在日本國內見到了澤地正男先生的一篇回憶文章。這是個重大發現，也是個重大的突破。藤田父子經過分析判斷，這張圖可能就是藏寶圖。於是他就尋找機會與澤地蘭相識並向澤地蘭發起猛烈進攻，或柔情蜜意，或信誓旦旦，或曲意逢迎。他贏得了澤地一家的好感，他騙取了澤地蘭純潔的心。她成了澤地家的常客，來去如履平地。善良敦厚的澤地一家，做夢也不會想到這是一隻包藏禍心的狐狸。他竟然看見了那張圖，並祕密複製出一份來。自此他就逃之夭夭，並用惡言穢語攻擊澤地先生和澤地蘭小姐。

促使他採取這一決絕行動的還有一個原因，那就是全光家族。正當他準備動身到中國來冒險時，也是一個偶然的機會，通過翻檢中國、日本、朝鮮民主主義人民共和國和韓國的大量史料得知，全光的後裔就在韓國，全光手中也有一張藏寶圖。於是他們就改變了計劃，重新設計行動方案，決定想盡一切辦法尋找全光的家族。這真如大海撈針。花上時間，豁出血本，還是有了收穫。他

們在濟州島找到了全光的孫女。他瞧不起從事「海女」生涯的全粉玉，認為這與賣弄色相的妓女毫無二致。全粉玉相貌平平，沒有一絲迷人之處，渾身上下透著一股俗氣，他從心裡煩惡。但他不得不虛與委蛇。在生活中演戲並不是那麼舒服的，而這樣的戲演起來更為痛苦。這個顢頇愚頑的全粉玉當然不可能知道就裡底細，還以為她得到了真正的愛情，被弄得神魂顛倒，如醉如痴。她終於向他透露出有一張祖傳之圖的祕密。他看了這張圖以後，大惑不解，為什麼出了兩張藏寶圖？哪個是真哪個是假？他們父子陷入迷惘之中。中斷與澤地一家的來往，他全身心地投入到了獲取這張圖的行動之中。因為他們認為這張圖由全光保管，真實性更大一些。但要獲得這張圖很不容易。全粉玉深知這張圖的價值，她絕不肯撒手，複製竊掠都很難。她把這張圖與結婚緊緊聯繫起來。他別無良策，只能虛與周旋，最後以旅遊名義，雙雙來到中國的長白山地區。

我忽發奇想，問他：「一旦得到寶盒，你們把寶盒送到鴨綠江出海口薪島西邊的捕撈墨蛤的機帆船上，有這事吧？」

他不得不承認：「是這麼打算的。」

「機帆船上的那個人是誰？」

他的目光閃出一縷驚懼，隨即又變得狡猾起來：「一個朋友。」

「青年人，」我忿忿然了，「面對著我這個歷史見證人，你別說謊了。我可以斷定，這場醜劇鬧劇的幕後總導演就是你這個『朋友』，他是誰？」

趙副廳長補充一句：「你不要輕視我們的海防力量！」

他低下了頭，囁嚅著：「藤田一郎——我的父親。」

「這就對了。」我這樣想，也這樣自言自語著。

我知道爭論這個問題意義不大，只是即興抒抒憤懣而已。

藤田家族近百年來使盡渾身解數，耍盡了陰謀詭計，到頭來卻是竹籃打水一場空。站在我們面前的藤田信光，滿臉沮喪，身子好像矮了半截。他既為這樣的結局而悲愴，又為這份財寶的下落不明而百思不解。

我不無嘲諷地對他說：「青年人，你認為這份財寶哪裡去了？」

這句話點到他的致命處，他淚流滿面，悲悲切切地說：「消失了，永遠消失了，永遠，永遠──」

「沒有！」我一邊說，一邊打開公文包，掏出一杳照片，向他展示，他貪婪地接過照片，一張一張地翻看著，那裡有菲律賓白齒瑪瑙貝的彩色照片，有兩顆熠熠放明的夜明珠的彩色照片，有重達一千兩的裝珠寶的寶盒的彩色照片，有那個十斤重的自然金塊的彩色照片，有金銀首飾鑽石的彩色照片，還有虎骨、西藏猴棗、印度牛黃和狗寶、馬寶的黑白照片。

藤田信光的眼睛瞪得有如夜明珠，張開黑洞洞的口，木木呆呆，痴痴迷迷，連呼吸也似乎停止了。老半天，他才醒過腔來，唸唸叨叨：「你們走在前面了，走在前面了！」

「是走在前面了，走在你們前面了。但不是現在，而是在四十多年以前！」

四十多年前，當我見到澤地正男先生的便簽後，覺得那張圖已經東渡日本，不知何年何月才能回歸，這期間珍寶有可能遺失，也可能因風化而毀壞，尤其是那些貴重藥材，更容易腐爛變質。我向組織作了匯報，組織當即分派八個同志由我指揮，到長白山地區探找挖掘。我們一行九人，走遍了長白山的溝溝岔岔，歷時三個月，光「吊水湖」「冰湖溝」「響水澗」的地名就有六七十個，我們一一都去查找了。最後好不容易在濛、撫、樺三縣交界處的原始森林中，找到了一個叫響水澗的地方。看那山形、那瀑布，我樂了，就是這地方。我們在這個響水澗第四個水簾背面竟很順利地找到了那個石洞，找到那個寶盒和瓷缸。珍寶和藥材都保存完好。藥材已移交給藥材公司，早已製作出成藥出售了。這些珍寶現在還在博物館裡珍藏著。黑白照片是四十多年前拍照的，彩色照片是昨天拍照沖洗的。

趙副廳長哈哈笑著，附在我耳邊小聲說：「老夥計，真有你的，連我也給瞞住了。」

歷史好像開了個小小的玩笑，「長白山『馬來之虎』」的財寶本來早已回

到中國人民手中，而掠竊財寶者們的後裔竟還做著半個世紀的黃金夢。他們明爭暗鬥，機關算盡，嘔心瀝血，孜孜以求，留給人們的只是嗤笑和譏諷。

藤田信光聽完了我的講述，精神徹底崩潰了。他跽坐地上，雙手掩面，雙肩抖動，抽抽噎噎地哭著，好傷心，好悲切。

九、梅花作句蘭為韻

澤地蘭要回國了。我把那盆蘭花連同元祿時代的彩瓷花盆精心包裝好，叮囑她帶回日本交給她爺爺澤地正男先生。我還對她講述了這盆蘭花和「長白山『馬來之虎』」財寶的歷史。她如同聽神話傳說一樣，既吃驚，又興奮。

「孩子，」我說，「我瞭解你的祖父。他永遠不會忘記這盆蘭花的，要不，你的名字何以叫澤地蘭？他愛蘭，就是愛蘭的品格，愛蘭的高潔雅緻。」

她同意我的觀點，卻又表現得那麼拘泥和古板，一定要分出幾枝來，讓我侍養。我說那使不得，沒得到主人的首肯，豈能掠人之美！如果澤地先生允許，她再來中國時，隨身捎來也不為遲。

我沒給澤地先生寫信，只寫了一個條幅，求人裱好，讓她帶上，是贈給澤地先生的。

她打開畫軸，展示出了我的字跡：

壽饌烹茶情太長

瑤章荷贈在君堂

梅花作句蘭為韻

滿紙能熏班馬香

顏洪道重書五十六年前步澤地正男先生原韻一首

澤地蘭拍手笑了起來，琅聲道：「祖父看了，一定會十分高興，十分激動！這是最貴重的禮物，我替祖父先謝你了。」

我們一家送澤地蘭到機場。她踏上舷梯，向我們歡笑揮手，說：「顏爺爺，我明年還來，讓祖父也來！」

　　「歡迎！歡迎！」我們一家揚手相招。

　　飛機起飛了，升高了，一霎時就變成了銀白色的光團。迎著金色的朝暉，像一朵盛開的「金邊素心雙飛燕」，游弋在碧藍碧藍的海天之中。

與林文庫 A0703B10

東北民間故事　上冊

主　　編	于濟源
版權策畫	李　鋒
責任編輯	楊家瑜
發 行 人	陳滿銘
總 經 理	梁錦興
總 編 輯	陳滿銘
副總編輯	張晏瑞
編 輯 所	萬卷樓圖書股份有限公司
排　　版	菩薩蠻數位文化有限公司
印　　刷	百通科技股份有限公司
封面設計	菩薩蠻數位文化有限公司
出　　版	昌明文化有限公司
	桃園市龜山區中原街 32 號
	電話 (02)23216565
發　　行	萬卷樓圖書股份有限公司
	臺北市羅斯福路二段 41 號 6 樓之 3
	電話 (02)23216565
	傳真 (02)23218698
	電郵 SERVICE@WANJUAN.COM.TW
大陸經銷	廈門外圖臺灣書店有限公司
	電郵 JKB188@188.COM

ISBN 978-986-496-311-9

2019 年 11 月初版二刷

定價：新臺幣 320 元

如何購買本書：

1. 轉帳購書，請透過以下帳戶
   合作金庫銀行 古亭分行
   戶名：萬卷樓圖書股份有限公司
   帳號：0877717092596

2. 網路購書，請透過萬卷樓網站
   網址 WWW.WANJUAN.COM.TW

大量購書，請直接聯繫我們，將有專人為您
服務。客服：(02)23216565 分機 610

如有缺頁、破損或裝訂錯誤，請寄回更換
版權所有·翻印必究
Copyright©2016 by WanJuanLou Books CO., Ltd.
All Right Reserved　　　　Printed in Taiwan

國家圖書館出版品預行編目資料

東北民間故事 / 于濟源主編.-- 初版.-- 桃園
市：昌明文化出版；臺北市：萬卷樓發行,
2018.01
　冊；　公分
ISBN 978-986-496-311-9(上冊：平裝).--
539.524　　　　　　　　　107002201

本著作物經廈門墨客知識產權代理有限公司代理，由時代文藝出版社授權萬卷樓圖書
股份有限公司出版、發行中文繁體字版版權。

本書為金門大學華語文學系產學合作成果。　　　　校對：林庭羽